RECIT

Revue des Enseignants et Chercheurs en Interprétariat et Traductologie

Numéro 1

Actes du Colloque International Traduire l'Afrique
Abidjan, les 12, 13,14 juin 2019

ISBN : 9798467908007

Carmen ALBERDI - Théodorine NTO AMVANE
Abou Sampha BAKAYOKO - Ehua Manzan Monique BEIRA
Mathurin OVONO EBE - Koffi Bouatini Jean-Michel KOUAKOU
Ahmadou Siendou KONATE - N'Guessan Estelle KOUAME
Charles Désiré N'DRE
Liliane Surprise OKOME ENGOUANG Ep. NZESSEU
Alba RODRIGUEZ-GARCIA - Koffi Félicien SERY

RECIT

Revue des Enseignants et Chercheurs en Interprétariat et Traductologie

Numéro 1

Actes du Colloque International Traduire l'Afrique
Abidjan, les 12, 13,14 juin 2019

SYMPHONIA

SOMMAIRE

Le 1er Colloque International sur la Traduction en Afrique (**CITA19**) s'est tenu à Abidjan, en Côte d'Ivoir, les 12, 13 et 14 juin 2019. Organisé en collaboration étroite avec les dynamiques collègues de l'Université Gaston Berger (Sénégal) et de l'Université Omar Bongo (Gabon) et grâce à l'apport, non moins important, de nos Institutions universitaires, l'Ambassade d'Espagne en Côte d'Ivoire et l'Agence Universitaire de la Francophonie (AUF), la réflexion a porté sur « La traduction de l'Afrique plurielle ». Le succès de ce premier colloque a été matérialisé par la présence effective de nombreux collègues et étudiants aussi bien étrangers que nationaux. Un tel évènement s'est tenu grâce à une nouvelle forme d'approche traductologique face aux défis culturels et linguistiques auxquels le continent noir est confronté. L'une des recommandations fortes a été la création d'une revue, véritable plateforme de la recherche en interprétariat et traductologie en Afrique. C'est en tant que coordinateur de ce premier colloque qu'il m'échoit d'ouvrir la page introductive de **RECIT** (Revue des enseignants et chercheurs en Interprétariat et Traductologie).

Le continu renouveau d'intérêt pour la traduction, dont l'origine remonte aux temps anciens, est une réalité pluridisciplinaire et l'engouement scientifique d'un tel espace de connaissance se confond étroitement aussi bien avec les langues *europhones* (« La langue de l'Europe, n'est plus la traduction » comme le disait Humberto Eco) qu'avec les langues et productions africaines. C'est dans cette même dynamique que la variation et l'évolution des différents champs de réflexion et d'étude de la *culture traductologique* nous poussent à repenser les activités liées à la traductologie depuis l'Afrique ; l'explication de tels changements relève de l'importance de son rôle dans l'histoire humaine commune ainsi que ses relations linguistiques et culturelles avec les autres continents.

La question de la traduction telle que nous la posons convoque la complexité de l'histoire et de la géographie de l'Afrique, un vaste continent comprenant des pays exceptionnellement riches dans leurs diversités culturelles et linguistiques. En réalité, l'histoire de l'Afrique relève de deux moments essentiels : il s'agit de la rencontre de l'Afrique avec l'Islam, d'une part, et de la rencontre avec l'Occident Judéo-Chrétien, d'autre part. Ces deux moments marquent l'espace culturel africain et, consciemment ou non, il se produit la création d'un paradigme de deux espaces de traduction (Sathya Rao et al. 2005). *Traduire l'Afrique plurielle* relève d'une conscience et d'une compréhension de la traduction de ses littératures propres, de ses supports linguistiques, de ses langues, de ses religions et croyances et de la symbolique traditionnelle et contemporaine qui accompagnent ses multiples productions.

Ce premier volume, fruit de réflexions de plusieurs participants et participantes à **CITA19**, projette contribuer modestement à la promotion et à la diffusion de l'activité traduisante sous l'égide d'un nouveau paradigme dont les acquis profiteront, nous le souhaitons, aux apprenants et autres professionnels de la traduction.

Un volume qui se veut aussi un instrument de pratiques traductologiques à cheval entre la pédagogie et la recherche universitaire, sans oublier son apport très enrichissant pour toute personne qui aime ou s'oriente dans l'étude des langues et de la traduction.

AKROBOU Agba Ezechiel
Professeur des Universités

Théodorine NTO AMVANE
Université Omar Bongo-Libreville
ntotheodorine@gmail.com

Vous me permettrez d'exprimer ma gratitude aux autorités des Universités Félix Houphouët Boigny, Gaston Berger et Omar Bongo pour avoir permis que ce projet qui nous réuni ici voit le jour. Et je n'oublie pas tous ceux qui ont apporté leur soutien matériel, moral, et intellectuel à la cause de la science en Afrique

En déclinant le thème de notre rencontre sous le titre de *Traduire l'Afrique Plurielle*, nous voulions poser les premiers jalons nous donnant la possibilité de nous approprier un espace de réflexion laissé vide par nous-mêmes.

Je voudrais placer mon propos dans le cadre de nos assises, en vertu d'une idéologie intellectuelle, et partager une réflexion épistémologique en rapport avec la traduction, la traductologie.

La question de la traduction telle que je la conçois dans notre espace convoque la complexité de l'histoire, de la géographie de l'Afrique, un vaste continent dont les pays sont riches dans leurs diversités culturelles, linguistiques, économiques (objet de bien de convoitises) et d'un capital humain qui a enrichi d'autres continents.

L'Afrique a toujours été et reste un carrefour, un lieu de rencontre, l'histoire même de la traduction relève de ces moments essentiels : il s'agit de la rencontre de l'Afrique avec l'Islam d'une part, et de la rencontre avec l'occident judéo-chrétien d'autre part. C'est à juste titre que Sathya-Rao (2005) pense que ces deux moments marquent l'espace culturel africain consciemment ou non, il se produit le paradigme de deux espaces de traductions. Le thème *Traduire l'Afrique plurielle*, nous renvoie à la prise de conscience et à la compréhension de notre littérature, de notre langue, de notre oralité, qui accompagnent notre traduction. Elle renvoie à la formation professionnelle, à la recherche appliquée et à la pratique de la profession dans notre continent.

Cela dit, il est certain que la recherche et la réflexion en Sciences humaines progressent, et s'agissant plus spécifiquement de la traduction, ma contribution touche au caractère épistémologique du champ d'étude lui-même. La traduction intéresse sur plusieurs axes, qui prennent les phénomènes de la pratique des traductions pour objet ici ou ailleurs. D'ailleurs le terme traductologie prend forme dès les années quatre-vingt (Ladmiral, 1980) pour mieux circonscrire sa méthodologie. Pour des raisons qui tiennent à l'histoire des sciences humaines, c'est dans le cadre de la linguistique qu'il a été question de traduction. En réalité il en a été très peu question car la théorie de la traduction et la prise en compte des phénomènes observés exige une ouverture pluridisciplinaire qui va bien au-delà de la simple linguistique.

1. Qu'est-ce que la traduction ?

La traduction procède d'un passage par le sens dont on postule qu'il est accessible (Ladmiral, 1994). Deux voies s'offrent au problème posé par l'acte de traduire, dont l'origine latine est *traducere,* c'est-à-dire, faire passer renvoyant ainsi à la notion de déplacement. On trouve les emplois de ce sens premier dans la bible de Wycliffe ou encore avec la valeur dérivée de changement d'état dans le Canterbury Tales de Chaucer. En outre le terme apparait pour la première fois dans le dictionnaire français en 1539, et le substantif traduction en 1540 Guillemin-Flescher (1996). – C'est dire que même l'occident a une histoire récente avec la théorie –. Il y a donc deux approches, soit on prend le terme *traduction* au sens strict de transfert linguistique d'un message verbal d'une langue dans une autre, soit on le prend au sens large comme synonyme de l'interprétation de tout ensemble signifiant. A mon sens les deux approches ont leur droit.

1.1. Les théories linguistiques

La première approche, dite linguistique tient compte du fait massif de la pluralité et de la diversité des langues ; c'est celle que choisit par exemple Antoine Berman dans *L'épreuve de l'étranger*. Mais dans l'histoire de la traduction, les premières théories linguistiques mettant cette « épreuve de l'étranger » au goût du jour apparaissent avec les précurseurs comme Saint Augustin qui propose une méthode de traduction reposant sur les caractéristiques du mot et sa fonction de représentation méthodologique fondée sur la théorie aristotélicienne du signe. Autrement dit le signe est doté de signification, conception dérivée du réel et du son qui s'y associe. On peut y voir l'origine du concept de l'arbitraire du signe cher à Ferdinand de Saussure.

Un peu plus tard, au XVIIème siècle, Meziriac propose une théorie descriptive qui est un classement des procédés qu'il a utilisé pour traduire. Il parle d'étoffement indus (additions qui selon lui peuvent être superflues, impertinentes, brèves ou longues), représentés par des mots ou des gloses « erronées, omissions, les erreurs de sens ou d'interprétation des formes (les sons, la ponctuation, les mots de liaison etc.) ». Cette description n'oublie aucun aspect du texte.

En traduisant *Le paradis perdu* de Hamilton Chateaubriand décrit les procédés qu'il a mis en œuvre :

> j'ai calqué le poème de Milton à la vitre, je n'ai pas craint de changer le régime des verbes lorsqu'en restant plus français j'aurais fait perdre à l'original quelque chose de la précision ou de son génie (Nto Amvane, 2007).

Il y a dans cette posture une volonté manifeste de coller aux structures linguistiques du texte d'origine. Il s'agit d'une traduction dite linguistique qui reste fidèle à la lettre et non à l'esprit. Les théories qui commencent à poindre montrent bien que la langue ou le langage est au centre des intérêts du traducteur qui cherche à rendre compte du niveau de langue de l'autre et de la sienne propre.

La diversité des langues et le fait qu'on a toujours traduit, démontre que les hommes parlent des langues différentes et qu'ils peuvent en apprendre d'autres. Il semble *a priori* que les langues sont intraduisibles l'une dans l'autre, ou bien que prise comme un fait, la traduction s'explique par un fonds commun qui rend possible le fait de traduction, puisqu'on traduit quand même.

Au XXème siècle, des théories s'élèvent et fondent le principe traductionnel de la diversité des langues qui rend la traduction impossible. A ce propos la thèse de Sapir héritage d'une certaine ethnolinguistique s'est attachée à souligner le caractère non superposable des différents découpages sur lesquels reposent les multiples systèmes linguistiques (Ricoeur, 2004).

La linguistique structurale vient conforter cette théorie en se fondant sur l'étude immanente du discours. Elle reconnait que chaque langue est un ensemble de système qui ne connait que son organisation propre. Les langues forment un tout unique et les unités qui la constituent découpent l'expérience humaine bien particulière à cette langue. Par rapport à la traduction, la linguistique structurale stipule que d'une langue à une autre, les signifiants postulent des signifiés ou des domaines complexes de signifiés dont l'identifiant signifiant A-L1 ou langue d'origine à signifiant A'-L2 ou langue cible n'est jamais possible (Bouton, 1979).

La sémiotique, dont le postulat se rapporte au système de signes que l'on soupçonne, en guise d'hypothèses, de posséder une organisation contenant elle-même une organisation interne autonome, place le signe dans un système de signification et dit tout à fait le contraire quant à sa définition de la traduction :

On entend par traduction, l'opération cognitive qui opère le passage d'un énoncé donné en un autre énoncé considéré comme équivalent. La traductibilité apparait comme une des propriétés fondamentales des systèmes sémiotiques et comme fondement même de la démarche sémantique : entre le jugement existentiel « il y a du sens » et la possibilité d'en dire quelque chose, s'intercale en effet la traduction :

« parler du sens » c'est à la fois traduire et produire de la signification (Greimas et Courté, 1993).

C'est en tant qu'activité sémiotique que la traduction peut être décomposée en un faire interprétatif du texte ab quo d'une part, et un faire productif du texte ad quem de l'autre. La distinction de ces deux phases permet alors de comprendre comment l'interprétation du texte ab quo (ou analyse implicite ou explicite de ce texte) peut déboucher soit sur la construction d'un métalangage qui cherche à en rendre compte, soit sur la production (au sens fort de ce terme) du texte ad quem, plus ou moins équivalent – du fait de la non adéquation des deux univers figuratifs – du premier (p 398).

La théorie sémiotique admet donc que, oui il y a diversité des langues, mais que sous la diversité il existe des structures universelles, transcendantales qu'on doit pouvoir construire, et cela pour tous types de textes.

1.2. La Théorie Interprétative de la Traduction (TIT)

Cette théorie apparait en opposition aux théories linguistiques de la traduction, les tenants de l'intraduisibilité comme je l'ai succinctement dit plus haut.

Développée par les chercheurs de l'Ecole de Paris, la théorie du sens situe l'interprétation au cœur du processus de traduction. Selon cette théorie, tout acte de parole est intimement lié à une situation de communication. Le message est le produit de la mise en rapport du texte avec cette situation de communication. Le sens n'est donc pas contenu dans la langue dont il se sert comme véhicule, il est aussi extralinguistique. Marianne Lederer (1994) nous enseigne que le sens est le produit de la synthèse des significations linguistiques et des compléments cognitifs pertinents d'un segment de texte ou discours (p.215). La TIT étudie le processus de traduction en plaçant l'homme au cœur de l'activité traduisante. Etudier le processus de traduction signifie étudier les diverses étapes du travail du traducteur, c'est-à-dire se pencher sur les phases de compréhension et de réexpression d'un texte par un traducteur et non pas juxtaposer les langues pour les comparer (Lederer, 2005). Héritière de *l'herméneutique* qui est la science de l'interprétation (historiquement elle a pour objet d'abord les textes sacrés), l'enjeu est d'appréhender le sens d'un texte et ce, en s'efforçant d'éclairer la profondeur parfois obscure de certains textes, en démêlant la pluralité des sens que peut avoir une œuvre et en s'attachant à gérer sinon à combler la distance diachronique et historique qui s'est instaurée entre une œuvre ancienne et ses lecteurs contemporains.

La théorie interprétative tend, tout au long de sa démarche, à démontrer que le traducteur ne traduit pas la langue mais le discours et pour ce faire, la TIT décrit le processus de traduction en phases intrinsèquement liées : la compréhension, la déverbalisation et la réexpression. Cette réflexion est confortée dans le texte de Danica Séleskovitch (1993) :

Le processus de la traduction consiste à dégager de la formulation en langue source le sens qu'elle désigne mais qui n'est pas contenu en elle, puis de l'exprimer en langue cible. Entre l'original et la traduction se trouve l'idée déverbalisée qui, une fois saisie consciemment peut s'exprimer dans n'importe quelle langue (p.105).

Ce triangle interdisciplinaire de la traductologie est pour le traducteur, le moment de l'analyse et de l'exégèse tel un palimpseste et la phase de réexpression qui dévoile les traces de lien avec le texte original, et le nouveau texte dont la responsabilité est une équivalence qui est à la fois notionnelle et émotionnelle.

La TIT dans son ensemble a le mérite de s'opposer aux théories linguistiques en mettant en évidence les différentes phases qui sous-tendent l'opération traduisante des textes plutôt pragmatiques que littéraires. Un autre de ces mérites est d'avoir permis une formation recherche étroitement liée à l'université et de montrer le caractère pluridisciplinaire de la TIT.

1.3. Les Théories de la Traduction Littéraire

La traduction littéraire bénéficie des apports de la théorie du décentrement dévelopée par Henri Meschonnic (1973) :

Le décentrement est un rapport textuel entre deux textes dans deux langues-cultures, jusque dans la structure linguistique de la langue, cette structure étant valeur dans le système de texte (p. 308).

La notion de valeur est comprise dans l'organisation formelle de l'espace texte (syntaxe, rythme, prosodie) et dans ce que le texte communique. Le mot n'est plus un mot simple, il existe avec un sens qui correspond à un contexte. Pour Henri Meschonnic (op.cit),

La valeur contient des éléments propres à la théorie de la littérature, à l'histoire, à tout un ensemble culturel. Elle est inséparablement inquiétude technique et inquiétude spirituelle. Il y a un trajet ininterrompu, réciproque, entre l'œuvre comme sujet, et l'œuvre comme objet-sujet : je de l'écriture, je du lecteur agissant l'un sur l'autre, et ce trajet aussi fait la valeur (p.12).

La théorie du décentrement postule un déplacement du texte d'origine dans la littérature d'arrivée. Par la théorie des textes qu'elle implique, la théorie de la traduction du texte littéraire ne se conçoit plus comme une linguistique appliquée, mais comme la recréation d'une œuvre. Toute littérature est de fait traduisible y compris celle qui figure encore au rang de la littérature orale. Qui dit littérature orale, dit une nécessaire transcription avec les marques d'altérité assumées. L'oralité, c'est la littérature comme le souligne Henri Meschonnic. Et plutôt que de s'enfermer, la théorie du décentrement envisage la traduction qui modifie l'œuvre originale et enrichit la langue d'arrivée grâce à la langue étrangère (Nto Amvane, 2018). Traduire c'est interpréter l'organisation du mouvement de la parole, c'est-à-dire aussi l'oralité comme écriture, et l'écriture de l'oralité (Meschonnic, 2006). Ceci intéresse particulièrement les littératures orales africaines que nous sommes amenés à protéger par la transcription dans une écriture en langue africaine, autre forme de traduction.

Cette théorie du décentrement rejette la théorie linguistique du signe en ne retenant que la notion de créativité en traduction. Par le fait de décalage, de déracinement d'un territoire vers un autre, la littérature est écrite en rapport aux données sociologiques, culturelles et historiques de son auteur et est traduite par rapport aux mêmes données dont dispose le traducteur. On milite en réalité en faveur d'une traduction qui assume une créativité totale.

La théorie de l'écriture

Peut-on parler traduction sans parler écriture ? Poser la théorie de l'écriture suppose dans son principe, que l'écriture est une activité de connaissance spécifique. Ni gratuité, ni ornement, ni inspiration mais transformation de l'écriture et de l'idéologie dans et par le langage (Meschonnic, 1973, p.21). Dans l'écriture c'est la notion de forme qui est en jeu, on ne peut pas isoler la forme du sens.

L'écriture doit dire à une langue ce que seule cette langue pouvait dire à un moment donné parce que la langue est à la fois une structure linguistique et une structure socioculturelle. L'écriture est la pratique d'un sujet, celui qui écrit s'écrit.

La transformation du texte de départ par l'écriture en traduction est placée sous le signe de l'altérité conséquence inévitable des modalités de transfert. Les conditions de réception amènent le sujet traduisant à modifier le message pour le rendre pertinent pour son lecteur. De cet aménagement discursif et langagier nait un objet verbal ni tout à fait le même que l'original, ni tout à fait un autre mais qui garde malgré tout la capacité de le remplacer (Fortunato Israël, 2002, p. 87). Il est entendu que le traducteur qui traduit (écrit) vient avec son bagage socioculturel, ses connaissances linguistiques et son savoir-faire. L'écriture est personnelle au sujet et nécessite une pratique qui rend compte de la lisibilité du texte.

Je viens d'effleurer la question théorique pour souligner les enjeux de la traduction et de la recherche traductologique ; il me faut aborder la question de la traduction en Afrique par la mémoire que nous en avons et dont les résultats sont une meilleure appropriation de l'objet.

1.4. L'histoire de la Traduction

L'Afrique est un continent de la traduction et pour preuve, les inscriptions en deux langues qui figurent sur les tombes des princes d'Éléphantine en Egypte datent du IIIème millénaire avant J-C, constituent le premier témoignage écrit de l'activité. Ces princes avaient le statut de chef interprète.

Je place néanmoins cette histoire sous l'égide des travaux de Paul Bandia (2005) qui a bien proposé une esquisse de l'histoire de la traduction. Si l'histoire de la traduction relève de deux moments essentiels que je rappelle, à savoir l'arrivée de l'islam et celle judéo-chrétienne, il convient toute fois de la subdiviser en trois moments essentiels.

L'époque précoloniale : à cette époque l'Afrique n'a pas une tradition d'écriture avérée, mais une tradition orale et dans celle-ci, il y a un « linguiste professionnel » qui peut parler plusieurs langues, il est qualifié d'interprète.

Une autre forme de traduction répandue en Afrique précoloniale est associée au langage des tambours et des tam-tams, il s'agit d'un type de communication où l'instrument est utilisé pour transmettre un ou plusieurs messages (ces instruments reproduisent les tons et les rythmes de la parole). C'est une forme de communication du langage puisque le message est traduit par un interprète qui le comprend.

On ne peut cependant pas nier l'existence d'une écriture, quand on découvre la culture écrite de la vallée du Nil ; au Ghana chez les Ashanti et les Akan, les Adinkra et les baoulé (Mveng, 1990).

L'époque coloniale : celle-ci débute avec la rencontre de l'Afrique avec les arabes déjà présents depuis plusieurs siècles et les occidentaux. Les premiers marins portugais auraient atteint le fleuve Sénégal en 1445. Sur cette côte on y développe des échanges commerciaux dans ce qui est appelé « comptoirs de commerce ». Les portugais installés enseignent l'écriture (en alphabet romain). Les premières traductions des littératures africaines se font naturellement en portugais jusqu'au XIXème siècle époque du foisonnement traductionnel.

L'intérêt que les prêtres jésuites montrent aux langues africaines est égal au souci qu'ils ont d'évangéliser et convertir les africains à la religion chrétienne. Pour cela, il leur faut traduire les écritures saintes en langues locales. La création des écoles amène à développer les systèmes d'écriture en langue locale et à former des traducteurs-interprètes. On voit alors apparaitre les livres de catéchisme, la bible et les dictionnaires.

Les écoles portugaises fondées sur le territoire angolais ont inspiré le mouvement littéraire connu sous le nom de *Groupe de 1880* (Hamilton, 1975). Ce mouvement lance une revue bilingue portugais-kimbundu intitulé *o echo do Angola*, dans laquelle sont publiés les tout premiers textes traduits d'une langue européenne dans une langue africaine. De ce *Groupe de 1880* est issu l'un des premiers traducteur terminologue d'Afrique, Joaquin Dias Cordeiro da Matta, auteur de *Philosophia popular em proverbios angolanos* ; il s'agit de proverbes et devinettes kimbundu traduits en portugais.

Les figures africaines de la traduction

Lorsque les hollandais pénètrent à leur tour en Afrique pour y faire du commerce, ils accompagnent quelques africains sur la voie de la « connaissance ». Les quelques savants d'origine africaine dont les travaux de traduction auraient pu nous éclairer sont en allemand ou en néerlandais. C'est le cas d'Amo, né en 1703 sur le territoire actuel du Ghana, envoyé en Hollande par un pasteur de l'église réformiste hollandaise où un noble allemand le prend sous sa protection et lui permet d'étudier à l'université sous Christian Wolff un disciple de Leibniz. Cet africain devint un philosophe érudit qui parlait néerlandais, allemand, français, latin, grec et hébreu. Après avoir enseigné à l'Université de Wittenberg et à l'Université de Jena et avoir servi comme

Conseiller à la cour de Frédéric II de Prusse, Amo rentra dans son Afrique natale (Paul Bandia, 2005, p. 16).

En outre, certains africains éduqués ont produits des travaux en latin que l'on considère comme des traductions. On peut citer Juan Latino esclave noir entré au service d'un général espagnol en 1530 ; et qui devient par la suite professeur à l'université de Grenade. La poésie panégyrique (poésie d'éloge d'origine arabe) qu'il écrivit semble être là aussi une transposition du modèle africain du poème d'éloge qu'il aurait adapté. C'est en latin qu'il écrit naturellement.

Saint Augustin, grand traducteur de la bible, est né en 354 à Thagaste en Afrique du nord dans la province romaine de Numide aujourd'hui Souk'Arthas en Algérie. Il va à Carthage à 16 ans pour parfaire son éducation. Plus tard devenu un grand intellectuel, il lit la bible et est écœuré par une traduction médiocre et des écrits pleins d'immoralité. Il entreprend de la retraduire. Il a écrit entre autres *Les Confessions, Soliloques*. En 388, il revient à Thagaste. Il est le grand défenseur de l'orthodoxie et surtout, toute l'Europe lui doit sa pensée.

En Amérique latine, en 1500 (XVIIème siècle) alors que la traite des noirs est à son comble, à Carthagène en Colombie, les Jésuites qui s'occupaient de soigner les esclaves avant leur vente finale utilise les services d'interprétation de Calepino, un esclave africain pour leur traduire les onze langues qui croisaient le site esclavagiste et permettait ainsi l'évangélisation et la conversion des africains au christianisme. Calepino avait appris l'espagnol, le dogme du catholicisme et parlait onze langues. Les Jésuites et ses congénères l'ont surnommé « el esclavo de los esclavos ».

1.5. La traduction des textes religieux

C'est par ce biais que les œuvres de traductions se sont imposées en premier lieu. Les premières traductions de la bible apparaissent vers le XVIIème siècle (Nama, 1993). On observe que vers 1656, la langue *ge* parlée par les Ewe au Bénin figure dans un document important de la chrétienneté « Doctrina Christiana » un livre à l'usage des missionnaires catholiques (p.430).

En outre, le retour en Afrique de certains esclaves affranchis contribue de façon significative à la documentation et à l'écriture de textes ou de récits dans une langue qui est à la base d'une variété de créole appelée *krio* parlé au Libéria et en Sierra Léone.

On pense par ailleurs que le Coran a été traduit dans certaines langues africaines beaucoup plus tard pour conquérir les cœurs et les esprits des populations locales dont certains textes en Yoruba par les *malam*.

L'administration

Il existe deux tendances liées à cette activité : la traduction purement administrative pour des besoins d'état-civils et la traduction anthropologique.

Les colons se passionnent pour l'anthropologie comme moyen pour bien connaitre les indigènes. Les noirs sollicités pour l'office de traducteurs-interprètes étaient aussi des informateurs. Ces interprètes non seulement traduisaient et interprétaient des éléments de la tradition orale, ils participaient aussi à l'étape de l'analyse et de la transcription de ces discours de l'oral à l'écrit.

La période coloniale

Pendant cette période, la traduction des textes religieux se poursuit. Les missionnaires européens continuent d'apprendre nos langues. La bible est traduite dans plus de cent langues. Le linguiste et traductologue Eugène Nida *crée The American Bible Society*, il participe personnellement à ces activités de traduction en Afrique, notamment au Cameroun à Edea Nama (1993).

L'époque coloniale voit aussi naitre une classe d'africains (1950-1960). Ils maitrisent parfaitement les langues européennes ; et s'engagent à traduire la littérature orale pour en faire une littérature d'écriture à l'exemple de Birago Diop (poète), Amadou Kourouma (Nouveaux contes), Bernard Ba Dadié (légendes africaines), ce sont les plus connus en Afrique francophone. En Afrique anglophone il y a Amostutuola *The palm-wine drinkard and his dead palm-wine tapster in the dead's town*.

Il y a aussi le cas de la traduction de l'anglais vers le Swahili, il s'agit de la traduction de *Julus Caesar* et *Merchant of Venice* de Shakespeare traduits par Julius Nyerere (président de Tanzanie).

Les exemples d'auto-traductions sont nombreux. Il y a le cas de l'auteur Ngungu Wa Thiong'o, las d'écrire en anglais et se rendant compte que l'anglais n'exprime pas les réalités et l'essence même de sa culture, décide de ne plus écrire que dans sa langue maternelle, le Kikuyu, pour ensuite traduire lui-même ses œuvres en anglais. Tsira Ndong Ndoutoume (1993), au Gabon entreprend de traduire un épisode du Mvett, ce qui est notoire dans ce livre il dit en préambule : ici donc nous allons nous attacher à DIRE le mvett, c'est-à-dire, à le conter selon la méthode des grands maîtres de cet art (p.7). Il transfert tous les marqueurs de l'oralité et les termes qui expriment la force illocutoire du texte oral dans son récit écrit :

> Au commencement Eyô est le seul à être. Il est seul. La vie, la lumière sont en lui. Il en jouit seul. Tout, autour de lui, est néant. Il n'y a pas de tam ou éyong (temps) ni d'évuigne ou lamé (espace), ni de megnoung (matière). Il est seul et seul (p.23).

Ce texte est une écriture réécriture d'une langue culture dans du français qui va s'enrichir de cette culture qui peut sembler étrange, mais c'est de cette étrangeté dont parle Antoine Berman dans *L'épreuve de l'étranger*.

L'espace de ces pages ne suffit pas à faire l'histoire de la traduction en Afrique. Ce que nous pouvons en retenir c'est que, quelle que soit l'époque, il y a eu traduction parce qu'il y a eu une rencontre entre l'Occident et l'Afrique. Par le biais de la traduction, les langues africaines se sont enrichies d'un alphabet et on a pu commencer à transcrire des textes permettant ainsi de sortir progressivement de la tradition orale.

Cette obligation de mémoire faite, la question essentielle que je pose est de savoir quels sont les enjeux de la traduction et de la traductologie en Afrique ? Quelle formation pour le traducteur du XXIème en Afrique ?

Il est certain que la traduction en Afrique a derrière elle une histoire, mais elle a devant elle un immense avenir. Je m'adresse ici aux enseignants, mais aussi à ceux qui ne le sont pas ; nous enseignons en même temps l'identité et la différence, je crois que c'est ce qui caractérise les fondements de l'apprentissage de la traduction. C'est pourquoi ce métier non seulement est nécessaire, il est aussi exemplaire.

1.6. L'enseignement de la traduction

Si le traducteur sortait d'un chapeau il y a des années, des exemples de ratés ont permis à certains de dire qu'on ne nait pas traducteur, on le devient. Et comment le devient-on ? Naturellement par des apprentissages en milieux universitaires.

La plupart d'entre nous avons été formés en Europe ou en Amérique, très peu en Afrique. Nous sommes issus de différentes écoles de pensée ; maintenant que donnons-nous à des générations de jeunes Africains épris de savoir et de professionnalisme en traduction et interprétation?

Des Ecoles de Traducteurs existent dans nombre de pays, les Universités soucieuses de diversifier les offres de formation ouvrent des parcours professionnelles ici et là, pour un objectif clairement défini : former une ressource humaine capable de répondre aux standards internationaux. Mais alors, comment y parvenir ?

2. La place de la théorie dans l'enseignement de traduction et de l'interprétation

Personne ne conteste aujourd'hui la place de la théorie dans l'enseignement. On sait que celle-ci prend sa source dans un ensemble d'hypothèses de travail que vérifie l'observation constante des faits. En outre, un enseignement universitaire ne saurait être purement pratique. La théorie a sa place dans la formation du traducteur et bien plus, la théorie choisie comme base pour l'enseignement, elle conditionne tous les objectifs de cet enseignement. Elle influence même le niveau d'accès :

- Le cursus
- Les méthodes à faire acquérir
- La progression de l'enseignement
- L'évaluation du travail
- Le recrutement etc.

Influence de la théorie sur le cursus

Issue de l'Ecole de Paris, j'ai tendance à situer la traduction au niveau des discours et des textes où les mots désignent plus qu'ils ne signifient, plutôt qu'au niveau de la langue. C'est donc le sens en contexte que les étudiants doivent rechercher. Une connaissance du thème est nécessaire ainsi que la compréhension du sens du texte et donc de sa transmission.

Le texte sur lequel s'exerce un étudiant ne sera jamais qu'un modèle qui sert et d'où il tire des connaissances thématiques mais aussi des méthodes pour développer les compétences à traduire.

2.1. L'influence de la théorie sur les méthodes à faire acquérir

Toutes les théories ont des répercussions sur les méthodes de traduction que l'on enseigne aux étudiants. Pour moi, il va s'en dire que la compréhension d'un texte est capitale et fonde mon enseignement.

Il faut donc amener l'étudiant à éliminer les causes d'incompréhension éventuelles et combattre les ignorances thématiques tout autant et sinon plus que les insuffisances linguistiques. Nous avons des exercices de préparation (pour les interprètes : exercices d'écoute et d'analyse, pour les traducteurs exercices de lecture et d'analyse).

Apprendre à lutter contre les interférences : la déverbalisation on sait que les langues de famille proche ne se prêtent que trop au danger des interférences. Le calque lexical et le calque syntaxique représentent un moindre effort à la réexpression. Mais même lorsque les langues sont de famille éloignée, sans un effort de déverbalisation, on tombe facilement dans la traduction littérale.

Dans la phase de déverbalisation, on utilise beaucoup le Think Aloud Protocol (TAP) ou introspection à haute voix. Cette phase du processus de transfert permet de voir comme l'être humain structure le sens du texte qu'il lit. C'est une sorte de verbalisation du processus cognitif de traduction.

La réexpression par équivalences et par correspondances : La théorie interprétative met en évidence l'une des caractéristiques les plus récurrentes des textes traduits : la coexistence constante d'équivalences et de correspondances (Lederer 1998). Tandis que les correspondances sont la relation qui s'établit *a priori* hors contexte, l'établissement des équivalences exige une conscience aigüe chez les traducteurs et les interprètes de la langue dans laquelle ils s'expriment.

L'établissement des correspondances, lorsqu'il s'agit de texte pragmatiques (techniques) exige une recherche terminologique ; mais l'établissement des équivalences exige et la recherche documentaire, et une conscience pertinente de la langue.

2.2. L'influence de la théorie sur la progression de l'enseignement

L'intériorisation des principes pendant le cours : pas de traduction sans compréhension, donc lecture et analyse, mise en situation ; lutte contre les interférences etc.

La théorie permet de mettre en perspective les notions acquises par des étudiants.

2.3. Influence de l'option théorique sur l'évaluation du travail des apprenants

On ne parle pas de contre-sens on va plutôt parler de dépendance à la langue de départ. Incohérence dans l'écriture etc.

Les options théoriques sont un enjeu majeur dans la formation du traducteur de nos jours. Il nous faut donc adopter pour nos écoles de formation une théorie qui fait consensus étant donné les divers horizons dont nous-mêmes sommes issus.

2.4. Quels outils pour le traducteur en formation ?

Indépendamment des aspects théoriques à faire acquérir en pédagogie de la traduction professionnelle, il y a la question des outils.

2.4.1. Les outils de recherche documentaire

1) L'ordinateur
2) Les bases de données documentaires et lexicologiques
3) Les aides à la traduction automatique TAO
4) Les mémoires de traduction (Translation Workbenches)
5) Les dictionnaires en ligne
6) Les glossaires

Le monde évolue à grande vitesse, l'introduction de l'informatique est rendue nécessaire compte tenu du nombre de logiciels de traduction automatique qui sont en service. Il me semble irresponsable de ne pas informer les futurs traducteurs de l'existence de ces outils.

J'ai à ce propos une question préjudicielle : faut-il parler des outils informatiques à l'étudiant en traduction ?

Si nous y répondons par l'affirmative, nous pouvons nous demander s'il faut se limiter au survol de la question ou s'il faut intégrer ce volet dans le cursus universitaire. L'informatique constitue un savoir, mais se prête aussi à un savoir-faire, il faut ainsi passer à la pratique.

2.4.2. Choix des outils à enseigner

Par rapport à la traduction, l'informatique constitue à la fois un instrument et u domaine de travail. La formation du traducteur ne peut donc faire l'économie d'un tel savoir, l'informatique étant l'un des grands créneaux de la traduction de nos jours. La question est maintenant que faut-il enseigner ?

En théorie, il y a peu d'outils spécifiques à la traduction. En revanche le traducteur est amené à utiliser toute une série d'outils conçus à d'autres fins et qu'il peut paramétrer et programmer en fonction de ses besoins.

Les outils d'aide à la rédaction : traitement de texte, correcteurs d'orthographe, de grammaire, de style ; dictionnaire électronique…

Outils d'aide à la publication : PAO

Outils terminologiques et terminotiques : concordanciers, bases de données terminologiques et gestionnaires de bases de données terminologiques

Télématique : courrier électronique, internet, vidéoconférence.

Outil de traitement de langage naturel : (sans traduction)

Traduction à proprement parler : mémoires de traduction, outils d'aide post édition et traduction automatique.

Le traitement de texte et les systèmes PAO sont intéressants dans la mesure où ils permettent de rendre à son client une traduction dans le même format et dans la même mise en page que le document source reçu.

Exemples : - si on dispose d'un document source sous forme électronique, le multifenêtrage permet de travailler simultanément et d'accélérer le traitement des problèmes de vocabulaire.

-Un bon traitement de l'interface Windows permet d'utiliser son traitement de texte et une base de données sur DOC ou en ligne.

Les outils terminologiques informatisés

C'est le créneau le plus riche. Si la terminologie constitue une discipline indépendante, elle est une aide considérable à la traduction.

Il y a les bases de données sur DOC et en ligne plus traditionnelles comme *Termium* ou *Eurodicautom* (ce sont des produits tout fait). Les seconds sont les gestionnaires de bases de données ; ce sont des boites à fichiers souvent vides au départ, mais qui permettent aux traducteurs ou un groupe de traducteurs d'engranger et de mettre en commun leur terminologie propre.

La terminologie utilise aussi des outils d'extraction terminologique pour élaborer la terminologie d'un domaine.

L'intérêt de l'informatique saute aux yeux. Il y a donc une spécificité de l'enseignement de l'informatique au public de traducteurs.

Le défi à la formation de traducteurs est donc la question des coûts et de la ressource humaine. Nos Universités sont-elles capables de financer des projets de formation qui demandent un lourd investissement au plan financier. Nos étudiants sont-ils eux-mêmes capables d'investir et de s'investir dans ce type de formations sans poser l'objection préjudicielle des moyens ? Ce sont là des questions auxquelles je souhaite que nous apportions des réponses.

2.5. La Formation-Recherche

Sur le plan de la formation à la recherche, l'université africaine a tout à gagner de l'organisation d'une base à caractère épistémologique que nous héritons de la réflexion occidentale. Pour mémoire, c'est en 1979 qu'en France la recherche commence à fonder la discipline qui allait prendre les phénomènes de traduction pour objet ; et c'est Jean-René Ladmiral avec d'autres qui ont travaillé à donner droit de citer au concept de traductologie (Ladmiral, 1994). Est-il utile de rappeler que c'est dans le cadre de la linguistique qu'il a été question de traduction ? Pour se démarquer, chose tout à fait logique, de la linguistique la traductologie tente de démontrer que la traductologie est à la fois une discipline des lettres, de la linguistique et des sciences humaines.

En Afrique le champ de la recherche en traductologie est vaste. Il est clair qu'il y a une place énorme pour traduire toutes les littératures orales et construire une épistémologie à partir des phénomènes connexes qu'exige un tel travail.

Que dire des écrivains auto-traducteurs de leurs œuvres ? Parce que la traduction est une modalité spécifique de l'écriture, l'auto-traducteur s'il ne peut pas théoriser sur sa pratique, un traductologue peut indiquer les enjeux d'une telle opération.

Sur la traduction des textes religieux, il y a des thématiques en rapport avec l'idéologie missionnaire et la traduction de la bible ou tout autres textes qui peuvent donner lieu à des études comparatives tant au niveau linguistique que du sens donné aux textes traduits.

La traductologie questionne des objets de multilinguisme et de contacts des langues endogènes et exogènes pour comprendre les problèmes d'interférences lexicales et syntaxiques intervenant au cours du processus de traduction. La dimension ethnosociologique au cours du transfert interlinguistique, qu'implique la traduction, en fait une science sociale.

Sur la profession de traducteur et interprète, peu de choses sont connues au niveau de l'exercice de la profession, de la législation voire de la reconnaissance de cette profession. Etc.

L'idée d'une recherche spécifique à la problématique de la traduction me fait dire qu'en réalité la traductologie est avant tout, une discipline réflexive, comme l'est en règle générale toute « science humaine ». Ce n'est pas une contradiction parce que la pratique de la traduction a le singulier pouvoir de nous aveugler sur elle-même et sur tout ce que nous savons d'elle.

Je dirais que la profession de traducteur et interprète, la formation recherche en traductologie ont un avenir éclatant en Afrique, le continent n'a pas encore révélé toutes ses pépites en la matière. Il ne tient qu'à nous de nous approprier des savoir-faire et savoir devenir qui sont le fondement de toutes réussites.

Il nous faut pour cela gagner en visibilité auprès de nos administrations, auprès des organismes internationaux en créant par exemples des bureaux nationaux de traducteurs et interprètes. Lesquels bureaux pourraient amener les administrations à reconnaitre notre statut (je pense aux pays qui n'en ont pas encore) par exemple.

J'émets le vœu que ces assises nous permettent de fonder une *Société Savante* en matière de traduction et traductologie qui nous permette de nous installer confortablement et durablement dans notre société.

DE LA DIDACTIQUE DE LA TRADUCTION

DIDÁCTICA DE LA TRADUCCIÓN Y LOS MANUALES ESCOLARES: CASO DE LA ENSEÑANZA-APRENDIZAJE DEL ESPAÑOL EN COSTA DE MARFIL

Koffi Félicien SERY
Université Alassane Ouattara
seryfelicien@yahoo.fr

Resumen

Los manuales de enseñanza del español en Costa de Marfil no presentan ningún contenido en relación con el aprendizaje de la traducción. Estos manuales intentan globalmente desarrollar en los aprendientes las 4 habilidades comunicativas, pero no se interesan por la traducción. Este descuido desfavorece a los aprendientes a la hora de especializarse en traducción. Proponemos pues la enseñanza de la traducción en secundaria.

Palabras clave: Didáctica; Traducción; Manual escolar, lengua extranjera, enseñanza, aprendizaje

Résumé

Les manuels dédiés à l'enseignement de l'espagnol en Côte d'Ivoire ne présentent aucun contenu en rapport avec l'apprentissage de la traduction. Ces manuels tentent de manière globale de développer chez les apprenants les 4 habilités communicatives, mais ne s'intéressent pas à la traduction. Nous Proposons donc que celle-ci soit enseignée dès l'entrée à l'école secondaire.

Mots-clés : Didactique ; Traduction ; Manuel scolaire, langue étrangère, enseignement, apprentissage

Costa de Marfil es el país africano que cuenta con mayor número de hispanohablantes, 395000 en escuelas secundarias, 2600 estudiantes en las universidades de Abiyán y Bouaké y 900 profesores[1]. Desde la colonización que se introdujo el español en el sistema educativo marfileño, este idioma se enseña en los institutos de enseñanza secundaria y es una de las asignaturas preferidas de los alumnos en comparación con el alemán. Actualmente, con la nueva corriente del enfoque comunicativo, el objetivo principal de la enseñanza y del aprendizaje es desarrollar competencias comunicativas en los alumnos. Dicho de otra manera, se aprende únicamente al alumno a hablar, mientras que no debería ser así. Cassany, Luna et Sanz (2003, p. 36-37) estiman que se puede aprender una lengua para "poder analizar el mundo en que vivimos y participar en él, para aumentar la propia seguridad personal, la capacidad de desenvolverse en ámbitos diversos". Para estos autores, la enseñanza de una lengua no debe dedicarse únicamente en desarrollar habilidades o competencias comunicativas en los alumnos sino puede servir a formar a futuros profesionales en ámbitos diversos tales como la enseñanza (profesor), la interpretación y la traducción.

Dicho esto, a través de este estudio, deseamos saber si se forma a los alumnos para que sean únicamente mejores comunicadores; si la traducción no tiene ninguna relación con las competencias comunicativas o si la enseñanza-aprendizaje de lenguas extranjeras no debe estar dirigido hacia la formación de futuros profesionales.

Nuestra preocupación se fomenta en dos hipótesis principales: la primera es que los materiales usados para el aprendizaje del español en Costa de Marfil se dirigen todos hacia la adquisición de habilidades comunicativas en los alumnos. La segunda no se practica una didáctica

---

[1] Cada año estas cifras cambian. Damos esto para que tengamos una idea aproximada del número de hispanohablantes en costa de marfil.

de la traducción en las clases de español lengua extranjera o segunda (LE/L2).

El propósito de este trabajo consistirá en resaltar los verdaderos objetivos del aprendizaje del español en Costa de Marfil y mostrar que la enseñanza de la traducción no se opone a dichos objetivo, que en contrario, puede contribuir a alcanzarlos.

Para llevar a cabo este estudio, procederemos por un análisis cualitativo de los contenidos de los manuales escolares existentes en el sistema educativo de Costa de Marfil. Concretamente, aunque haya dos colecciones de manuales, nos focalizaremos más sobre el análisis del contenido de "horizontes[2]" ya que se usa desde más de dos décadas.

1. Manuales escolares y Didáctica de traducción

1.1. Los Manuales Escolares

Según Philipe Jonnaert (2009) el manual escolar es un material de instrucción utilizado en las escuelas y elaborado sobre la base de un programa de estudio y de una progresión bien establecida. Atfa y Memaï (2014, p. 2) añaden que: "es un elemento central en la práctica pedagógica, es reconocido como uno de los factores más eficaces para mejorar la cualidad de la enseñanza". Esta importancia de los manuales nos lleva a interesarnos a ellos e intentar saber los objetivos que quieren alcanzar en el aprendizaje del español en Costa de Marfil. Estos manuales son *Horizontes* y *Ya Estamos*, pero, nuestro estudio llevara únicamente sobre el primero (Horizontes) hace muchos años está en vigor; el segundo acaba a penas de integrar el sistema educativo, necesita unos años de uso para sacar buenos resultados a la hora de analizarlo.

Entonces, para mejor desvelar el objetivo de *horizontes*, cabe significar que, vino como respuesta a las inadaptabilidades e insuficiencias de las colecciones anteriores. En efecto dichas colecciones sólo trataban de las culturas europeas desconocidas de los alumnos. No

---

[2] La segunda colección es reciente (2 años), pues queremos esperar unos años más para ~~para~~ luego analizarla.

había en ellas señas de las culturas africanas o marfileñas para que los aprendientes llegaran a acostumbrarse a ellas. Sin olvidar que no se puede disociar cultura y comunicación, los alumnos no llegaban a adaptar las culturas europeas que estudiaban a las situaciones reales de comunicación. Como resultado de eso, se reveló el lento desarrollo del proceso de aprendizaje, los fracasos de un gran número de alumnos en los exámenes finales, y la toma de conciencia de los dirigentes académicos en dar otra orientación al sistema educativo marfileño. Eso implicaba dejar de copiar el programa académico francés y reflexionar sobre unos programas que tomaran en cuenta las realidades marfileñas y africanas. De ahí, el Ministerio de la Educación Nacional (MEN) se focalizó sobre la CIPE[3] para elaborar *Horizontes.*

Horizontes es una colección de libros de texto en la que se destaca un libro de texto para cada curso. Así, hay uno para "quatrième" (tercero de segundaria), otro para "troisième" (cuarto de secundaria), otro para "seconde"(primero de bachillerato), otro para "première"(segundo de bachillerato) y uno último para "terminale" (curso preparatorio a la formación superior), con un contenido adaptado al nivel de lengua o desarrollo del curso en cuestión. Es una colección de libros de texto bilingües que se sirve del francés como lengua de explicación del contenido, reduciendo el uso de dicha lengua a medida que se sube de nivel de estudio. En la actualidad este manual (*Horizontes*) se utiliza en todas las escuelas secundarias, tanto públicas como privadas de Costa de Marfil.

Como se puede leer en su prólogo : "*L'ouvrage associe toujours méthode traditionnelle et techniques communicatives*" (Horizontes[4], p3). Tomando a la gramática como fundamento indudable de comunicación,

---

[3] Contexte (entorno sociopolítico, cultural, educativo, etc.), Intrant (medios y materiales), Proceso (la metodología o el esquema de aprendizaje), Extrant (resultados obtenidos a partir de la evaluación en el terreno).

[4] Esta referencia aparece en todos los manuales de la colección Horizontes en la página 3, razón por la cual hemos saltado el año ya que se trata de toda la colección.

horizontes desea conseguir las destrezas comunicativas como la *comprensión* y la *expresión* bajo el desarrollo de unidades encabezadas por textos a partir de los cuales se hacen preguntas de comprensión escrita al alumno, se le proponen trabajar sobre un punto gramatical concreto que realizará en parejas en o en grupos.

Además de asociar métodos tradicionales y técnicas comunicativas, desea permitir que los alumnos lleguen a poner en práctica lo que aprenden en las escuelas en situaciones reales de comunicación llevando en su contenido señas de las culturas africanas. Al tratar de la cultura africana, el aprendiente marfileño se siente interesado por reconocerse en ella. Así, que sea en casa o en la sociedad, siempre que el alumno esté frente al elemento cultural estudiado, podrá expresarse sin dificultad apoyándose en las actividades de evaluación desarrolladas en el aula de clase. Lo que estamos diciendo se percibe sin ambigüedad en el texto *Tribus y Ritos* "Casarse" de María Nsue (*horizontes* terminale: p24). En efecto, dicho texto desarrolla el tema cultural del casamiento forzoso, realidad dolorosa que se vive en casi todas las sociedades africanas. Al igual que los temas culturales, abarca también temas de historia como el de la esclavitud en "Somos los Jefes" de Emmanuel Dongala (*horizontes* terminale: p38), seguido de imágenes que, sin ser acompañadas de textos les ayudan a comunicarse. Porque el tema de la esclavitud no sólo se trata en las aulas de clases sino también en todos los hogares africanos. Por lo que los ancestros que vivieron en aquella época la contaron a sus descendientes.

Así pues, la meta de *Horizontes* se puede resumir en conseguir una comunicación fluida y correcta bajo la asociación del método gramatical y técnicas comunicativas, apoyado por un contenido gramatical y técnicas comunicativas que se basan en un contenido cultural africano.

1.2. Contenidos

Al hablar de contenidos, nos referimos al esquema didáctico desarrollado a través de actividades.

En "Horizontes" encontramos a cuatro actividades; cada una de estas actividades tiene un objetivo específico.

✓ La comprensión lexical y gramatical gracias a ***Entérate***
✓ La capacidad de comunicar breve y oralmente en ***Dialoga***
✓ El análisis y comentario de texto en ***Comprende y Analiza***
✓ La reflexión y argumentación en ***Comunica***.

Horizontes terminale (2001, p. 3)

Entérate permite como decíamos, comprender el léxico y las formas gramaticales. Esta actividad permite el estudio del texto, extrayendo todo lo que se refiere a la semántica, a la lexicología y a las reglas gramaticales. Bajo este procedimiento, el alumno comprende mejor lo que se dice en el texto y sabe cuándo, y cómo se aplican las reglas o formas gramaticales que se encuentran en el texto. En cada texto se extrae un punto gramatical y algunas palabras clave que el alumno deberá conocer y dominar al final de la clase. Eso nos lleva a decir que, *Entérate* es una actividad de evaluación escrita en la que, lo oral se limita a las respuestas que dan los alumnos cuando el docente hace una pregunta.

Dialogo es una actividad de evaluación oral. Necesita más de una persona para su realización. En esta actividad, se suele recomendar a los alumnos trabajar en "grupos" o en "parejas". Permite una interacción comunicativa, participativa. Dialogo permite desarrollar las habilidades orales de los alumnos.

Comprende y Analiza es una actividad en la que se anima a los alumnos ir más allá de la semántica (del sentido propio del texto). Les ayuda a familiarizarse con el sentido connotado (figurado) con objetivos de comentario. Es entonces una actividad de evaluación escrita que desarrolla en el alumno las habilidades de análisis y comentario.

En cuanto a *Comunica*, es una actividad que permite a los aprendientes reflexionar sobre los temas desarrollados en el libro. Como casi todos los temas que desarrolla el libro de texto son conocidos de los alumnos, la reflexión se centra en las capacidades de los discentes en argumentar sus pensamientos. *Comunica* es una actividad de evaluación escrita. No permite una interacción comunicativa en la sala. Las raras veces que intenta acercarse a la interacción es siempre y cuando y profesor plantea una pregunta y que el alumno contesta.

De este análisis, notamos que ningún contenido de horizontes se relaciona con la traducción, tampoco a su pedagogía o enseñanza. El manual se centra más en lo comunicativo a nivel oral y escrito.

1.3. Problema de Didáctica de Traducción

Como acabamos de observar, estas actividades de evaluación constituyen los instrumentos de trabajo psicopedagógicos y constituyen el núcleo central de la propuesta que recoge este libro. Son conformes con las normas del **enfoque comunicativo** que insisten más en el desarrollo de competencias comunicativas en los alumnos. Para este enfoque, una enseñanza-aprendizaje de lenguas extranjeras que tiene éxito, es la que desarrolla habilidades o competencias comunicativas en los aprendientes. La competencia comunicativa es la suma de habilidades y características individuales que permiten a una persona de actuar utilizando específicamente los medios lingüísticos (MCERL, 2002).

La tendencia comunicativa en la enseñanza-aprendizaje de lenguas extranjeras ha reemplazado el antiguo método *gramática de tradición* a causa de la mayor importancia al conocimiento lingüístico de la lengua dejando por parte su dimensión comunicativa.

En el método gramática de traducción se insistía más en la gramática general, la corrección de los errores y en la traducción. Saber una lengua significaba dominar las estructuras gramaticales. La traducción no se consideraba como un instrumento de enseñanza de la lengua, sino sobre la lengua a partir de textos escritos.

Desde entonces, enseñar a traducir no figura en los currículos, por lo tanto, ausente en los manuales escolares. En efecto, se nota que ninguna de las cuatro actividades de "Horizontes" lleva a la pedagogía de la traducción o a la didáctica de la traducción.

2. Didáctica de la Traducción

2.1. Traducción didáctica y Traducción Profesional

Entendemos por didáctica de la traducción, la enseñanza de teorías y métodos para un dominio eficaz de la tarea de traducción o de la profesión de traductor. Se tiene entonces que diferenciar "didáctica de la traducción y traducción profesional".

Nuestra consideración de **la didáctica de la traducción** se aproxima a lo que se puede llamar "la pedagogía de la traducción". Según María José Hernández (*v encuentros complutenses*), la traducción pedagógica es la que se realiza dentro del aula de estudio de lengua extranjera como ejercicio de aprendizaje o de valoración de conocimientos de los alumnos. Suele ser la que llamamos traducción directa e indirecta. Pues que utilicemos el término "didáctica de la traducción o pedagogía de la traducción" queremos aludir al hecho de enseñar la traducción. "La didáctica de la traducción" la utilizamos cuando nos referimos a contenidos de los manuales escolares.

La traducción profesional es la realizada por un profesional de la traducción, es decir aquella persona que se dedica a la traducción como profesión.

A continuación, Deslisle (1998) resume muy bien las similitudes y las diferencias entre la traducción didáctica y la traducción profesional.

Similitudes	Diferencias	
	Traducción didáctica	**Traducción profesional**
Se aprende a disociar las lenguas, a evitar las interferencias.	Finalidad de la enseñanza: adquisición de *conocimientos lingüísticos* (dominio de una secunda lengua).	Finalidad de la enseñanza: adquisición de una cualificación, es decir una formación o una aptitud en una especialidad.

Se aprende a identificar las dificultades de la traducción.	Clases de traducción dadas por profesores de lenguas.	Clases de traducción dadas o sea por un profesional de carrera, o sea por traductores de profesión.
Se aprende a poner en marcha estrategias de traducción.	Ninguna exigencia a propósito de una profesión en particular.	Importancia de preparar a la integración a la profesión de traductor o de intérprete.
El aprendizaje de la traducción es completada por la adquisición de conocimientos de la cultura, de la historia, de las instituciones, de las lenguas adquiridas o traducidas.	Competencias a adquirir: *lingüística y paralingüística civilizacional.*	Competencias a adquirir: conocimiento de la lengua y competencias metodológicas, disciplinarias y técnicas.
Se aprende que la traducción no se ejerce en una subjetividad pura, sino que obedece a ciertas reglas.	La iniciación a la traducción se acompaña de una iniciación al *uso de los diccionarios usuales*: lengua, traducción, anglicismos, argotes, etc.	La enseñanza de la traducción requiere un excelente conocimiento de diccionarios generales y especializados, sino también, una formación avanzada en investigaciones documentales.
Se aplica a los textos a traducir el método de reflexión lógico y analítico. On applique aux textes à traduire la méthode de réflexion logique et analytique.	Ninguna competencia técnica particular es exigida por parte de los estudiantes durante la clase, la prioridad está dada a la adquisición de técnicas de expresiones.	Iniciación al uso de *las ayudas a la traducción*; banco de terminologías, documentos en disco compacto.
Se desarrolla la flexibilidad en el uso del lenguaje.	La enseñanza de la traducción didáctica no lleva principalmente sobre *lenguas especializadas.*	Mayor importancia dada a las *lenguas especializadas* en las clases de traducción técnica, económica, jurídica, informática, etc.

2.2. De la oportunidad de incorporar contenidos didácticos de traducción en los manuales escolares

Antes de hablar concretamente de la incorporación de la didáctica de traducción en los manuales escolares, hace falta saber a partir de qué se construyen los contenidos de los manuales.

Los contenidos de los manuales escolares se construyen a partir de lo que se llama el currículo. ¿Qué es un currículo? Philip Stabback (2016) supone que el currículo determina lo que los alumnos deben aprender, ¿por qué?, ¿cuándo? y de ¿qué manera? Sigue diciendo que el currículo ilustra las metas y los objetivos educativos de una sociedad. Durante una encuesta en la Dirección de la Pedagogía y de la Formación Continua (DPFC), un inspector pedagógico contesta a esta pregunta diciendo que: "antes de crear un manual, se crea primero el currículo. El manual es la forma acabada del programa que él mismo está extraído del currículo".

Retenemos que, antes de que aparezca cualquier contenido en un manual escolar, debe estar previsto en el currículo. Pues si deseamos que algo cambie en los manuales, debe cambiar primero en el currículo. Ahora, vamos a ver por qué los manuales deben llevar contenidos didácticos de Traducción.

Según Pintado Gutiérrez (2012, p. 366-367) la gente se basa sobre multitud de argumentos para no incluir la pedagogía de la traducción en la enseñanza-aprendizaje de lenguas. Dentro de todos esos argumentos en contra de la inclusión de contenidos didácticos de traducción en los manuales, ésta es la más relevante.

La traducción no es un componente comunicativo:

- Impide o dificulta el uso comunicativo de la lengua
- Impide o dificulta su uso contextualizado
- Al no ser una interacción de carácter oral no supone una actividad comunicativa
- Impide o dificulta el énfasis en la fluidez de la lengua oral
- Solo fomenta dos destrezas: leer y escribir (García-Medall, 2001)

Hay muchos más argumentos que intentan legitimar la exclusión de la pedagogía de la traducción en la enseñanza-aprendizaje de lenguas pero preferimos enumerar éstos porque con respecto a nuestra experiencia, son los que se adaptan mejor al contexto marfileño.

A pesar de todo esto, algunos opinan que se debe incorporar contenidos didácticos de traducción en los manuales escolares porque:

- Es una herramienta útil en el aula;
- Desarrolla en el alumno una conciencia de interlingua y constituye una actividad contrastiva beneficiosa;
- Asocia forma y significado;
- Exige precisión y ofrece nuevas experiencias;
- La traducción ayuda a una mejor comprensión de la naturaleza de la lengua nativa y la cultura propia de cada uno;
- Utiliza material auténtico y es una práctica de las subhabilidades;
- Constituye un medio y un enfoque más en la didáctica de las lenguas extranjeras,

Lucia Pintado Gutiérrez (op. cit. 343)

Pensamos que los manuales escolares de la enseñanza-aprendizaje del español en Costa de Marfil deben llevar contenidos de didáctica de traducción. Porque, aunque nos encontramos todavía en el enfoque comunicativo que privilegia la competencia comunicativa y la fluidez en la comunicación, no se debe olvidar que muchos de los alumnos estudian el español con vistas a una profesión futura como la enseñanza o la traducción. Podríamos pensar que sería temprano impartir clases de traducción desde la escuela secundaria para preparar a futuros traductores profesionales. Pero no olvidemos que muchos estudiantes de español están en el paro y no llegan a encontrar empleo porque el único sector que emplea (enseñanza) está saturado. Mientras que encontrar a verdaderos traductores profesionales es cosa escasa. Creemos pues hay que acostumbrar lo más pronto posible a los estudiantes a la traducción, es decir desde la escuela secundaria sería un factor positivo no sólo para el dominio de la traducción sino también de apertura sobre una buena profesión.

3. Perspectivas

A partir de este trabajo, deseamos que la traducción se enseñe desde la escuela secundaria y no esperar hasta la universidad para enseñarla. En vez de enfatizar únicamente en lo comunicativo, los manuales escolares utilizados en las escuelas secundarias deberían preparar los alumnos a profesiones precisas. También, deseamos que se tome en cuenta la traducción durante la elaboración de los currículos de la escuela secundaria.

3.1. Una propuesta de ejercicios de traducción en clase de segunda lengua (L2)

Nuestra propuesta es la de Valero Garcés (1996) que propone los siguientes ejercicios para la clase de segunda lengua:

- Exposición de un tema en L2 que haya sido elaborado previamente en L1
- Comparación y contraste de recursos en L1 y en L2 para actos de habla comunicativos (informarse, agradecer a alguien, pedir consejos, etc.)
- Empleo de textos paralelos en L1 y en L2, pero no idénticos, que comparten un mismo tema

El seguimiento de estos ejercicios permite la enseñanza de la traducción (a partir de textos en L1 y en L2) en una perspectiva comunicativa en el aprendizaje de la segunda lengua.

Retenemos de este trabajo que los manuales escolares relacionados con la enseñanza-aprendizaje del español en Costa de marfil están conformes con el enfoque comunicativo. No aparecen en ellos contenidos de didáctica de traducción sobre todo porque dicho método comunicativo descuida a la traducción, excluyéndolas en las competencias o habilidades comunicativas.

A este respecto, hemos apoyado la postura de algunos autores que consideran que la traducción debe estar en los programas de enseñanza-aprendizaje de lenguas en los institutos. También, hemos mostrado que se puede enseñar la traducción desde una perspectiva comunicativa y a modo de ilustración, hemos propuesto una actividad de traducción aplicable en la clase de lengua desde una perspectiva comunicativa. Por fin, hemos propuesto que se incluyan contenidos de didáctica de traducción en los manuales escolares de enseñanza-aprendizaje del español en Costa de Marfil.

REFERENCIAS BIBLIOGRAFICAS

DANIEL Hameline, 1983, *Les objectifs pédagogiques en formation initiale et continue*, Paris, ESF.

DELISLE Jean, 1998, *Définition, rédaction et utilité des objectifs d'apprentissage en enseignement de la traduction*, dans Lucia Pintado Guitiérrez, 2012, «Fundamentos de la traducción pedagógica: traducción, pedagogía y comunicación», SANDEBAR, 23, p. 321-353.

Horizontes Espagnol 3ᵉ. Abiyán: Edicef/NEI 1999.

Horizontes Espagnol Terminale. Abiyán: Edicef/NEI 2002.

JONNAERT, Philipe (2009): ''Élaborer *et évaluer des manuels scolaires*''. Ndjamena: CUDC-UQAM/OIF.

LUCIA Pintado Guitiérrez, 2012, «Fundamentos de la traducción pedagógica: traducción, pedagogía y comunicación», SANDEBAR, 23, p. 321-353.

MARCO COMÚN EUROPEO DE REFERENCIA DE LAS LENGUAS, 2002, *aprendizaje, enseñanza, evaluación*, Madrid, Instituto Cervantes.

MARIA José Hernández Guerrero, 1995, «aspectos de didáctica de la traducción», centro virtual Cervantes, V encuentros complutenses, p. 105-113.

GARCIA-MEDAL Joaquín, 2001, « La traducción en la enseñanza de lenguas ». Herměneus, 3, 19p.

MINISTERIO DE LA EDUCACIÓN NACIONAL, 2019, *Dirección de la pedagogía y de la formación continua*, Coordinación Nacional Disciplinaria/Español, Bouaké.

MOUNIN Georges, 1965, *Les problèmes théoriques de la traduction*, Paris, Gallimard

PHILIPE Stabback, 2016, *Qu'est-ce qui fait un curriculum de qualité ?*, Genève, BIE.

SPROVA, Milena (1995), « *La traduction, confrontation de deux expériences cognitives* ». Intellectica, vol.1. N°20

WALQUIRIA, Salinas y Carolina DE VOLDER (2011), *La colección "Historia de los textos escolares argentinos" de la biblioteca del docente.* Buenos Aires, Biblioteca nacional.

HEGEMONÍA DE LA TRADUCCIÓN EN EL ÁMBITO DE LA DIGLOSIA ENTRE EL FRANCÉS Y EL ELE EN LA ENSEÑANZA SECUNDARIA DE COSTA DE MARFIL

Abou Sampha BAKAYOKO
Universidad Félix Houphouët Boigny
samphabayoko@yahoo.fr

Resumen

El sistema de enseñanza secundaria de Costa de Marfil se enmarca en un contexto de diglosia. Pues, la traducción entre los/las alumnos (as) en este ámbito es omnipresente y cada vez más influente. Así, nuestra labor a través del presente artículo consiste en analizar la hegemonía de la traducción del alumnado en dicho contexto. Además, enfocamos las consecuencias sobre sus propias producciones en ELE. Y, por fin, hacemos una propuesta de solución.

Palabras clave: Enseñanza – traducción – diglosia – lengua – bilingüismo.

Abstract

The Ivory Coast secondary education system is framed in a context of diglossia. Well, the translation among the students in this field is omnipresent and increasingly influential. Thus, our work through this article is to analyze the hegemony of student translation in this context. In addition, we focus the consequences on their own productions at ELE. And, finally, we make a solution proposal.

Key words: Teaching – translation – diglossia – language – bilingualism.

En nuestra tesis doctoral, enfocamos la distribución desigual del francés y el español en el ambiente sociolingüístico marfileño y sus consecuencias en clase de ELE. Respaldándonos en esta tesis, notamos que la traducción constituye un factor determinante en el proceso de aprendizaje-adquisición del ELE[5]. Pues, en el presente artículo, queremos describir el análisis sobre la traducción que usan los alumnos (as) en su aprendizaje-adquisición del español. El otro propósito de nuestra investigación consiste no solo en el escudriñamiento del rol de esta práctica y sus repercusiones sino también en la propuesta de remediaciones. Por lo tanto, la problemática a la que vamos a contestar es la siguiente: ¿qué tipo de traducción usa el alumnado en un ambiente diglósico?, ¿Cuáles son las consecuencias del fenómeno y sus remediaciones? Así, las hipótesis para elucidar nuestra reflexión son las siguientes: la traducción que se da entre los/las alumnos (as) sirve para compensar una debilidad. La traducción en este contexto es particular. Este fenómeno revela las características de su ambiente sociolingüístico. Por fin, consideramos que existen soluciones. Entonces, nuestro análisis se dará a la luz de un método mixto que consta de los enfoques descriptivo y analítico.

1. El ámbito diglósico.

En nuestros trabajos anteriores, enfocamos la diglosia entre el francés y el español en el ámbito académico, precisamente en clase de ELE del sistema de enseñanza secundaria de Costa de marfil. Esa investigación reveló una desigualdad en la distribución de ambos códigos. Además, la diglosia que fuimos analizando, consta de otras variables que son el "nouchi", el francés "marfileño" y las lenguas del sustrato (el baulé, el beté, el diulá y el senufo)[6]. Pues, esta cartografía de la diglosia nos lleva a la conclusión de que esta diglosia es de tipo complejo con consecuencias sobre las producciones del alumnado. Y, esas consecuencias a su vez, ponen de relieve diferentes tipos de interacciones diglósicas de las cuales

---

[5] Español Lengua Extranjera
[6] Son las lenguas más representativas del sustrato lingüístico.

las fuertes, las medianas y las débiles. A continuación, haremos hincapié en las interacciones fuertes ya que son ~~las~~ más susceptibles de tener repercusiones en la traducción usada por el alumnado.

1.1.   Las interacciones fuertes.

La expresión "interacciones fuertes" alude a los contactos entre las 2 variables principales de la diglosia que constituye la pareja español/francés. El presente fenómeno recalca los contactos[7] entre el francés normativo y el ELE. En efecto, el francés que es el código más usado en Costa de Marfil por ser la lengua oficial, es el código que goza de mayor influencia e influye el otro código que es el ELE de forma que las producciones del alumnado no sólo vienen con errores, sino que también revelan un español reinventado. Esas observataciones se explican por la naturaleza de los contactos entre el FN y el ELE o más bien a los puntos de contacto entre ambos como se ve a través del esquema:

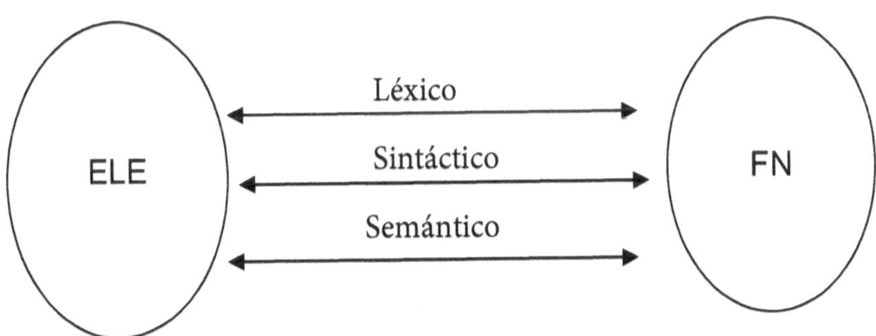

A base de la presentación que acabamos de ver, BAYOKO (2018, p. 243) reconoce que las interacciones fuertes tienen productos que se enmarcan también en los niveles evocados arriba. De ahí, podemos ver que las interacciones fuertes implican contactos de diversas índoles; es

---

[7] Aquí ponemos el morfema "contacto" en plural ya que ambos códigos se tocan a diferentes niveles tales como a nivel léxico, sintáctico, semántico, etc.

decir a nivel léxico, sintáctico y semántico. Más allá, si consideramos el número de códigos en contacto, aparece nítidamente que el bilingüismo es de suma relevancia en nuestro análisis. Sin embargo, ¿a qué tipo de bilingüismo nos referimos?

1.2.   El bilingüismo tardío.

El bilingüismo tardío esta en relación con el manejo por un individuo de 2 códigos. Sin embargo, en esta configuración, el adjetivo tardío añade otro parámetro que constituye la edad cuando se aprende el secundo idioma. En efecto, cuando un bilingüismo se construye de modo consecutivo, el segundo idioma, según F CALVETTI (1991, p. 331) reconoce la necesidad del aprendizaje de una segunda lengua muy temprano es decir a los 4 años; lo que correspondería a enseñar el español en la escuela primaria en Costa de Marfil. Mientras que la edad de aprendizaje de ELE en la enseñanza secundaria de Costa de Marfil supera los 14 años[8]. Si partimos de estos datos, podemos afirmar que el bilingüismo de los aprendientes del ELE de la enseñanza secundaria de Costa de Marfil es de tipo tardío que no deja de tener repercusiones tanto en los comportamientos linguísticos como en las producciones del alumnado. Desde esta perspectiva, se nota el predominio del francés en este ambiente, que tiene un papel relevante.

1.3.   El papel del francés en el aprendizaje del ELE.

El francés, debido a los factores mencionados arriba, es de suma relevancia en el proceso de aprendizaje/adquisición del ELE en Costa de Marfil. En efecto, este código desempeña el papel de plataforma de lanzamiento; o sea que es casi siempre a partir de este código que el alumnado se zambulle al nuevo código. Además, por ser el elemento determinante de un bilingüismo tardío y consecutivo; la presencia del francés empuja a un uso de recursos linguísticos de modo coordinado. Es decir que los aprendientes piensan en francés y ponen en juego procedimientos mentales para convertir sus pensamientos en palabras

---

[8] Nos referimos aquí a una encuesta realizada en nuestras investigaciones para la obtención del grado de Máster.

del código meta. En resumidas cuentas, el francés es un pivote en el proceso de aprendizaje/adquisición que a su vez implica un proceso de traducción tan formal como informal. Es pues, el punto que iremos considerando.

2. La traducción formal.

La traducción es literalmente la acción de expresar en una lengua algo que se ha expresado anteriormente o que está escrito en otra. De ahí, la traducción, según el punto de vista del traductor puede ser directa[9] o inversa[10]. Pues si consideramos el contexto escolar de Costa de Marfil, podemos afirmar que el alumnado marfileño está en frente de ambas. A continuación, este ejercicio puede realizarse por 2 vías que son la escolar y la libre como lo nota S. KONÉ (2014: 25):

> Se puede hacer traducción por dos vías: sea una traducción literal como se aconseja a veces en ciertos contextos escolares, sea una traducción libre. La primera se ocupa más de las correspondencias léxicas mientras que la segunda es más de aspecto semántico, de las ideas. En cualquier caso cuando estamos en frente de un discurso o un texto que interpretar, debemos tener en cuenta el contexto, en unos casos, si no es en todos.

Además de precisar los contextos de uso de las vías de traducción, el autor menciona la relevancia del contexto a la hora de traducir un texto.

Hablando del contexto, el entorno del alumnado de Costa de Marfil aprendiente del ELE consta del francés, el ELE, el FM, el nouchi y las lenguas del sustrato (baulé, beté, diulá y senufó). Partiendo de la precedente constatación, la traducción toma rasgos particulares siempre relacionados con las interacciones.

2.1. La traducción en el ámbito escolar.

---

[9] La traducción directa se realiza de un idioma extranjero al idioma del traductor.

[10] La traducción inversa se concreta del idioma del traductor a un idioma extranjero.

La traducción en el ámbito escolar se refiere a las características que lleva el ejercicio entre los/las alumnos (as). En efecto, la traducción que usa el alumnado, debido al contexto sociolingüístico es:

- Instintiva
- Informal
- Literal

De forma que respaldándonos en las presentes constantes, la traducción en este ámbito abarca los enfoques sociolingüístico, comunicativo y hermenéutico que influyen en los rasgos de la traducción de la que se valen. Mientras que la traducción es un proceso sumamente complejo que abarca varias competencias como lo reconoce E. AKROBOU & D. BAMBA (2017, pp. 53-56), señalando que la traducción requiere competencias tales como la lingüística, la extralingüística, la de transferencia, la profesional, la estratégica y la psicofisiológica. Así pues, este ejercicio por parte del alumnado pone en contacto el francés y el ELE sin atención a los procedimientos formales de ambos códigos. Lo cual pone de relieve comportamientos particulares acerca de dicho proceso.

2.2. El alumnado y la traducción.

En este apartado, se trata de poner de manifiesto los comportamientos que fundamentan la traducción en el alumnado. En efecto, los aprendientes del ELE del sistema de enseñanza secundaria de Costa de Marfil tienen un aprendizaje basado en gran medida sobre el francés de forma que se valen de una traducción mucho más unívoca: es decir que se hace muy a menudo en un solo sentido (del francés hacia el español). El proceso de traducción interviene pues como la llave del español. Lo que revela que es omnipresente en clase de ELE del sistema de enseñanza secundaria de Costa de Marfil, hasta convertirse en una especie de competencia de base.

Desde esta perspectiva, notamos un uso a todos los niveles de aprendizaje del ELE, pero con cada vez menos intensidad según avanzan en su aprendizaje del ELE como se ve a través del histograma siguiente de A. S. BAYOKO (2018, p. 159):

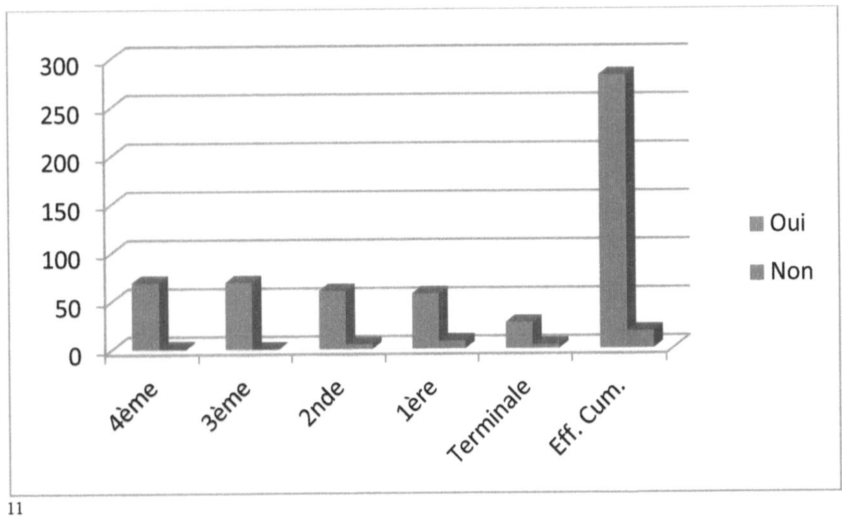

[11]

El presente histograma pues, nos llama la atención sobre un uso menos abusivo de la traducción según va evolucionando el alumnado en su aprendizaje del ELE. En consonancia con lo mencionado antes, se trata de una traducción escolar, torpe, evolutiva y necesaria si tenemos en cuenta el tipo de bilingüismo que van experimentando los/las alumnos (as) en su carrera. Eso, en la medida en que es un ejercicio que se formaliza en la universidad, pero que tiene repercusiones en ambos códigos, sobre todo el ELE.

3. Repercusiones de la traducción en el ámbito escolar.

La traducción que se da en el ámbito escolar de Costa de Marfil constituye un reto tanto para los didácticos como para los lingüistas. Ya que tiene numerosas consecuencias sobre todo en las producciones del alumnado que pueden ser errores o intrusiones de léxicos de las lenguas del sustrato lingüístico. Pues, la traducción es una oportunidad para

---

[11] Se trataba para nosotros de mostrar el nivel de uso de la lengua francesa en caso de dificultad en ELE.

los/las alumnos (as) conocer tanto su lengua fuente como la lengua meta por el aprendizaje a partir de sus errores.

3.1.   Los errores.

Aquí, se trata para nosotros de presentar los errores más frecuentes que comete el alumnado sin ignorar sus características. Así, la actividad de traducción tal como practicada por el alumnado de la enseñanza secundaria de Costa de Marfil, es fuente de juicios falsos que se relacionan mucho con su lengua fuente (el francés). Estos errores son de diversas índoles. Sin embargo, los más significativos están en relación con los niveles siguientes de la lengua:

- Léxico
- Semántico
- Sintáctico

Los ejemplos más patentes de los errores son

- Para el nivel léxico:
  - Yo he de l'argent.[12]
  - Es la voitura de mi padre.
  - La información official procede de la administración.

- En cuanto al nivel semántico:
  - Los marfileños gustan **pisar** en las calles.
  - Nuestra **habitación** tiene un salón muy ancho.
  - **La armada** de Nigeria está luchando contra *boko haram*.

- En lo que atañe al nivel sintáctico:
  - Los hijos del vecino están a Abiyán.
  - Estoy llegado a Bouaké.
  - Sudáfrica esta un país rico.

Tras ver estos errores, veremos a continuación que las repercusiones de la traducción escolar pueden ser una oportunidad para el alumnado puesto que desde una perspectiva cognitiva, el error conlleva aspectos positivos.

---

[12] La presente oración puede servir de ilustración tanto para los errores léxicos como para los sintácticos.

3.2.   Del error a la oportunidad cognitiva.

La traducción escolar en un ámbito diglósico es la cuna de numerosos errores. Y, eso se debe no solo a la edad de los aprendices, sino también al contexto en el que tiene lugar esta práctica. Pues el error va de la mano con la traducción en dicho contexto. Ahora bien, el error, muchas veces indica el grado de aprendizaje en el alumnado, de forma que se puede verla como una vía muy rápida de aprendizaje en un contexto donde el francés constituye una variable de suma relevancia. En efecto, dado que los aprendientes del ELE del sistema de enseñanza-aprendizaje del ELE de Costa de Marfil no gozan de una inmersión lingüística susceptible de acompañar las clases impartidas, la traducción se convierte pues en una herramienta pedagógica que permite expresar sus ideas e interactuar con sus compañeros. Aquí, el rol del profesor, puesto que no puede impedirla, debe regular esta práctica de modo que la usen los discentes con mucha cautela. Además, si la traducción es una herramienta pedagógica imprescindible tanto para los discentes como para los docentes, el contexto sociolingüístico, el nivel de aprendizaje de ELE y el bilingüismo que experimentan hacen necesaria una actitud filosémica por parte de los docentes; lo que nos lleva a la relevancia de la semiótica de la traducción escolar.

3.3.   Semiótica de la traducción escolar.

La traducción tal como la practican los discentes posee una semiótica específica, si enfocamos la semiótica como el modo de funcionamiento de un sistema de signos. Pues en el contexto de aprendizaje-adquisición, pasar elementos lingüísticos del francés al español, aunque es informal, requiere suma capacidad interpretativa. Eso, en la medida en que, en un contexto de diglosia entre el francés y el ELE, casi todos los enunciados de los/las alumnos (as) tienen sentido. Entonces, el docente ha de tener en cuenta algunas variables para descodificar dichos enunciados.

- Conocer el contexto diglósico en el que se da la enseñanza,
- Siempre tener en cuenta el hecho de que el francés es la plataforma desde lacual despegan,
- Saber que todos los enunciados emitidos por el alumnado tienen sentido.

Esta semiótica nos lleva a tener en cuenta el hecho de que la traducción, sobre todo la que se da en el ámbito escolar puede constituir un terreno fértil para una perspectiva didáctica.

### 3.4.	La traducción formal como competencia de base.

En un ámbito escolar muy complejo donde el alumnado no goza del baño lingüístico para interiorizar y restituir una lengua como el español, la traducción puede constituir una herramienta de suma relevancia siempre que procedamos a una reforma. Es decir que los didácticos, pedagogos e inspectores tienen que formalizar la traducción dándola el sitio que merece en clase de ELE. En efecto, la universidad y la escuela secundaria forman un *continuum* en el que observamos un atranque. Eso en la medida en que, en la universidad, la traducción es formal y los estudiantes llegan allí sin ni siquiera poseer competencias básicas en traducción. Mientras que un inicio a la traducción formal hubiera podido ser beneficioso tanto en la mejora de su capacidad de hablar y escribir como en la adquisición de una base epistemológica en traducción que desde luego, pasaría de lo informal a lo regulado y formal.

Para clausurar nuestro estudio, podemos afirmar que la traducción que se da en el ámbito de la enseñanza secundaria de Costa de Marfil es una traducción informal, espontánea y literal. Además, esta tiene vínculo con la influencia del francés y con consecuencias tanto en el alumnado como en el ELE. Pues, la remediación más idónea en tal contexto puede ser la formalización de esta práctica para facilitar la carrera universitaria del alumnado.

REFERENCIAS BIBLIOGRÁFICAS

AKROBOU Agba Ezechiel & BAMBA Dochiènme Mathieu, 2017, *Manual de traducción II, francés/castellano; castellano/francés*, Madrid, Vision Libros.

BAYOKO Abou Sampha, 2018, Diglossie et processus d'apprentissage-acquisition de la langue espagnole dans le système d'enseignement secondaire de Côte d'Ivoire, Abidjan, Université Félix Houphouët Boigny. (Thèse de Doctorat)

BAYOKO Abou Sampha, 2014, Diglosia y proceso de aprendizaje-adquisición de la lengua española en la enseñanza secundaria de Costa de Marfil Cocody, Universidad Félix Houphouët Boigny. (Tesina de Máster)

CALVETTI Franco, 1991, Le bilinguisme à l'école primaire, « Bilinguisme à l'école primaire », Enfance, 45-4, pp. 329-334.

KONÉ Seydou, 2014, La Traducción Filogógica y la Interpretación en el Ámbito Escolar y Profesional: Teoría y Práctica, Madrid, éride ediciones.

MASSELOT-GIRARD Maryvonne, 1983, Sémiologie/sémiotique Pédagogie/didactique du français, Repères pour la rénovation de l'enseignement du français, Où en sont les sciences du langage, les sciences de l'éducation? 60, pp. 29-37.

LA TRADUCTION DANS L'ENSEIGNEMENT-APPRENTISSAGE DE L'ESPAGNOL LANGUE ETRANGERE EN COTE D'IVOIRE

Drombé DJANDUE
Université Félix Houphouët-Boigny d'Abidjan
bathestyd@yahoo.fr
et
Karidjatou DIALLO
Université Alassane Ouattara de Bouaké
kady4kd@gmail.com

Résumé

La traduction a été longtemps un instrument pédagogique de premier choix aux mains de la méthode traditionnelle, avant de tomber en disgrâce avec l'émergence de nouvelles méthodes. S'inscrivant dans cette tradition, l'enseignement de l'espagnol dans le second degré ivoirien est marqué par une forte tendance au refus de la traduction. À travers une enquête réalisée auprès de 270 étudiants en première année d'espagnol, cette contribution donne un aperçu de la situation.

Mots-clés : Traduction – Langue maternelle – Langue étrangère – Espagnol – Apprentissage

Abstract

Translation has long been a pedagogical instrument of choice in the hands of the traditional method, before falling out of favor with the emergence of new methods. As part of this tradition, the teaching of Spanish in the Ivorian second degree is marked by a strong tendency to refuse translation. Through a survey of 270 first-year Spanish students, this contribution provides an overview of the situation.

Keywords: Translation – Native language – Foreign language – Spanish – Learning

Intrinsèquement lié à la problématique de l'utilisation de la langue maternelle en classe de langue étrangère, le sort de la traduction a fluctué au gré des méthodes pédagogiques qui ont d'abord placé la langue maternelle sur un piédestal, avant que des professionnels et spécialistes du milieu ne commencent à voir dans son utilisation abusive un obstacle majeur à l'acquisition de la langue cible.

En Côte d'Ivoire, l'évolution de la traduction s'est globalement inscrite dans ce schéma en ce qui concerne l'espagnol langue étrangère. Devenue presqu'un tabou dans l'enseignement secondaire depuis les années 2000, elle réapparaît soudain dès la première année d'université à travers les modules de version (traduction directe) et de thème (traduction inverse) (M. S. Zaï, 2019). Pourtant, les vertus pédagogiques qui lui valent cette brusque réapparition dans l'enseignement supérieur devraient justifier qu'on la propose également de façon formelle aux apprenants dans le secondaire afin d'assurer une continuité dans l'exploitation didactique de la traduction pour l'apprentissage de l'espagnol.

De notre point de vue, cela passe par un changement de perception consistant à ne plus considérer la traduction uniquement comme une porte d'entrée de la langue maternelle dans le processus d'apprentissage d'une langue étrangère, mais aussi et surtout comme «une activité langagière», selon l'heureuse expression du *Cadre Commun Européen de Référence* (2001, p.18), qui implique forcément la manipulation, mentale tout au moins, de la langue étrangère.

Il ressort d'une récente étude réalisée par M. S. Zaï (2019) qu'il n'existe aucune disposition favorable à la traduction pédagogique dans l'enseignement-apprentissage de l'espagnol en Côte d'Ivoire. Pourtant, en réponse à une question que nous avons posée dans la perspective de cette étude lors d'une formation à l'École Normale Supérieure d'Abidjan, un inspecteur pédagogique[13], parlant de la situation dans l'enseignement secondaire, nous a affirmé ce qui suit : «La traduction est une activité d'apprentissage mais on ne l'utilise pas en évaluation parce qu'elle est complexe et convoque plusieurs habiletés en même temps. On peut cependant la pratiquer en classe ».

Face à ce qui s'apparente à un flou pédagogique autour de la traduction, quelle est sa situation réelle dans les classes ivoiriennes d'espagnol langue étrangère? Plus clairement, la traduction est-elle pratiquée dans l'enseignement secondaire en Côte d'Ivoire dans les classes d'espagnol? Si oui, dans quelle proportion? Pour répondre efficacement à ces questions, nous situons d'abord le cadre théorique de cette étude en trois sous-points: 1.1. Au commencement était la traduction, 1.2. De la diabolisation au refus de la traduction, 1.3. La situation de la traduction en Côte d'Ivoire. Nous en décrivons ensuite le cadre méthodologique en expliquant tour à tour les objectifs et l'hypothèse de travail (2.1), la méthode utilisée et l'instrument employé pour la collecte des données (2.2). Enfin, la troisième et dernière partie de notre étude est consacrée aux résultats obtenus et à la discussion.

1. Cadre théorique

La traduction dans l'enseignement des langues étrangères est connue sous la dénomination de «traduction pédagogique». Elle est différente de la traduction professionnelle et utilisée non pas comme une finalité mais comme un moyen pour l'apprentissage linguistique, le contrôle de la compréhension ou la fixation des structures (A. Sánchez Corbacho, 2005, p.36-37). La traduction pédagogique est fondée sur l'évidence que l'élève adulte a tendance à se référer à sa langue maternelle pour étudier une langue étrangère (K. Diallo 2012), avec des stratégies et des fortunes diverses selon la distance entre la langue source et la langue cible.

---

[13] Il s'agit de M. Kouassi Kouamé Joseph, lors d'une formation à l'École Normale Supérieure d'Abidjan, le lundi 10 décembre 2018 sur le thème *«El Enfoque Por Competencia en el segundo ciclo de la secundaria»*.

1.1. Au commencement était la traduction

Dans l'histoire des méthodes pédagogiques pour l'enseignement des langues étrangères, la traduction est congénitalement liée à la méthode traditionnelle qu'on appelle aussi, pour cela, méthode de grammaire-traduction. L'antériorité de cette méthode qui domine l'enseignement des langues européennes de 1840 à 1940 (J. C. Richards y T. S. Rodgers, 1998) suppose que la traduction a pris dès le départ une place importante dans l'enseignement des langues. La méthode traditionnelle est basée sur la lecture et l'écriture, la sélection et la mémorisation du vocabulaire à travers des listes bilingues, la phrase comme unité de base pour l'enseignement et la pratique, la traduction directe et indirecte de phrases, la correction grammaticale et le traitement déductif de la grammaire.

La priorité donnée au code écrit par cette méthode pédagogique pionnière, est ce qui explique aussi son attachement à la correction grammaticale, car le langage écrit est par nature plus normatif que le langage oral. Tout comme le recours massif à la langue maternelle et à la traduction. En traduisant J. M. Martín (2000, p.25) qui cite J. C. Richards et T. S. Rodgers (1998), l'objectif de l'étude d'une langue selon cette méthode est d'acquérir la capacité de lire sa littérature, d'où la nécessité d'en apprendre les règles grammaticales à travers notamment la traduction. Tant et si bien que, les connaissances et les conceptions sur les langues évoluant, la traduction et la langue maternelle seront les principales cibles des nouvelles méthodes pédagogiques comme s'il fallait, pour s'imposer, s'opposer en tous points à la méthode traditionnelle.

1.2. De la diabolisation au refus de la traduction

On est ainsi passé d'un dogmatisme méthodologique à un autre avec des méthodes qui commencent à «voir le diable partout», surtout dans l'usage de la langue maternelle en classe de langue étrangère et, par ricochet, dans la traduction. Deux méthodes pédagogiques peuvent être citées pour illustrer cette diabolisation de la traduction: la méthode directe et la méthode audio-linguistique.

Ces méthodes d'inspiration naturaliste prétendent créer en classe les conditions nécessaires pour que la langue étrangère soit apprise plus ou moins de la même manière que l'enfant acquiert la langue maternelle. En 1886, la création de l'Alphabet Phonétique International avait, en passant, fait prendre conscience aux professionnels et spécialistes de la prépondérance du langage oral sur le langage écrit dans la communication humaine (J. C. Richards y T. S. Rodgers, 1998). Dès lors, le rejet de la traduction et de la langue maternelle se fait également au nom de la priorité accordée désormais au langage oral dans un contexte social marqué par le besoin croissant pour les Européens de communiquer (parler) entre eux.

La méthode directe voit le jour à la fin du XIXe siècle à la suite d'un vaste mouvement de réforme et de transition avec, entre autres prescriptions, celle de réaliser toutes les activités d'enseignement et d'apprentissage dans la langue cible à l'aide de gestes, de dessins et d'objets réels. Et que l'écriture soit introduite lorsque les apprenants ont atteint un bon niveau à l'oral (E. Martín Peris, 2008, p.368). D'ailleurs, le mot «direct» dans la dénomination de cette méthode renvoie à l'objectif prioritaire de faire en sorte que l'apprenant accède au contenu de la langue cible sans passer par sa langue maternelle, c'est-à-dire, par la traduction.

Pour sa part, la méthode audio-linguistique, mise en route par l'armée américaine pendant la seconde Guerre mondiale avant d'être utilisée dans les établissements scolaires, consiste à recourir à un locuteur natif de la langue cible pour servir de modèle à l'apprenant. Elle supplante définitivement la méthode traditionnelle pour s'imposer comme référence dans les années 1950-1960 (J. C. Richards y T. S. Rogers, 1998, p.49-52). En s'appuyant sur les thèses de l'Analyse Contrastive qui préconise de comparer les langues en contact afin de dégager les interférences pour prévenir les erreurs, la méthode audio-linguistique interdit catégoriquement la traduction car, de l'avis de ses tenants, l'usage de la langue maternelle induit les interférences négatives qui nuisent à l'apprentissage de la langue étrangère (A. Sánchez, 2009, p.75).

Voici donc résumé comment la traduction a connu environ un siècle de monopole pédagogique avant d'être ostracisée et expulsée de la classe de langue étrangère en même temps que la langue maternelle. On a jeté le bébé avec l'eau du bain. En capitalisant les acquis de ce parcours, la méthode communicative va sortir des positions tranchées pour saisir la langue comme un phénomène social complexe à apprendre et à enseigner comme tel. Dit autrement, après un long processus de maturation collectif, l'enseignement communicatif se présente comme une posture d'équilibre et de réalisme entre les dogmatismes méthodologiques antérieurs. Cet équilibre réaliste touche à des questions aussi essentielles que la grammaire, le code linguistique ou, en ce qui nous concerne ici, la place de la traduction.

1.3. La situation de la traduction dans les classes ivoiriennes d'espagnol langue étrangère

Depuis la fin des années 1940 jusqu'à ce jour, l'étude de l'espagnol dans l'enseignement secondaire ivoirien est passée de la méthode traditionnelle à la méthode communicative avec, entre ces deux expériences pédagogiques majeures, un intermède audiovisuel sous forme d'expérimentation. En effet, la méthode audiovisuelle en vigueur en France des années 1960 à 1980 se situe dans le prolongement de la méthode directe. Expérimentée dans quelques établissements, elle fut abandonnée au regard de ses résultats mitigés et de son coût exorbitant, laissant le champ libre à la méthode traditionnelle jusqu'à la fin des années 1990 (M. S. Zaï, 2019).

Quand on veut savoir à quoi renvoie réellement la méthode traditionnelle utilisée en Côte d'Ivoire, la réponse se trouve chez Puren (2012, p.143) (cité par M. S. Zaï, 2019) qui révèle que la méthode connue comme méthode traditionnelle dans l'enseignement des langues vivantes dans les années 1940 est la méthode active telle que préconisée par les instructions officielles en France.

La méthode active fait donc la part belle à la traduction, ce qui se reflète même dans les épreuves écrites et à l'examen final du baccalauréat (M. S. Zaï, 2019). Ayant fait le cursus secondaire dans les années 1990 en Côte d'Ivoire, nous nous souvenons comme si c'était hier de l'exercice incontournable, lors des épreuves écrites, consistant à traduire en français un extrait du texte support (Voir Annexe 2). Jusqu'à ce que les choses changent radicalement à la fin de ces années 1990. En éditant son tout premier manuel d'espagnol (Horizontes) après le règne des livres importés de France, la Côte d'Ivoire a fait l'option de la méthode communicative d'abord selon les termes de la Pédagogie Par Objectifs (PPO).

Faut-il en déduire que la traduction a encore droit de cité dans nos classes comme le préconise cette approche? Et si oui, sous quelles formes? En réalité, les velléités dogmatiques n'ont jamais totalement disparues dans la didactique des langues. Au fond, les guerres de théories ont cessé d'avoir lieu depuis des fronts méthodologiques opposés, comme ce fut le cas entre la méthode traditionnelle et la méthode directe, pour se déporter sur le seul front de l'approche communicative entre les faucons et les colombes. Sur la question de la traduction et de l'usage de la langue maternelle en particulier, les faucons considèrent que c'est l'usage même de la langue étrangère qui en permettra l'apprentissage (J. M. Martín, 2000, p.35), d'où le rejet total de la traduction.

Qu'elle s'appelle ensuite Formation Par Compétences (FPC) ou Approche Par Compétences (APC) dans les années 2010, l'approche communicative telle qu'appliquée en Côte d'Ivoire ne prévoit, selon M. S. Zaï (2019), «aucune disposition favorable au recours à la traduction pédagogique, excepté un recours modéré à la langue maternelle sous la forme consacrée: "Señor, cómo se dice la palabra…?"». Et que conformément à cette «position officielle» hostile à la traduction et à l'usage de la langue maternelle, l'exercice de traduction prévu à l'épreuve écrite du baccalauréat a été supprimé dès les années 2000. Il faut donc en déduire, corroborant en partie les propos de l'inspecteur pédagogique,

que c'est surtout en tant qu'instrument d'évaluation que la traduction est proscrite dans les classes ivoiriennes d'espagnol langue étrangère.

2. Cadre méthodologique

Avant d'exposer et d'analyser les résultats de la recherche, nous en précisons les objectifs et l'hypothèse de départ, ainsi que la méthode d'analyse adoptée et l'instrument utilisé pour la collecte de l'information.

2.1. Les objectifs et l'hypothèse de travail

Pour nous, toute classe de langue étrangère étant au moins bilingue par nature, la traduction y est un instrument incontournable qu'il est plus facile d'intégrer au processus d'enseignement-apprentissage que de chercher à l'en proscrire, la tentation de la langue maternelle chez les acteurs non-natifs en présence justifiant en partie cette réalité (B. D. Djandué, 2012b). Dès lors, quelle est, malgré les «instructions officielles» en la matière, la situation réelle de la traduction dans les classes ivoiriennes d'espagnol langue étrangère? Cet objectif général se décline ensuite en six objectifs spécifiques en vue de décrire la situation de la traduction selon différents critères:

- Quelle est la fréquence du recours à la traduction?

- Quels sont les niveaux d'étude secondaire les plus touchés?

- Dans quel sens la traduction (directe ou inverse) est-elle le plus effectuée?

- Quel est le code (écrit ou oral) privilégié pour la traduction?

- Quel est le niveau de planification des activités de traduction?

- Quels sont les moments didactiques les plus concernés par la traduction?

2.2. La méthode utilisée et l'instrument de la recherche

Nous avons opté pour la méthode quantitative de collecte et d'analyse de l'information en vue de donner une vision globale du phénomène concerné par cette étude. Une fiche d'enquête de six (06) questions fermées (Voir Annexe 1) a permis de recueillir des données auprès de 270 étudiants inscrits en première année d'espagnol à l'Université

Alassane Ouattara de Bouaké (102 individus, 37,78 %) et à l'Université Félix Houphouët-Boigny d'Abidjan (168 individus, 62,22 %). Les enquêtes ont été appliquées en mars et en mai 2019.

Le choix des étudiants de première année universitaire s'explique par le fait que, ayant fraîchement obtenu le baccalauréat (année scolaire 2017-2018), ils viennent de parcourir tous les niveaux d'étude de l'enseignement secondaire, notamment les cinq niveaux d'apprentissage de l'espagnol depuis la Quatrième jusqu'à la Terminale. Ils peuvent donc porter un regard rétrospectif sur tout ce parcours, même s'il est possible que les souvenirs des premières classes ne soient plus forcément très clairs pour beaucoup concernant l'objet particulier de cette enquête.

De ce point de vue, une réplique intéressante de l'étude consisterait à interroger sur le même sujet des apprenants différents sur le niveau d'étude qu'ils viennent de franchir afin sans doute d'avoir des informations plus fiables. Mais il serait difficile, dans ce cas de figure, de parvenir à s'adresser à des personnes venant quasiment de toutes les régions de la Côte d'Ivoire comme c'est le cas de nos informateurs. Ils proviennent en effet de soixante-quinze (75) villes au total, réparties sur tout le territoire national.

3. Résultats et discussion

Pour commencer, des 270 étudiants interrogés, 137 sont des filles (50,75 %) et 133 des garçons (49,25 %). La grande majorité a étudié l'espagnol dans l'enseignement secondaire ivoirien pendant au moins les cinq années institutionnelles allant de la Quatrième à la Terminale. Parmi eux, 147 ont entièrement fait le cursus secondaire dans le secteur public (54,44 %) et 123 ont connu l'expérience de l'enseignement privé (45,56 %). Telle est d'ailleurs la variable qui nous a semblé pertinente pour l'analyse des données, afin d'observer, en passant, si la situation de la traduction diffère de l'enseignement public à l'enseignement privé. Pour tous les résultats à venir, nous distinguons ainsi entre les «Élèves du public» et les «Élèves du privé», cette catégorie incluant, pour simplifier les choses, les apprenants ayant fait tout leur cursus secondaire dans l'enseignement privé laïc ou confessionnel et ceux qui ont dû partir du public vers le privé ou inversement.

3.1. Résultats de la recherche

- La fréquence de la traduction

Tableau 1: Fréquence de la traduction en classe d'espagnol

Élèves	Régulièrement		De temps en temps		Rarement		Jamais	
	N	%	N	%	N	%	N	%
Public	11	**7,48**	78	**53,06**	38	**25,86**	20	**13,60**
Privé	15	**12,19**	56	**45,55**	36	**29,26**	16	**13,00**

Élaboration personnelle

Pour les deux profils d'informateurs, la traduction est surtout pratiquée de temps en temps, cette option de réponse ayant été la plus choisie d'un côté comme de l'autre. Il est permis cependant de penser, sur l'ensemble des pourcentages recueillis par les autres options de réponse, que la traduction est un peu plus pratiquée dans l'enseignement privé que dans l'enseignement public, la formation des enseignants, leur compétence en espagnol mais surtout un encadrement pédagogique moins suivi pouvant expliquer cette légère différence. Les instructions officielles atteignent plus facilement les enseignants du public que ceux du privé. En effet, les résultats de l'option «Régulièrement» indiquent que la traduction est pratiquée de façon moins régulière au public (7,48 %) qu'au privé (12,19 %), pendant que, pour l'option «Jamais», le Public obtient 13,60 % et le Privé 13,00 %. Même si dans l'option «Rarement» les réponses des enquêtés vont dans le sens selon lequel le recours à la traduction serait plus rare au Privé (29,26 %) qu'au Public (25,86 %), il ne faut pas perdre de vue, comme nous l'avons mentionné plus haut, que la catégorie « Élèves du privé» inclut des apprenants ayant une expérience de l'enseignement public. Ceci explique donc peut-être cela.

- Les niveaux d'étude concernés par la traduction

Tableau 2: La traduction en classe d'espagnol selon les niveaux d'étude

Élèves	4ème		3ème		2de		1ère		Tle	
	N	%	N	%	N	%	N	%	N	%
Public	20	**8,84**	28	**12,38**	35	**15,48**	65	**28,76**	78	**34,54**
Privé	20	**10,20**	24	**12,24**	45	**22,95**	40	**20,40**	67	**34,21**

Élaboration personnelle

Les résultats montrent que de la Quatrième à la Terminale, le recours aux activités de traduction va crescendo aussi bien dans le public que dans le privé, même si au niveau du privé la régularité de cette évolution apparaît légèrement remise en cause entre la Seconde et la Première. On est même frappé par la relative coïncidence des pourcentages au niveau de la Troisième et de la Terminale (classes d'examen) entre les deux secteurs. Il convient de bien faire remarquer que cette lecture concerne les activités de traduction proposées aux apprenants et non la présence de la langue maternelle, auquel cas la situation se présenterait vraisemblablement à l'inverse. Étant entendu que la présence de la langue maternelle n'est pas forcément liée à la traduction. Autrement dit, on n'est pas en train de traduire chaque fois que les acteurs ont recours à leur langue maternelle dans une classe de langue étrangère.

- Les types de traduction pratiqués

Tableau 3: Les types de traduction en classe d'espagnol

Élèves	Espagnol > Français		Français > Espagnol	
	N	%	N	%
Public	116	**54,46**	97	**45,54**
Privé	93	**53,44**	81	**46,56**

Élaboration personnelle

Dans les deux cas de figure, et plus ou moins dans la même proportion, c'est la traduction directe ou version (de l'espagnol vers le français) qui est la plus pratiquée, ce dont il faut déduire que la traduction est plus souvent utilisée pour vérifier ou travailler la compréhension écrite ou orale.

- Le type de langage privilégié

Tableau 4: Le code privilégié pour la traduction en classe d'espagnol

Élèves	Écrit		Oral	
	N	%	N	%
Public	107	**55,44**	86	**44,56**
Privé	91	**56,88**	69	**43,12**

Élaboration personnelle

Les résultats montrent qu'aussi bien dans l'enseignement public que dans l'enseignement privé, et presque dans la même proportion, la traduction est plus pratiquée à l'écrit qu'à l'oral.

- Le degré de planification des activités de traduction

Tableau 5: Le degré de planification des activités de traduction en classe d'espagnol

Élèves	Planifiées		Pas très planifiées		Improvisées	
	N	%	N	%	N	%
Public	38	**30,15**	35	**27,79**	53	**42,06**
Privé	30	**27,02**	38	**34,23**	43	**38,75**

Élaboration personnelle

Les résultats laissent observer que les activités de traduction sont pour la plupart peu ou pas du tout planifiées, que ce soit dans l'enseignement public ou dans l'enseignement privé.

- Les moments didactiques concernés par la traduction

Tableau 6: Les moments didactiques de la traduction en classe d'espagnol

Élèves	Pendant le cours		Devoirs type		Interrogations écrites		Exercices de maison		Autres	
	N	%	N	%	N	%	N	%	N	%
Public	61	**35,05**	22	**12,67**	21	**12,06**	67	**38,50**	3	**1,72**
Privé	41	**30,84**	18	**13,53**	22	**16,54**	52	**39,09**	0	**0**

Élaboration personnelle

Dans la colonne « Autres », allusion est faite, d'après les précisions apportées par de rares informateurs, aux clubs d'espagnol et au cours de renforcement. Ce qui nous situe en dehors des heures normales de cours. Comme pour confirmer cette tendance à l'exclusion de la traduction de la dynamique de la classe, les exercices de maison viennent ensuite en première position parmi les moments didactiques impliquant la traduction, suivis par les explications du professeur pendant le déroulement du cours. La traduction est moins présente dans les devoirs et les interrogations écrites. Et tout cela est vrai pour les deux profils d'informateurs.

3.2. Discussion des résultats

On peut observer globalement un usage informel de la traduction dans un contexte où la seule chose que les « instructions officielles » semblent interdire est sa non utilisation dans l'évaluation des apprenants. En confrontant cette «position officielle » avec les résultats exposés plus haut, en effet, il ressort que la situation est relativement pareille dans l'enseignement public et dans le privé, et que la traduction est effectivement peu présente dans l'évaluation.

Devant une telle réduction à des usages informels induits par une sorte d'hésitation méthodologique du type «on ne fait pas mais on peut faire de temps en temps si on veut», le défi consiste pour nous à faire un choix clair afin de tirer le meilleur profit pédagogique de la traduction dans un contexte de langue étrangère où il apparaît visiblement plus facile de l'intégrer dans le processus d'enseignement-apprentissage que de chercher à l'en proscrire. Les apprenants et les enseignants partagent la même langue maternelle et doivent légitimement tirer parti de cette situation.

Si nous pouvons nous réjouir de ce que la traduction soit pratiquée de « temps en temps », car il n'est pas non plus question d'en abuser, on peut déplorer que cela soit fait le plus souvent à travers des activités « peu ou pas du tout planifiées » qui ne permettent certainement pas aux élèves de mieux en profiter dans leur apprentissage. Le fait que les activités de traduction soient plus proposées sous forme d'exercices de maison est hautement symptomatique de la volonté de l'exclure, non pas seulement de l'évaluation mais carrément de la salle de classe où, qu'on le veuille ou pas, elle est utilisée par les apprenants comme stratégie pour résoudre un certain nombre de problèmes.

Il est louable d'inciter les enseignants à utiliser la langue cible en classe afin que, déjà par leur simple discours, ils favorisent son apprentissage en travaillant la compréhension orale chez les élèves (B. D. Djandué, 2012a); mais l'exclusion de la langue maternelle du processus ne devrait pas être synonyme de celle de la traduction, parce que traduire est une « activité langagière » à part entière visant également la pratique de la langue cible, que ce soit par la compréhension (écrite ou orale) ou par l'expression (écrite ou orale).

D'ailleurs, elle est considérée de plus en plus comme la cinquième habileté linguistique après parler, écouter, écrire et lire, puisqu'elle répond à l'un des usages potentiels de la langue, sans oublier que la traduction constitue avec l'enseignement les principales professions liées à l'étude et à la connaissance des langues dans le monde globalisé (P. Zabalbeascoa Terrán, 1990; L. Pegenaute, 1996; J. García-Medall, 2005). Ayant bien perçu cet enjeu, le *Cadre européen commun de référence* a classé la traduction dans la catégorie des « activités de médiation ».

Participant à la fois de la réception et de la production, les activités écrites et/ou orales de médiation permettent, par la traduction ou l'interprétariat, le résumé ou le compte rendu, de produire à l'intention d'un tiers une (re)formulation accessible d'un texte premier auquel ce tiers n'a pas d'abord accès direct. Les activités langagières de médiation, (re)traitant un texte déjà là, tiennent une place considérable dans le fonctionnement langagier ordinaire de nos sociétés. (Conseil de l'Europe, 2001, p.18)

À la lumière de ce qui précède, les objectifs de l'enseignement de l'espagnol en Côte d'Ivoire gagneraient à être élargis pour prendre en compte cet aspect de la pratique linguistique, et le faire suffisamment tôt pour contribuer, dès le cycle secondaire, à atténuer chez les apprenants l'idée, peu motivante, que devenir enseignant est le seul déboucher quand on étudie les langues étrangères en général et l'espagnol en particulier. Il convient alors de mettre aussi en avant le fait que tout locuteur de langue étrangère est «un pont vivant entre les peuples, un agent incontournable de l'interculturalité, ce facilitateur du dialogue international qui donne à la mondialisation un visage humain» (B. D. Djandué, 2014).

La grammaire et la traduction sont les deux principales épreuves proposées au concours d'entrée à l'École Normale Supérieure d'Abidjan pour le recrutement des futurs professeurs d'espagnol. Pourquoi leur permettre ensuite, une fois sur le terrain, d'évaluer les élèves en grammaire et pas en traduction? Il nous semble que faire de la traduction «une activité d'apprentissage» qu'on peut «pratiquer en classe» et refuser son utilisation en «évaluation» sous prétexte «qu'elle est complexe et convoque plusieurs habiletés en même temps» est le meilleur moyen d'en tirer le moins de bénéfice pour l'apprentissage, quand son efficacité didactique réside justement dans cette complexité qui fait sa spécificité.

Traduire oralement ou par écrit peut être en effet une très bonne activité créative et exploratoire de la langue cible à la lumière de sa propre langue. Pour O. Sánchez Guevara (2001, p.164), celui qui traduit apporte une touche personnelle au texte, c'est lui qui sélectionne les équivalences, trouve des solutions originales aux difficultés rencontrées dans le processus. Formuler ses idées directement dans la langue étrangère apparaît souvent plus commode que traduire, d'où la valeur didactique de l'exercice: elle requiert des techniques et des stratégies particulières. On lit et on écoute différemment un texte quand l'objectif est de le traduire dans une autre langue.

Fort de ce qui précède, il est temps de réintroduire la traduction parmi les activités d'évaluation pour tous les niveaux d'apprentissage de l'espagnol dans l'enseignement secondaire en Côte d'Ivoire. Dès lors qu'elle est déjà présente dans nos salles de classe un peu comme *persona non grata*, pourquoi ne pas «régulariser sa situation» afin qu'elle prenne toute sa part dans la formation de nos apprenants à travers des activités bien planifiées?

Plus concrètement, au premier cycle où les élèves ne disposent pas encore d'un vocabulaire suffisant pour réaliser les activités de production en espagnol (parler et écrire), des exercices de traduction vers le français seraient bienvenus pour leur permettre d'explorer la nouvelle langue en cherchant à comprendre des mots et des expressions en contexte, ce qui contribuera aussi à enrichir leur vocabulaire. Au niveau du second cycle, on pourra, en plus, leur proposer de traduire également vers l'espagnol afin de s'imprégner progressivement de certaines subtilités ou spécificités de la langue cible par rapport au français.

Dans l'enseignement secondaire ivoirien, et pour la discipline espagnol en particulier, il existe autour de la traduction pédagogique un flou qu'il nous a semblé nécessaire de clarifier en interrogeant directement les apprenants eux-mêmes. Des échanges réguliers avec des professeurs d'espagnol tout au long de cette étude vont dans le même sens que les résultats obtenus. La traduction n'est plus formellement utilisée comme un instrument d'évaluation. En même temps, l'autorisation tacite de ne l'utiliser que comme activité d'apprentissage se heurte à l'exigence méthodologique de faire de la langue cible l'instrument privilégié de communication en classe, dans un contexte où la différence fondamentale entre traduire et parler ou écrire la langue maternelle ne semble pas clairement perçue.

Il en résulte que dans nos classes d'espagnol, les enseignants et les apprenants utilisent la traduction un peu comme s'ils volaient quelque chose à quelqu'un, c'est-à-dire, de la meilleure des manières pour réduire à néant son efficacité pédagogique. Pourtant, dès lors que la traduction est déjà présente dans nos salles de classe comme persona non grata, il apparaît plus bénéfique de régulariser sa situation afin qu'elle prenne toute sa part dans la formation de nos apprenants avec des activités d'apprentissage et d'évaluation bien planifiées. Et tout cela à travers des textes variés et adaptés à leur niveau.

Cela les préparera encore mieux à affronter les modules de thème et version qui les attendent à l'université, pour ceux qui choisiront la filière Espagnol, mais aussi à un autre usage habituel des langues dans la société mondialisée. Il n'est nullement question, dans notre entendement, de former des traducteurs professionnels, mais bien de préparer les apprenants d'une langue étrangère à des situations de communication dans lesquelles ils pourraient avoir un rôle à jouer dans la vie réelle en tant que personnes ressources dans leur milieu social. Car il faut se le dire, quand les détracteurs de la méthode traditionnelle tiraient à boulets rouges sur la traduction, ce qui était mis en cause ce n'était pas l'activité de traduction en elle-même mais plutôt l'abus qui en était fait et son application mécanique et exclusive à des textes littéraires ne reflétant pas la langue telle qu'elle est vécue et pratiquée au quotidien par les usagers (P. Zabalbeascoa Terrán, 1990; J. García-Medall, 2005). Parti de ce constat, il est loisible de postuler aujourd'hui une nouvelle approche de la traduction dans l'enseignement et l'apprentissage communicatif des langues (C. Cuéllar Lázaro, 2004). On parle depuis des années de la grammaire communicative, il en va de même de la traduction communicative; toutes deux ont leur place dans une approche qui se veut réellement communicative au XXIème siècle.

REFERENCES BIBLIOGRAPHIQUES

CONSEIL DE L'EUROPE, 2001, Cadre européen commun de référence pour les langues: apprendre, enseigner, évaluer, Strasbourg, Unité des Politiques linguistiques.

CUÉLLAR LÁZARO Carmen, 2004, «Un nuevo enfoque de la traducción en la enseñanza comunicativa de las lenguas», Hermēneus. Revista de Traducción e Interpretación, N° 6, p.1-11.

DIALLO Karidjatou, 2012, «Propuesta didáctica: el refrán vernáculo como recurso didáctico complementario para el aprendizaje del ELE en la enseñanza superior de Costa de Marfil», Alhucema. Revista internacional de teatro y literatura, N° 28, p.118-138.

DJANDUÉ Bi Drombé, 2012a, Enseñanza-aprendizaje del Español Lengua Extranjera (E/LE) en Costa de Marfil: el uso de la lengua meta en el curso inicial, Tesis doctoral, Granada, Universidad de Granada.

DJANDUÉ Bi Drombé, 2012b, «Pensar en la lengua de aprendizaje: ¿una utopía, una posibilidad o una realidad?», Revista Electrónica de Didáctica del Español Lengua Extranjera (REDELE), 24, p. 1-14.

DJANDUÉ, Bi Drombé, 2014, «Pourquoi apprendre les langues étrangères? La réponse d'un chat qui avait appris à aboyer», Nodus Sciendi, vol 3, p.5-13.

GARCÍA-MEDALL Joaquín, 2001, «La traducción en la enseñanza de lenguas», Hermeneus. Revista de Traducción e Interpretación, N° 3, p.113-140.

MARTÍN MARTÍN José Miguel, 2000, La lengua materna en el aprendizaje de una segunda Lengua, Sevilla, Universidad de Sevilla, Secretariado de Publicaciones.

MARTÍN PERIS, Ernesto (dir.), 2008, Diccionario de términos clave de ELE, Madrid, SGEL.

PEGENAUTE Luis, 1996, «La traducción como herramienta didáctica», Contextos, XIV/27-28, 1996, p.107-125.

SÁNCHEZ Aquilino, 2009, La enseñanza de idiomas en los últimos cien años. Métodos y enfoques, Madrid, SGEL.

SÁNCHEZ CORBACHO Alfonso, 2005, «Notas sobre la traducción en la enseñanza de lenguas extranjeras con especial referencia al alemán empresarial», Revista de Enseñanza Universitaria, N° 26, p.35-43.

SÁNCHEZ GUEVARA Olga, 2001, «Elogio del traductor», ACIMED, pp.163-166.

RICHARDS Jack C. y Rodgers, Theodore S., 1998, Enfoques y métodos en la enseñanza de Idiomas, Madrid, Cambridge University Press.

ZABALBEASCOA TERRÁN Patrick, 1990, «Aplicaciones de la traducción a la enseñanza de lenguas extranjeras», Sintagma, N° 2, p.75-86.

ZAÏ Méo Salomon, 2019 (Sous presse), «La traduction dans l'enseignement de l'Espagnol Langue Étrangère en Côte d'Ivoire: un état des lieux», II Colloque International hispano-africain de Linguistique, Littérature, Civilisation et Traduction: « Panhispanoafricanisme: réalités du présent, défis du futur », 6-8 de mars, Abidjan.

Cette enquête a pour objectif de recueillir des données fiables sur la situation de la traduction dans l'apprentissage de l'espagnol en Côte d'Ivoire, notamment dans l'enseignement secondaire. En vous demandant la plus grande sincérité dans vos réponses, nous vous remercions d'avance de votre précieuse contribution. C'est vous qui rendez notre étude possible. Grand merci !

I. IDENTIFICATION DE L'ENQUÊTÉ(E)

Sexe :   *H*   *F*

Etablissement(s) secondaire(s) fréquenté(s) (Précisez la ville) :

-

Public :...

-

Privé :...

...

-

Semi-Privé :...

Pendant combien d'années avez-vous étudié l'espagnol au secondaire ?:...........................*ans*

II. QUESTIONS SUR LA TRADUCTION

1- Vous est-il arrivé de faire des activités de traduction en classe?
- *OUI : Régulièrement.   De temps en temps   Mais rarement*
- *NON, jamais*

2- Si OUI, à quel niveau précisément ?
4ème   *3ème*   *2de*   *1ère*   *Tle*
Autre (Précisez)

3- Quel type de traduction?
- *Espagnol vers Français*
- *Français vers Espagnol*
- *Dans les deux sens*

4- Dans quel registre de langue?
- *Ecrit*   - *Oral*   - *Les deux*

5- Comment étaient présentées ces activités de traduction ?
- *Planifiées*   - *Pas très planifiées*   - *Improvisées*

6- À quelles occasions avaient-elles lieu?
- *Pendant le cours (explications du professeur, exercices d'application, etc.)*
- *Dans les devoirs types*
- *Dans les interrogations écrites*
- *Dans les exercices de maison*
- *Autres (Précisez)*

LA DECISIÓN

Los viejos guardaron el silencio. Cuando llegaron las tres partes en pugna (1), los familiares del jefe de la casa se salieron para no escuchar los alegatos. Uno de ellos fue el que expuso completamente el caso, en voz baja.

Este hermano mío – comenzó a explicar –, cuando mi hija cumplía los doce años, llegó una noche a pedírmela en matrimonio para su hijo. Ustedes bien saben que el hijo de este amigo era sano, hermoso y trabajador. Yo no podía negarle a mi hija que es bella y hacendosa. Acepté, pues, el tlapalole (2). Pero no pudieron casarse por el muchacho que tuvo la desgracia de romperse las piernas cuando los tres blancos que estuvieron aquí a buscar oro y plantas medicinales le dieron tormento en el cerro (3). El muchacho sigue sin poder trabajar y tal vez no pueda hacerlo jamás. Mi hermano y yo convinimos en esperar. Desgraciadamente el tiempo se ha ido, y apenas si el muchacho puede dar paso, reducido a la mitad de su tamaño...Le propusieron otro pretendiente para su hija, sano y que tenía bienes.

El padre del muchacho en desgracia con sus movimientos de cabeza, más que los labios: – Todo es verdad... Y argumentó:

Pero sanará. Además precisamente por estar como está necesita una compañera. Ustedes, los jueces de mi tribu, le harán justicia. Yo trabajaré, mientras mi hijo siga enfermo, para él y para ella...Nuestras costumbres han establecido que la mujer ajena es intocable. Más todavía, que la joven pedida en matrimonio es sagrada.

Los viejos parecían estatuas, inmóviles. Y habló el más viejo.

Yo opino que este caso es lamentable. El muchacho en desgracia por culpa nuestra, según dice este hermano, tiene derecho a la vida y sus dones. Lo que voy a decir causará una víctima y un dolor por toda la vida. La muchacha debe casarse con el pretendiente sano, porque él garantiza la familia. Todos los viejos aprobaron con una inclinación de cabeza y ya no fueron necesarias más palabras.

Gregorio LÓPEZ y FUENTES, El indio.

La pugna: la lucha, la oposición

El tlapalole: la dote

El cerro: la colina

COMENTARIO

Resuma usted el texto en unas cuantas líneas. (3 points)

¿Por qué motivos se reunieron las tres partes? (2 points)

Explique y comente la frase: "La muchacha debe casarse con el pretendiente sano, porque él garantiza la familia". (4 points)

¿Piensa usted que casarse con una persona inválida puede impedir la felicidad? Justifique su parecer. (4 points)

COMPETENCIA LINGÜÍSTICA

Reemplace la expresión subrayada por otra equivalente sin cambiar el sentido de la frase. (1 point)

"Cuando llegaron las tres partes, los familiares del jefe salieron".

Ponga la frase siguiente en futuro. (1 point)

"Cuando mi hija cumplía los doce años, llegó una noche a pedírmela en matrimonio".

Exprese la negación de otra manera. (1 point)

"Tal vez no pueda hacerlo jamás".

TRADUCCIÓN

Traduzca desde "Ustedes, los jueces…" hasta "…es sagrada."

L'ENSEIGNEMENT-APPRENTISSAGE DE LA TRADUCTION PROFESSIONNELLE AU GABON : ETAT DES LIEUX ET PROPOSITIONS POUR AMELIORER L'EXISTANT

Liliane Surprise OKOME ENGOUANG **Ep.** NZESSEU
École Normale Supérieure de Libreville (Gabon)
lokomeengouang@gmail.com

Résumé

La formation en traduction professionnelle est une réalité récente au Gabon. Elle est devenue effective grâce à la création d'un département de traduction et interprétariat, en 2014, dissout plus tard en 2016. Sa dissolution a occasionné ainsi certaines conséquences dont l'analyse se propose de dresser un état des lieux critique au sein de l'Université Omar Bongo (UOB). Elle pose l'hypothèse qu'elle n'a pas encore atteint son point culminant. L'étude confronte des données obtenues à partir de différents entretiens puis d'un questionnaire adressé aux apprenants. À terme, l'analyse des documents obtenus et les échanges opérés pourraient permettre de mieux rendre compte du niveau de cette formation en contexte gabonais.

Mots-clés : Enseignement-apprentissage – Gabon – traduction professionnelle – UOB

Abstract

Professional translation training is a recent reality in Gabon. It became effective thanks to the creation of a translation and interpreting department in 2014, dissolved later in 2016. Its dissolution thus caused certain consequences, the analysis of which proposes to draw up a critical inventory within Omar Bongo University (OBU). It assumes that it has not yet reached its peak. The study compares data obtained from different interviews and then from a questionnaire sent to learners. Ultimately, the analysis of the documents obtained and the exchanges carried out could make it possible to better reflect the level of this training in the Gabonese context.

Key words: Teaching-learning – Gabon – professional translation – UOB

Enseigner sérieusement, c'est poser les mains sur ce qu'il y a de plus vital chez un être humain. C'est essayer d'accéder au plus vif et au plus intime de l'intégrité d'un enfant ou d'un adulte. [...] L'enseignement médiocre, la routine pédagogique, un style d'instruction qui, délibérément ou non, vise avec cynisme des objectifs simplement utilitaires, sont ruineux. Ils extirpent l'espoir à sa racine.
George Steiner, Maîtres et disciples, trad. Pierre-Emmanuel Dauzat, Gallimard, coll. Folio Essais, 2003, p. 26-27.

Le Gabon à l'instar de bien d'autres pays, s'inscrit dans le processus de la mondialisation qui, en tant que processus d'interaction, soulève nécessairement la question de la communication et engage de facto la médiation interculturelle, c'est-à-dire la traduction dans sa perspective discursive, (C. Durieux, 2010). Par conséquent, la traduction « traductionnelle » est un facteur important de développement d'un pays. Cependant, à l'exorde du XXIème siècle, les études menées par l'Organisation Internationale de la Francophonie (OIF ; 2008) et celles présentées par M. De Mulle pour le compte de l'Organisation des Nations Unies (ONU) à Nairobi font état d'un déficit en traducteurs et interprètes de haut niveau non seulement auprès des organisations internationales partenaires de l'OIF mais également en Afrique subsaharienne (M. Mavoungou, 2014). En Afrique Centrale par exemple, il n'existe que l'école de traducteurs et d'interprètes du Cameroun basée à Buea qui jouit d'une réelle notoriété. Au Gabon, l'enseignement/apprentissage de la traduction est resté longtemps pratiqué dans les classes universitaires de langues à des fins pédagogiques.

Lors des sommets et rencontres organisés sous forme de fora afin d'attirer les investisseurs étrangers ou pour des échanges commerciaux et diplomatiques, les hautes autorités de l'État avaient coutume de solliciter la main-œuvre des pays voisins à l'instar du Cameroun. Avec le temps, le besoin d'une tribune multilingue a commencé à tarauder l'esprit de la classe dirigeante par l'entremise du Ministère de l'enseignement supérieur. Ce dernier, s'adressant aux responsables académiques de l'UOB, les a enjoints, en 2013, de mettre en place un département de traduction et interprétariat afin de permettre une formation et expertise locale pour ce domaine d'activité. C'est ainsi que l'année académique 2013-2014 marque le début de la formation professionnelle en traduction et interprétariat avec la création du département de traduction et interprétariat (DTI) au sein de la Faculté des Lettres et Sciences Humaines (FLSH) de l'UOB (M. Mavoungou, 2014). Cette structure a été réduite en Unité de Formation Master Traduction interprétariat (UFMTI) en 2016. Compte tenu de cet avènement et des mutations qui en découlent, nous avons décidé, dans le cadre de cette étude, d'examiner le fonctionnement de cette formation partant depuis ses débuts. Cet examen porte sur les volets théorique (cours) et pratique (stages) de la formation. Sur cette base, il importe précisément de poser trois questions essentielles : pourquoi la dissolution du DTI ? Quel bilan peut-on faire de la formation en traduction professionnelle aujourd'hui au Gabon et quelles en sont les perspectives? Ce questionnement constitue l'objet de cette réflexion.

Nous formulons l'hypothèse que la dissolution du DTI a assurément une incidence sur le fonctionnement de l'UFMTI d'aujourd'hui. La filière traduction a vu défiler moins de 150 étudiants en six (6) ans, ce qui semble assez famélique. Mais si l'on travaille à la visibilité de la traduction par l'ouverture d'un département de traduction à part entière et avec des assises solides, la formation sera plus efficiente. Par ailleurs, on aurait deux fois plus de spécialistes de traduction formés dans les six

(6) prochaines années que dans les 6 dernières. Ici, l'analyse qui évolue en trois points se propose par le biais du triangle pédagogique de décrire le mécanisme de fonctionnement de la formation afin de mettre en évidence ses forces et ses faiblesses. Pour ce faire, elle expose d'abord tour à tour, les cadres contextuel, théorique et méthodologique de l'étude. Puis, elle présente les résultats de l'enquête de terrain dont elle discute les contours pour finalement faire des propositions visant à améliorer l'existant.

1. Aspects contextuel, théorique et méthodologique de l'étude

1.1. Contexte

L'Université Omar Bongo (UOB) et l'École Normale Supérieure (ENS) sont les deux principales institutions où s'est presque toujours pratiquée la traduction comme discipline scolaire. À l'ENS par exemple, elle est jusqu'à présent exclusivement manifeste dans les départements d'anglais et d'espagnol à des fins pédagogiques des langues (anglais, espagnol et français). À l'UOB, la traduction est pratiquée dans les deux seuls départements de langues étrangères : anglais et études ibériques et latino-américaines (DEILA). Dans ce contexte, elle s'inscrit également dans une perspective pédagogique des idiomes. Toutefois, à un certain stade de la formation, précisément en Licence 3, elle marquait déjà le début d'une spécialisation des apprenants en Linguistique et Traductologie au DEILA (T. Nto Amvame, 2007) avant la mise en place du LMD.

La nécessité de former une main-d'œuvre locale pour des besoins de traduction et d'interprétariat a conduit à la création du DTI durant l'année académique 2013-2014. Département composé de cinq (5) étudiants à son ouverture, il est doté d'une salle multimédia faisant office de laboratoire de langue et disposant de cabines d'interprétariat afin de répondre à ses objectifs (traduction et interprétariat) et permettre un travail dans des conditions optimales. Cependant, deux ans plus tard, après que la structure a été réduite en unité de formation hébergée par le département d'études germaniques (DEG), des tensions sont nées au sein de l'institution. Celles-ci ont ainsi engendré la fermeture de la salle multimédia en fragilisant la formation d'aujourd'hui. Le public cible (apprenants) étant linguistiquement hétérogène, certains enseignements sont dispensés avec difficulté. Par ailleurs, le volet stage pratique semble également fonctionner à vitesse disproportionnée.

1.2. Présentation des cadres théorique et méthodologique

Cette étude a pour but de problématiser la place de la formation en traduction professionnelle au Gabon. Mais, questionner l'enseignement-apprentissage d'une compétence (savoir, savoir-faire, savoir-être) amène nécessairement à apprécier le fonctionnement du triangle didactique (P. Duplessis, 2008). Celui-ci évoque le système didactique en référence au didacticien des mathématiques Y. Chevallard, 1991. Le triangle didactique s'inscrivant dans une structure systémique, appelée système didactique, il est composé de trois constituants (Enseignant-Élève-Savoir) qui agissent et réagissent entre eux dans toute situation d'enseignement-apprentissage.

2. Méthodologie

Les données servant de base à l'analyse sont issues des entretiens effectués, des documents administratifs mis à notre disposition, du questionnaire administré dans le cadre de notre étude sur « la pédagogie de la traduction au Gabon » et de l'observation participative faite lors de la réunion des enseignants. Cette réunion consistait à faire le bilan de l'année 2018-2019 afin de préparer la rentrée académique 2019-2020. L'objectif de cette recherche est de rendre compte du fonctionnement de cette formation à l'UOB afin de savoir où l'on en est exactement et pour des lendemains meilleurs. Cela dit, la présente étude prenant en compte les motivations des entités éducatives et des apprenants quant à la création et au choix du DTI, elle s'arc-boute sur deux méthodes. Il s'agit de l'enquête de terrain selon N. Berthier (1998) ; F. DE Singly (1992) ; B. Matalon & R.Ghiglione (1978) et de l'analyse qualitative de contenus de documents (décisions académiques, emplois du temps, brochures de département, notes administratives, etc.) selon R. Lecuyer, (1988).

2.1. Description du terrain d'étude

Notre étude s'est déroulée à Libreville et précisément à la FLSH de l'UOB. Elle a consisté en une enquête de terrain basée sur des entretiens et un questionnaire administré, afin d'obtenir un maximum d'informations sur la préoccupation qui est la nôtre. Pour récolter les données et constituer le corpus, trois (3) catégories de participants y ont été retenus : Il s'agit du Doyen de la FLSH âgée d'environ 55 ans (soit l'enquêté n°1 (E1) ; de la Responsable du Département d'Etudes Germaniques dont l'âge se situe dans la quarantaine (E2); et d'un groupe de 11 étudiants de Master 2 du DEG dont l'âge oscille entre 25 à 29 ans pour les deux sexes (E3).

Nous avons réalisé trois entretiens différents et un (1) questionnaire semi-ouvert destinés à chaque catégorie de participant. Nous nous sommes servi d'un carnet de note et d'un crayon à papier afin de noter les différentes réponses reçues. Nous avons débuté l'étude avec le participant E1. En tant qu'autorité académique, nous n'avons ménagé aucun effort pour la contacter. Comme il s'est agi d'un entretien, nous lui avons d'abord demandé différentes variables : le sexe, la nationalité, l'activité professionnelle actuelle, le grade. Ensuite, nous lui avons posé deux questions ouvertes dans le but de comprendre la genèse et l'évolution de la formation professionnelle en Traduction et Interprétariat au sein de la FLSH. Voici ces questions :

> • *« Quelles sont les motivations ou raisons qui ont conduit à la formation professionnelle en Traduction et Interprétariat et en l'occurrence à la création du DTI ?»*
> • *« Comment et pourquoi est-on passé du DTI à l'Unité de Formation "Master Traduction et Interprétariat" au sein du DEG ? ».*

Au terme de cet entretien et pour plus de renseignements sur la question, il nous a été remis deux documents à apprécier. Il s'agit de l'Arrêté portant création du DTI et de celui portant sa dissolution.

À la suite de notre étude, nous nous sommes entretenus avec le participant E2 au sein de la FLSH pendant environ 5mn après quoi, l'entretien s'est poursuivi *via* le réseau social *WhatsApp*. Nous lui avons également demandé les différentes variables (*supra* E1). Ensuite, nous avons égrainé quatre questions ouvertes dans le but de comprendre la genèse et l'évolution de la formation professionnelle en Traduction et Interprétariat au sein de la FLSH. Voici ces questions :

- *« Quelles sont les conditions d'accès à la formation dont vous avez la charge ? »* ;
- *« Quels sont les objectifs de ladite formation et les perspectives professionnelles ? »* ;
- *« Quels sont les différents enseignements qui constituent l'Unité de Formation ? »* ;
- *« Quel est l'effectif par année des étudiants inscrits dans ce parcours et le nombre des soutenances enregistrées? »*.

Pour répondre à ces différentes interrogations de façon plus efficiente, E2 nous a envoyé quelques documents par voie électronique. Il s'agit d'un livret *Offre de formation Licence et Master (année 2016-2017)* ; d'une brochure portant sur la Présentation du DEG et d'un fascicule exposant les contenus des enseignements du DEG année 2017-2018.

Pour terminer, nous nous sommes entretenus avec le dernier groupe de participants (E3) dont l'effectif total est normalement de 22 étudiants. Toutefois, pour différentes raisons (stages, immersion linguistique), seuls 11 étudiants ont pris part à notre enquête et celle-ci a duré environ 1h.30mn. Nous leur avons distribué un questionnaire que chacun devait remplir de façon anonyme afin d'avoir leur avis sur le déroulé de leur formation. Après avoir renseigné les différentes variables, il était question, dans le questionnaire, de répondre à quelques questions.

- *« Effectuez-vous ces études de Traduction et Interprétariat de gré ou par contrainte ? »*
- *« Pourquoi avez-vous choisi cette formation ? »* ;
- *« Cette formation répond-elle à vos attentes ? Si oui ou non, justifiez. »* ;

- *« Avez-vous effectué ou effectuez-vous un stage ? Quand et où ? (période, localisation et secteur d'activité) »* ;
- *« Le stage vous est-il trouvé par votre département ou c'est le fruit de votre entreprise personnelle ? Expliquez ! »* ;
- *« Que pensez-vous des milieux linguistiques où ils sont effectués ? »* ;

Cette étape qui consistait à aller à la recherche de l'information étant terminée, l'analyse qualitative et quantitative des données permet à présent de mettre en saillance les résultats qu'il incombe à présent d'apprécier les contours.

3.   Résultats et analyses

Les résultats de cette étude sont exposés selon le schéma précédent : E1 ; E2 ; E3.

- ### *L'enquêté E1 et ses réponses*

En réponses aux questions qui lui ont été posées, E1 a ainsi déclaré :

« L'État avait coutume de solliciter la main-œuvre des pays voisins à l'instar du Cameroun et a finalement exprimé son besoin d'une main d'œuvre locale en terme de traduction et d'interprétariat. D'où la création du Département de Traduction et Interprétariat (DTI) au sein de la Faculté des Lettres et Sciences Humaines (FLSH) de l'UOB 2013-2014 » ;

« Le Département de Traduction et Interprétariat a bien démarré, il fonctionnait très bien. Mais, pour des raisons que j'ignore, pendant que j'étais en voyage, on a fermé ce département. Ou du moins, il a été réduit en Unité de Formation (Master interdisciplinaire Traduction et Interprétariat) deux ans plus tard ».

Tels sont les propos recueillis auprès de l'enquêté E1. Ensuite, nous avons examiné les deux textes qui nous ont été remis lors de cet échange. Le premier serait[14] *l'Arrêté n°.... / MENESTFPRSCJS portant création*

---

[14] L'emploi du conditionnel est justifié par l'absence des références qui donneraient à cet arrêté sa valeur juridique ou du moins toute sa validité. Il

d'un Département de Traduction et Interprétariat à la Faculté des Lettres et Sciences Humaines de l'Université Omar Bongo. Il serait établi à Libreville par le Ministère de l'Éducation Nationale, de l'Enseignement Supérieur et Technique de la Formation Professionnelle et de la Recherche Scientifique, chargé de la Culture, de la Jeunesse et des Sports. L'arrêté est constitué de 11 articles qui définissent le DTI tout en expliquant son fonctionnement. De cet ensemble, nous pouvons comprendre que le DTI était « une unité de réflexion, d'animation pédagogique et scientifique, et de formation à vocation exclusivement professionnelle ». Il formait au niveau master professionnel dans les domaines de la traduction et de l'interprétariat. L'admission au DTI était conditionnée par « l'acquisition des 180 crédits conférant le grade de licence générale dans un département de langues ; la parfaite maîtrise d'une langue étrangère en plus du français ; la satisfaction à un test d'évaluation ».

S'agissant du second texte, il est question d'une *Décision numéro 36715/UOB/R, portant dissolution de deux départements de la Faculté des Lettres et des Sciences Humaines*. En effet, dans ce manuscrit datant du 18 novembre 2015, il est notifié que vu certains décrets, certaines lois et ordonnances, le Recteur de l'UOB a décidé que :

> *Article 3* : Le département de Traduction et d'Interprétariat (DTI) est dissout et l'ensemble de ses activités pédagogiques transférées au Département d'Études Germaniques.

Autrement, ladite décision met fin au DTI qui finalement est réduit à une Unité de Formation (Master Traduction et Interprétariat). Mais il est tout aussi intéressant d'apprécier les motivations qui ont conduit à cette mesure. En effet, le Recteur développe à ce propos ce qui suit :

> *Article 4* : Les dissolutions visées aux articles 2 et 3 sont prononcées aux motifs que les conditions nécessaires au fonctionnement des départements concernés sont insuffisantes, notamment :

---

s'agit du numéro du texte, de sa date de signature, de la signature et du cachet du signataire ou de son auteur.

-Ils ne disposent d'aucun enseignant permanent ;

-Ils ne comptent pas chacun, au moins deux des trois cycles du LMD ; n'offrant que des formations en Master.

En d'autres termes, le DTI a été dissout au motif qu'il ne répondait pas à tous les critères requis pour l'ouverture d'un département. Ce qui amène à dire que l'arrêté portant création dudit département serait nul et sans fondements juridique, administratif et même académique.

- ***L'enquêté E2 et ses réponses***

Comme nous l'avons indiqué *supra*, le participant E2 nous a remis différents documents pour répondre à nos interrogations. L'analyse de ces documents révèle que l'admission à la formation est conditionnée par l'obtention d'une licence, la parfaite maîtrise d'une langue étrangère en plus du français et la satisfaction à un test d'évaluation. En outre, comme toute formation professionnelle, ce programme de formation vise à satisfaire différents besoins. Nous pouvons citer : le besoin en personnel hautement qualifié dans les domaines de la traduction et de l'interprétariat ; la diversification de l'offre de formation à l'UOB ; la formation des traducteurs-interprètes, spécialistes dans les différentes langues enseignées à l'UOB, dans les domaines diversifiés tels qu'économiques, juridiques, diplomatiques, technologiques, etc.

S'agissant des différents enseignements, leur présentation est faite dans les tableaux[15] détaillés ci-dessous illustrés :

Tableaux n°1 & 2 : Présentation détaillée des enseignements de Master 1 – Semestre 1 & 2

Code UE	Intitulé UE	Intitulé EC	VH des Atomes pédagogiques		Crédits	Nature EC
			CM/TD	TP		

---

[15] CM /TD = Cours magistral, Travaux dirigés (Séminaires); TP= Travail personnel de l'étudiant.

Code UE	Intitulé UE	Intitulé EC	VH	CM/TD	Crédits	Nature EC
DTI101	**Traductologie**	Méthodologie de la Traduction:	25h	15	6	
		Théories de la Traduction:	20h			Obligatoire
DTI102	**Lexique spécialisé**	Introduction au droit:	20h	15	6	
		Introduction à l'économie:	25h			
DTI103	**Langue de spécialité**	Traduction directe (A-B):	23h	15	6	
		Traduction indirecte (B-A):	22h			
DTI104	**Pratique de la langue**	Techniques d'expression A:	20h	15	6	
		Compréhension et expression A-B-C:	25h			
DTI105	**Pratique de la langue C**	Thème et Version A-C-A 1:	25h	15	6 3 (Tri)	
		Compréhension et expression :	20h			
	Séminaire pratique	Séminaires 1 (droit):	20h	15	6 3 (Tri)	
		Séminaires 2 (économie):	25h			

Semestre 2

Code UE	Intitulé UE	Intitulé EC	VH des Atomes pédagogiques		Crédits	Nature EC
			CM/TD	TP		
DTI201	**Linguistique appliquée**	Techniques de traduction:	25h	15	6	
		Stylistique comparée:	20h			
DTI202	**Langue appliquée**	Lexique diplomatique:	23h	15	6	Obligatoire

Code UE	Intitulé UE	Intitulé EC	CM/TD	TP	Crédits	Nature EC
		Lexique technologique et social:	22h			
DTI203	**Traduction spécialisée**	Thème spécialisé:	23h	15	6	
		Version spécialisée:	22h			
DTI204	**Langues, sociétés et cultures**	Civilisations:	23h	15	6	
		Sociolinguisti que:	22h			
DTI205	**Outils de la traduction**	Pratique dictionnairiqu e:	20h	15	6 3 (Tri)	
		Logiciels de traduction:	25h			
	Pratique de la langue C	Thème et Version A-C-A 2:	20h	15	6 3 (Tri)	
		Compréhensi on et expression 2 :	25h			

Source : Données de l'enquête de mai 2019 (question n. ° 3)

Tableaux n°3 & 4 : Présentation détaillée des enseignements de Master 2 – Semestre 3 & 4

Semestre 3

Code UE	Intitulé UE	Intitulé EC	VH des Atomes pédagogiques		Crédits	Nature EC
			CM/TD	TP		
DTI301	**Linguistique et terminologie**	Linguistique appliquée à la traduction:	20h	15	6	
		Terminologie et Lexicographie:	25h			
DTI302	**Éthique et déontologie de la traduction**	Révision des textes	25h	15	6	Obligatoir e
		Déontologie de la traduction:	20h			
DTI303	**Traduction consécutive**	Initiation à la consécutive:	20h	15	6	
		Prise de note en consécutive:	25h			
DTI304	**Séminaires de spécialité**	Atelier d'écriture:	25h	15	6	
		Traduction littéraire et audiovisuelle:	20h			
DTI305	**Méthodologie**	Projet de stage:	20h	15	6	Au choix
		Méthodologie de la rédaction:	25h			

Code UE	Intitulé UE	Intitulé EC	VH des Atomes pédagogiques			Crédits (ects)	Nature EC
			CM	TD	TP		
DTI401	**Mémoire et stage pratique**			300h		30	Obligatoire

Source : Données de l'enquête de mai 2019 (question n° 3)

Ces différents enseignements sont dispensés par des enseignants vacataires professionnels de la traduction et par des enseignants de l'UOB originaires de différents départements (français, anglais, Deila, études germaniques, droits et sciences économiques). En ce qui concerne à présent le fonctionnement du stage pratique, il est intéressant de lire ce qui est dit à ce propos dans livret du DEG portant *"Offre de formation Licence et Master"* (2018, p. 24) :

> La formation pratique des étudiants comprend un stage pratique fait soit sous-forme de bain linguistique, ou sous-forme d'immersion professionnelle, au 4ème semestre. Le stage a un volume horaire global de 300h. Ceci permet aux étudiants de parachever leur mémoire de master, et d'acquérir une première expérience professionnelle.

En d'autres termes, le stage est une étape obligatoire et décisive dans le parcours des apprenants et dans la formation au même titre que les enseignements. Par ricochet, cette étape marque en partie la fin du cursus de chaque apprenant, couronné de la rédaction d'un mémoire professionnel soutenu publiquement. Les lignes à venir mettent en lumière le nombre d'étudiants enregistrés dans ce cursus et leur évolution. Cet effectif des apprenants s'apprécie au mieux à travers le tableau illustratif dressé ci-dessous :

Tableau[16] N°5 : Effectif des apprenants du DTI à aujourd'hui

Niveau / Année	Master 1	Master 2	**Total**
2013-2014 (DTI)	≤ 5	NE	05
2014-2015 (DTI)	5	4	09
2015-2016 (DEG)	NE	09	09
2016-2017 (DEG)	13	6	19
2017-2018 (DEG)	22	13	35
2018-2019 (DEG)	16	22	38
Total	61	54	**115**

Source : Données de l'enquête de mai 2019 (question n° 4)

Lorsque nous observons ce tableau, nous remarquons une sorte d'évolution ascendante de l'effectif des apprenants même si celle-ci reste assez faible. En effet, on part de cinq (5) étudiants en 2014 à 38 étudiants en 2019, soit un total de 115 étudiants enregistrés depuis le début de la formation en 2014. En outre, pour ce qui est du nombre de soutenances enregistrées, les documents soumis à notre examen révèlent que seules deux (2) soutenances ont été effectuées en 2017 et trois (3) en 2018, ce qui fait un total de cinq (5) soutenances enregistrées depuis six (6) ans.

- ***Le groupe E3 et ses réponses***

Après examen des questionnaires remplis et rendus, nous remarquons que sur un total de 11 participants, neuf (09) déclarent suivre cette formation de gré par « amour pour les langues étrangères d'une part, et pour le métier qui demeure quasi-inexistant au Gabon ». Les deux autres par contre ont choisi cette formation par contrainte. Pour l'un, ce choix est motivé par le fait qu'il n'ait pas été retenu en Master dans son département d'origine et, pour l'autre, il « n'avait plus d'autres options », a-t-il répondu.

---

[16] La mention NE désigne "Non existant"

En réponse à la question n°3, sept (7) intervenants estiment que la formation ne répond pas à leurs attentes vu que le volet « interprétariat » que beaucoup parmi eux voulaient suivre est inexistant. La formation repose donc exclusivement sur la « Traduction » malgré l'intitulé de l'Unité de formation *Traduction et Interprétariat*. En outre, on constate que même au niveau de la traduction, les apprenants déplorent l'absence de spécialisation conformément aux secteurs d'activités (juridique, économique, littéraire, sportif, etc.).

S'agissant du volet *stage pratique*, les onze (11) enquêtés déclarent n'être encore qu'à la recherche de celui-ci dans Libreville depuis le mois d'avril (2019). La recherche du stage est le fruit de leur entreprise personnelle, l'administration ne leur fournissant que des lettres de recommandation. Du moins c'est une mesure qui s'applique aux étudiants en provenance des départements d'anglais et des études ibériques, vu que ceux en provenance du département d'études germaniques effectuent leur stage en Allemagne.

4. Discussion : pour une amélioration de l'existant

L'enseignement/apprentissage de la traduction professionnelle au Gabon est une formation qui amène le pays à marquer un pas en avant dans la formation de ses élites et ainsi, se mettre au niveau des normes internationales et au progrès intellectuel. Nous ne prétendons pas en avoir examiné tous les contours dans cette étude. Cependant, la réflexion a permis de faire certaines découvertes. Au regard de ce que nous avons questionné et observé, nous voulions mettre en saillance ce qui a été fait et reste à faire pour une meilleure implantation de cette formation au sein de l'institution qui l'héberge.

L'initiative de la création du DTI mérite son pesant d'or, certes, mais la faisabilité ou alors la mise en pratique semble être partie d'un mauvais pied. Notre recherche nous amène à dire que le DTI a été créé sur la base d'un projet de texte qui n'a pas été amendé au préalable. La formation à cette époque portait sur les volets traduction et interprétariat et le département jouissait d'une salle multimédia disposant de cabines d'interprétation et de laboratoire de langue. Mais en tant que département majoritairement constitué d'enseignants vacataires, son existence a engendré une incidence financière et conflictuelle au sein de l'institution.

Aujourd'hui réduit en UFMTI, un paradoxe est manifeste entre l'intitulé de la formation, ses objectifs et le contenu de la formation. En effet, le volet interprétariat tout comme la salle multimédia sont inexistants depuis la dissolution du DTI. L'observation des différents enseignements offerts pour cette formation montre que ceux-ci portent autant sur le volet théorique que pratique. Chaque enseignement proposé vise à développer des compétences et réflexes requis chez l'apprenant. Les cours magistraux de théories de la traduction, pour ne citer que ceux-là, renseignent par exemple sur les différentes réflexions et pensées qui tentent d'expliquer le mécanisme de fonctionnement du processus de la traduction.

Nous remarquons par ailleurs que la formation est générale et non sectorielle et ce faisant, elle n'est pas en adéquation avec les besoins locaux et les secteurs d'activité prioritaires du pays conformément aux objectifs fixés au départ. Cependant, nous pensons que retenir le choix de la professionnalisation, c'est définir les objectifs et la démarche pédagogique qui favorisent l'insertion professionnelle des diplômés. Autrement dit, c'est adapter l'offre de formation à l'emploi, à la demande des professionnels. À l'École de Traduction et d'Interprétation de Genève (ETI) par exemple, la formation est en rapport, principalement avec la traduction relative aux milieux économiques, juridiques, institutionnels. Cette orientation se justifie par la présence, à Genève, de très nombreuses organisations internationales demandeuses de ce type de compétences (L.S. Okome Engouang, 2013).

En dépit des situations déjà mises en exergue dans les lignes précédentes, l'étude a révélé un problème manifeste lors des pratiques de classe. Comment un enseignant bilingue (*français-anglais* ; *français-espagnol* ou *français-allemand*) peut-il dispenser des cours à un public hétérogène (des étudiants en provenance des trois départements précédemment cités) ? Une telle situation serait assurément inconfortable tant pour l'enseignant que pour les apprenants. Si certains cours magistraux peuvent se faire en langue française sans difficulté, les cours pratiques ou techniques (*Méthodologie de la traduction*, etc.) exigent un recours à l'*exemplification* (D. Coltier, 1988). En effet, à l'université, ce procédé occupe une place importante dans le cours. Ce dernier se présente généralement comme un monologue dialogique qui met en jeu une relation dissymétrique entre un enseignant garant du savoir et des étudiants chargés de l'écouter activement et de retranscrire les connaissances (M.-F. Roquelaure et C. Garcia-Debanc, 2015). De ce fait, en plus de rendre le cours plus attrayant, le recours à l'exemple aide l'étudiant à mieux mémoriser les notions. Dans le contexte ici mis en évidence, l'incompatibilité linguistique entre enseignant et enseignés réduit le cours à une dimension théorique avec le risque de ne pas être bien dispensé et encore moins bien compris.

S'agissant du stage pratique, les étudiants ne semblent pas tous y bénéficier d'un même traitement. La situation qui prévaut dégage un sentiment de favoritisme des étudiants en provenance du département d'études germaniques. Lesquels étudiants effectuent leur stage en milieu naturel allemand, c'est-à-dire dans des structures avec lesquelles le département est en partenariat[17] tandis que les autres sont contraints d'effectuer leur stage au Gabon, dans un contexte linguistique qui semble non favorable au développement de leurs compétences terminologique et linguistique. Cette situation pourrait d'abord se justifier par le fait de la formation soit hébergée par le DEG qui au préalable avait déjà ses

---

[17] Le DEG compte à ce jour les partenaires suivants: *Le Ministère fédéral des Affaires Étrangères, par le biais de l'Ambassade d'Allemagne au Gabon, Le Ministère des Affaires Étrangères de la République Gabonaise ; L'Institut Goethe de Yaoundé (Cameroun) ; L'Office allemand d'Échanges Universitaires (DAAD) ; L'Université de la Sarre (Allemagne) ; L'Université d'Augsbourg (Allemagne, Programme GIP) ; L'Université de Münster (Allemagne, Programme Erasmus+) ; L'Université Check Anta Diop (Sénégal) ; L'Université de Ouagadougou (Burkina Faso) ; L'Université de Stellenbosch (Afrique du Sud) ; L'Université de Lomé (Togo) ; Société VAMED ; Société DHL ; Organisme GIZ ; Les établissements scolaires.*

partenaires avant qu'on ne lui accorde le pilotage de ce Master. En outre, en orientant la formation en fonction de la spécialité (*Master interdisciplinaire traduction et interprétariat. Parcours traduction Juridique, traduction économique ou traduction littéraire*), cela permettrait que chaque lieu de stage soit en adéquation avec le domaine d'activité de l'apprenant. C'est en cela qu'un étudiant inscrit au parcours traduction littéraire, par exemple, devra effectuer son stage dans l'édition, la presse, etc.

Une formation professionnelle quelle qu'elle soit, est mise au point pour permettre à un individu d'acquérir les savoirs utiles à l'exercice d'une activité professionnelle, d'un métier. Cette mise au point tient généralement compte de certains facteurs tels que le contexte social, le bassin d'emploi, pour une meilleure conception de la maquette pédagogique, etc. À juste titre, le traductologue canadien donne des explications intéressantes à propos de la pédagogie de la traduction. Il souligne en effet :

> Que les marchés de la traduction diffèrent d'un pays à un autre et ces particularismes nationaux se reflètent inévitablement dans la conception des programmes qui doivent en outre tenir compte, dans une certaine mesure, des besoins particuliers des étudiants à leur entrée à l'université (J. Delisle, 1980, p.14).

À chaque pays ses réalités et ses particularités auxquelles s'adaptent les programmes de formations. On comprend aisément que la formation professionnelle de la traduction et interprétariat au Gabon, si on tient à sa pertinence, son renom et à sa durabilité, exige aux acteurs politique et académique, un travail de concert pour mieux en discuter les contours. Il serait ainsi question de réfléchir véritablement sur les curricula, la formation, les infra structures et l'employabilité, de façon à ce qu'il y ait adéquation entre ces facteurs.

L'employabilité est selon l'OIT[18], l'aptitude d'un individu à trouver et conserver un emploi, à **progresser** au travail et à **s'adapter aux mutations** tout au long de la vie professionnelle (N. Ben Hassen et M.

---

[18] Organisation Mondiale du Travail.

Hofaidhllaoui, 2012). Par conséquent, la formation devient donc, à notre sens, l'un des piliers d'une employabilité durable. Le regard sur le contexte gabonais nous amène à penser qu'il est impératif de procéder à l'ouverture d'un institut ou d'une école de traduction-interprétation à part entière répondant aux normes ISO et dont la formation commencerait dès la première année de licence avec des effectifs importants. L'établissement devra par ailleurs offrir un programme sectoriel pour mieux asseoir la spécialisation des étudiants et ce, conformément au bassin d'emploi du Gabon. Cela invite donc à la signature des conventions avec les différentes représentations des pays des langues concernées dans la formation et des Universités sous-régionales. Et pourquoi ne pas penser dès lors à une coopération Sud-Sud dans l'optique de minimiser les coûts ? La coopération Sud-Sud aurait un double avantage. D'abord, elle va favoriser des échanges qui permettraient une réorganisation du stage des étudiants en milieux professionnel et linguistique. Ensuite, elle pourra permettre une intervention sous régionale du personnel enseignant conformément aux besoins manifestés tant sur le plan de la traduction que sur celui de l'interprétariat.

Cette étude consistait en un état des lieux de l'enseignement apprentissage de la traduction professionnelle au Gabon, à l'Université Omar Bongo. Auparavant manifeste au département de traduction et interprétariat, aujourd'hui ladite formation est hébergée par le département d'études germaniques, soit le master pluridisciplinaire traduction et interprétariat. Sans la prétention de battre en brèche le travail effectué en amont pour la mise au point de cette discipline au Gabon, la présente étude se présente comme une jauge dont l'objectif est de prendre la température d'un patient en vue de l'établissement d'un diagnostic.

La réalisation de ce travail s'est avérée enrichissante sur le plan pédagogique et technique. Les différentes analyses effectuées nous ont fait constater certaines irrégularités ou insuffisances partant des effectifs, aux enseignements en passant par le stage pratique. De fait, les résultats auxquels nous sommes parvenus nous amènent à dire qu'au regard de la situation de l'enseignement de la traduction, de la création de l'UOB en 1971 à nos jours, en passant par la mise en place du DTI et du MTI, l'enseignement-apprentissage de la traduction professionnelle au Gabon demeure à un stade embryonnaire. Une meilleure implantation de cette formation pourrait passer par la création d'un établissement ou département dont la formation commencerait dès la première année de Licence. Ledit établissement devrait se baser sur un projet amendé et dont les objectifs seraient réellement définis dès le départ. Par ailleurs, la formation devrait être sectorielle et en adéquation avec les besoins du marché local et être majoritairement pilotée par un personnel relevant du secteur de la traductologie.

REFERENCES BIBLIOGRAPHIQUES

BEN HASSEN Noura et HOFAIDHLLAOUI Mahrane, 2012, « L'"employabilité" des salariés : facteur de la performance des entreprises ? », *Recherches en Sciences de Gestion*, 4 n°91, p. 129-150. En ligne sur https://www.cairn.info/revue-recherches-en-sciences-de-gestion-2012-4-page-129.htm, consulté la 23/04/2020.

CHEVALLARD Yves, 1991, *La Transposition didactique. Du savoir savant au savoir enseigné*, Grenoble, La Pensée Sauvage (2e édition revue et augmentée, en coll. avec Marie-Alberte Joshua, 1re édition 1985).

COLTIER Danièle, 1988, « Introduction et gestion des exemples dans les textes à thèse », *Pratiques*, n°58, p.23-41. DOI : 10.3406/prati.1988.1480, consulté le 08 avril 2020.

DELISLE Jean, 1980, *L'Analyse du discours comme méthode de la traduction*, Ottawa, Les presses de l'Université, coll. « Cahiers de traductologie », n°2.

DUPLESSIS Pascal, 2008, « L'objet d'étude des didactiques et leurs trois heuristiques : épistémologique, psychologique et praxéologique », *Séminaire du GRCDI, Didactique et culture informationnelles : de quoi parlons-nous ?* 14 septembre 2007. En ligne :

http://lestroiscouronnes.esmeree.fr/didactique-information/l-objet-d-etude-des-didactiques-et-leurs-trois-heuristiques, consulté le 10 novembre 2019.

DURIEUX Christine, 2010, *Fondement didactique de la traduction technique*, Paris, La maison du dictionnaire.

KRAUS Karl, 2007, « Employabilité, un nouveau concept clé », Dossier : « Employabilité-plus qu'une mode », PANORAMA, 2, pp. 4-5.

LEDERER Marianne, 2006, *La traduction aujourd'hui, le modèle interprétatif*, Caen, Minard.

MAVOUNGOU Monique, 2014, « Pourquoi créer un département de traduction et interprétariat ? La professionnalisation comme voie vers l'emploi L'expérience du Gabon », Communication du *Colloque international La professionnalisation des études universitaires L'exemple de la traduction/interprétation*, Liège - 22, 23 et 24 octobre 2014. En ligne : https://afelsh.org/wp-content/uploads/2014/12/Mavoungou-Pourquoi-cr%c3%a9er.pdf, consulté le 01/04/2010.

NTO AMVAME Théodorine, 2007, *Traduire la poésie à l'Université : quelques fondements théoriques et réalisations expérimentales*, Thèse de Doctorat, Paris, ESIT.

ROQUELAURE Marie-France et GARCIA-DEBANC Claudine Garcia, 2015, « Les reformulations comportant des exemples dans les cours magistraux de l'enseignement supérieur », *Corela* [En ligne], HS-18 | 2015, mis en ligne le 25 novembre 2015, consulté le 08 avril 2020. URL: http://journals.openedition.org/corela/4066, DOI: https://doi.org/10.4000/corela.4066

DE LA TRADUCTION LITTERAIRE

TRADUCTION ET INTERTITULARITE : LES VARIATIONS DU TITRE LITTERAIRE GUINEO-EQUATORIEN DE L'ESPAGNOL VERS LE FRANÇAIS

Mathurin OVONO EBE
CRAHI – Université Omar Bongo (Gabon)
ovonoebe@gmail.com

Résumé

La visibilité de la littérature guinéo-équatorienne est une préoccupation importante pour les chercheurs qui s'y intéressent de nos jours. Aussi, en plus des travaux menés sur cette littérature sur la base des différentes théories littéraires connues, figure de plus en plus la traduction d'œuvres. En effet, depuis la traduction française du roman de María Nsue Angüe, *Ekomo au cœur de la forêt guinéenne* en 1995, dix ans après sa publication en espagnol sous le titre *Ekomo* en 1985, un nombre important d'œuvres ont été traduites de l'espagnol au français. Toutes ces traductions participent de l'accroissement de la visibilité de la littérature guinéo-équatorienne dans l'espace francophone. Seulement, l'objet de cette contribution n'est pas la critique de la traduction des œuvres dans leur généralité, mais celle des titres dans leur singularité pour explorer la fidélité de ceux-ci de l'espagnol au français. Ainsi l'analyse s'arrêtera-t-elle sur les titres *Ekomo*, *Las tinieblas de tu memoria negra*, *Joyas bajo tierra*, *El párroco de Niefang* et *Akoma Mbá ante el tribunal de Dios*. Ces titres deviennent respectivement *Ekomo au cœur de la forêt guinéenne*, *Les ténèbres de la mémoire*, *Malabo littoral*, *Le curé de Niefang* et *Akoma Mba devant le tribunal de Dieu. L'aventure d'Eyeghe Obame*. Il s'agit donc d'un essai de titrologie contrastive.

Mots clés : Titre – Titrologie – Intertitularité – Traduction – Transposition – Traductologie – Roman – Guinée Equatoriale

Traducción e intertitularidad: las variaciones del título en la traducción del español al francés de la novela guineo-ecuatoriana

Resumen

La visibilidad de la literatura guineo-ecuatoriana es una preocupación importante para los investigadores que se interesan por ella hoy en día. Por eso, además de las investigaciones llevadas basándose en las diferentes teorías literarias conocidas, figura cada vez más la traducción de obras. En efecto, desde la traducción francesa de la novela de María Nsue Angüe, *Ekomo au cœur de la forêt guinéenne* en 1995, diez años después de su publicación en español bajo el título *Ekomo* en 1985, varias obras han sido traducidas del español al francés. Todas estas traducciones participan del crecimiento de la visibilidad de la literatura guineo-ecuatoriana en el espacio francófono. Pero el objeto de esta contribución no es la crítica de la traducción de las obras en su generalidad, sino la de los títulos en su singularidad para explorar la fidelidad de estos últimos del español al francés. Así el análisis no se focalizará sino en los títulos *Ekomo*, *Las tinieblas de tu memoria negra*, *Joyas bajo tierra*, *El párroco de Niefang* et *Akoma Mbá ante el tribunal de Dios*. Estos títulos se vuelven respectivamente *Ekomo au cœur de la forêt guinéenne*, *Les ténèbres de la mémoire*, *Malabo littoral*, *Le curé de Niefang* et *Akoma Mba devant le tribunal de Dieu. L'aventure d'Eyeghe Obame*. Pues se trata de un esbozo de titrología contrastiva.

Palabras clave : Título – Titrología – Intertitularidad – Traducción – Transposición – Traductología – Novela – Guinea Ecuatorial

La littérature guinéo-équatorienne connait un essor qui peut être qualifié de « boom » de nos jours. Cette éclosion rime aussi avec le besoin d'extériorisation de la culture car, dans ce « rendez-vous du donner et du recevoir », la littérature constitue une des expressions culturelles par lesquelles la Guinée Equatoriale entre dans la « civilisation de l'universel », chère à Léopold Sédar Senghor. S'extérioriser, pour un pays hispanophone, c'est voir ses textes, produits en espagnol, traduits en d'autres langues de grande influence et de grande diffusion, et le français en fait partie. Le genre narratif est l'une des formes littéraires les plus expressives en Guinée Equatoriale et certainement la plus traduite aussi. Cinq textes sont actuellement traduits de l'espagnol au français, à savoir *Ekomo, Las tinieblas de tu memoria negra, El párroco de Niefang, Joyas bajo tierra* et *Akoma Mbá ante el tribunal de Dios* qui, rendus en français, deviennent respectivement *Ekomo au cœur de la forêt guinéenne, Les ténèbres de la mémoire, Malabo littoral, Le curé de Niefang* et *Akoma Mba devant le tribunal de Dieu. L'aventure d'Eyeghe Obame.*

Ces textes, naturellement, subissent de sérieuses modifications de leur langue de départ (espagnol) à leur langue d'arrivée (français). Mais, plutôt que de nous intéresser aux textes proprement dits, nous nous limiterons à leurs intitulés dont les variations sont aussi remarquables selon le même mouvement. En d'autres termes, la traduction des titres littéraires guinéo-équatoriens de l'espagnol au français constitue notre objet dans cette contribution qui veut s'interroger sur les raisons de leurs variations ou non. En clair, dans la traduction des titres, certains gardent leur sens et parfois leur structure de la langue de départ à la langue d'arrivée alors que d'autres observent de considérables bouleversements. On est en droit de se demander ce qui peut engendrer de telles variations dans la traduction des titres. Considérant la traduction comme le passage d'une langue-culture vers une autre langue-culture cible (H. Meschonnic, 1999), ne serait-ce donc pas judicieux de saisir ces mouvements du titre comme l'expression d'un certain « horizon d'attentes » ? La réponse à cette question se conjuguerait *a priori* à l'affirmative, le titre traduit constituant une orientation de lecture offerte par son traducteur.

La réflexion est donc de type titrologique[19]. Puisque différents titres de différents textes constituent le corpus de l'étude, il s'agit d'un essai de titrologie contrastive aboutissant à une certaine intertitularité qui est « le rapport dialogique d'un titre avec d'autres titres et avec d'autres textes » (L. W. Hoek, 2001 : 184). Si Hoek invente la titrologie en 1981 sans en donner une définition exacte, il faut attendre plus d'une décennie pour savoir qu'il s'agit d'« une discipline de l'histoire littéraire qui réduit son champ à l'étude des titres d'œuvres » (M. Bernard, 1995 : 135-141). C'est fort de ces définitions de Bernard sur la titrologie et Hoek sur l'intertitularité que s'observent les mouvements des titres guinéo-équatoriens dans leur traduction de l'espagnol vers le français. *Akoma Mbá ante el tribunal de Dios* relevant de l'oraliture, son approche titrologique convoquera donc l'ethno-traductologie d'autant plus qu'il sera question de traduction de *culturèmes*.

L'intérêt d'une réflexion sur l'intertitularité associée à la traductologie, non seulement revêt un caractère inédit, mais aussi repose en la faculté du titre traduit à exprimer l'horizon d'attentes du traducteur. Cette notion étant propre à l'Ecole de Constance, il en résulterait que la traduction fasse partie des théories de la réception.

Pour aboutir à un tel résultat, il est important, de prime abord, de procéder au recensement des œuvres guinéo-équatoriennes traduites de l'espagnol au français avant d'en arriver à l'analyse contrastive des titres espagnols et français. C'est ainsi que nous passerons de la titrologie structurelle contrastive à l'horizon d'attentes dans la traduction des titres.

---

[19] La titrologie est un concept inventé par Léo Huib Hoek en publiant *La marque du titre. Dispositif sémiotique d'une pratique textuelle* en 1981. 1981. Pour asseoir sa théorie du titre, il publie *Titres, toiles et critique d'art* vingt ans après le premier ouvrage, c'est-à-dire en 2001.

1. Les œuvres traduites

La littérature écrite guinéo-équatorienne existe depuis la rencontre avec les explorateurs occidentaux dans leurs récits de voyage, elle est passée par les chroniques des colons espagnols pour se matérialiser avec les premières œuvres des Guinéo-équatoriens eux-mêmes. *Cuando los Combés luchaban* de Leoncio Evita Enoy en fait partie, puisque publié en 1953. A ce jour, cette œuvre, bien qu'elle intéresse l'hispanisme épistémique francophone du fait d'être la première écrite par un Guinéo-équatorien, n'est pas traduite en français. Ceci explique que cette œuvre n'intéresse pas cette contribution, pas plus que toutes celles qui, comme elle, ne sont pas traduites en français. Celles qui nous intéressent sont donc, chronologiquement, *Ekomo* (M. Nsue Angue, 1985), *Las tinieblas de tu memoria negra* (D. Ndongo Bidyogo, 1987), *El párroco de Niefang* (J. Mbomio Bacheng, 1996), *Huellas bajo tierra* (J. Mbomio Bacheng, 1998) et *Akoma Mba ante el tribunal de Dios* (Eyi Moan Ndong, 1997), le dernier texte cité relevant de l'épopée. Il s'agit donc de cinq textes : quatre romans et une épopée qui ont été traduits respectivement en français sous les titres *Ekomo au cœur de la forêt guinéenne* en 1995, *Les ténèbres de ta mémoire* en 2004, *Le curé de Niefang* en 2016, *Malabo littoral* en 2015 et *Akoma Mba devant le tribunal de Dieu. L'aventure d'Eyeghe Obame* en 2019.

La première œuvre guinéo-équatorienne traduite de l'espagnol vers le français s'intitule *Ekomo* dans sa version de départ que María Nsue Angue publie en 1985. La traduction est publiée par la Française Françoise Harraca en 1995 dans la collection « Encres Noirs » des éditions L'Harmattan sous le titre *Ekomo au cœur de la forêt guinéenne*. Ekomo[20] est le personnage éponyme du roman. C'est un homme qui abandonne son village et sa femme Nnanga Abaha pour s'installer en ville. Il y contracte une gangrène à la jambe. Aussi décide-t-il de retourner au village. Sa femme le reçoit et l'accompagne de village en village et de ville en ville dans sa recherche de traitement. Une quête

---

[20] Ce nom désigne la stérilité chez les Fang

finalement infructueuse puisqu'Ekomo décède à Ebolowa, malgré sa reconversion au christianisme après avoir refusé la solution de l'amputation de la jambe proposée par le médecin de la ville. Sa jeune femme, Nnanga Abaha, l'inhume violant ainsi l'interdit faite à une femme de toucher au cadavre de son époux.

Le deuxième texte est *Las tinieblas de tu memoria negra* que Donato Ndongo Bidyogo publie en 1987. Sa traduction sous le titre *Les ténèbres de ta mémoire* est publiée en 2004 par la Française Françoise Rosset dans la collection « Continents Noirs » des éditions Gallimard. Il s'agit du premier titre de la trilogie *Los hijos de la tribu* qui raconte l'histoire d'une génération de Guinéo-équatoriens ayant vécu la colonisation politique, économique et culturelle espagnole. Le narrateur est un jeune séminariste guinéen qui raconte son enfance, son environnement familial, ses amis, ses maîtres et son voisinage. Deux réalités traduisent son quotidien, à savoir la vie traditionnelle du village, d'une part, et l'assimilation d'un mode de vie imposé par les colons espagnols, d'autre part. Ce sont deux modes de vie diamétralement opposés qui lui imposent un choix, d'où son déchirement psychologique entre le système de valeurs occidentales dont il doit continuer la mission évangélisatrice et la cosmovision fang, société qui l'a élu pour en assurer la transmission de l'héritage culturel ancestral. Le père Ortiz pense lui imposer le choix en l'envoyant poursuivre sa vocation sacerdotale en Espagne, mais l'enfant promet à ses parents qu'il ne renoncera jamais à sa culture d'origine. Ainsi, depuis l'Espagne, il décide de rentrer en Guinée Equatoriale pour renouer avec la culture ancestrale de la tribu.

Huellas bajo tierra est la troisième œuvre traduite. C'est un roman publié par Joaquín Mbomio Bacheng en 1998 aux éditions du Centro Cultural Hispano-Guineano. Il est traduit par la Française Annelise Oriot aux éditions Ateliers du Tilde sous le titre *Malabo littoral* en 2015. C'est une histoire de vie, vécue en milieu postcolonial africain, l'histoire d'un jeune et son peuple devant le destin qui se forge entre l'héritage colonial et la réalité tragique de l'indépendance. Cette réalité est traduite par le drame personnel du héros, Juan Ndong, condamné par sa propre histoire. La trame, linéaire, conduit le lecteur de l'enfance heureuse de Juan Ndong pendant la colonisation espagnole de son pays aux balbutiements de l'indépendance de celui-ci. C'est une indépendance qui survient, paradoxalement avec la violence engendrée par l'action de la libération nationale, conduisant ainsi Juan Ndong à quitter son pays pour s'installer en Europe.

La quatrième œuvre traduite est *El párroco de Niefang* qui est le premier roman de Joaquín Mbomio Bacheng, puisque publié en 1996, deux ans avant *Huellas bajo tierra*. Ce roman est traduit par le Gabonais Constantin Essono Essono en 2016 aux éditions Morawa Lesezirkel. C'est l'histoire du père Gabriel, jeune prêtre arrêté et emprisonné à Bata sous la dictature de Macías Nguema et libéré après le « Coup d'Etat de la liberté ». La célébration par la communauté religieuse catholique de cette libération est d'envergure nationale, puisque s'étendant de Bata, lieu du pire et du meilleur, de détention et de libération, du jeune prêtre à Edum sa paroisse. De là naît aussi bien sa comparaison avec Jésus Christ, le messie, que sa célébrité qui va lui valoir son ordination cardinale par le Pape à Rome. Le jeune prêtre s'envole pour la capitale italienne, laissant ainsi son ancienne paroissienne, maîtresse et enceinte de lui, María Soledad Nchama Anguan.

Le cinquième et dernier texte traduit est une épopée, *Akoma Mbá ante el tribunal de Dios*, publié par Eyi Ncogo Moan Ndong aux Editions Raponda Walker en 1997 et traduit par le Gabonais Mathurin Ovono Ébè aux éditions Muse en 2019 sous le titre *Akoma Mba devant le tribunal de Dieu. L'aventure d'Eyeghe Obame*. C'est l'histoire d'un mortel d'Okuign, Andome Ella Bekoung, tué par un immortel d'Engong, Akoma Mba. Une fois au pays des fantômes, Andome Ella Bekoung alla porter plainte contre Akoma Mba chez Dieu pour qu'il s'explique devant le Créateur sur les raisons de cet acte. Akoma Mba, vivant, répond ainsi à une convocation qui lui est adressée par Dieu. Au terme de l'audience, Akoma Mba est déclaré non coupable par le tribunal de Dieu. Mais, pour contenter Andome Ella dont le montant requis pour la plainte était très élevé, Dieu envoie sur Terre deux hommes mortels pour éprouver les immortels : Bidzango bi Nkout Obame, et Eyeghe Obame. Ces deux hommes vont combattre Akoma Mba et les siens avec Bidzango bi Nkout Obame dans la réflexion et Eyeghe Obame dans l'action. Ils engagent les hostilités en asséchant tout Engong, le pays des immortels. Les représailles de cette insolence se traduisent par une guerre violente que les immortels livrent au mortel Eyeghe Obame.

Longtemps méconnue, ignorée, voire même marginalisée, la littérature guinéo-équatorienne est de plus en plus visible. Cette visibilité est remarquable par l'intérêt que lui accordent les chercheurs et critiques littéraire extérieurs à la Guinée Equatoriale. La critique littéraire de toutes les aires culturelles inscrit désormais la littérature guinéo-équatorienne dans ses objets majeurs. Mais la critique littéraire ne saurait être la seule preuve de réception d'une littérature à l'extérieur de ses frontières. La traduction aussi témoigne de cette réception transfrontalière et l'aire culturelle francophone constitue l'un de ces espaces de réception. Les cinq textes traduits à ce jour de l'espagnol au français, à savoir *Ekomo*, *Las tinieblas de tu memoria negra*, *El párroco de Niefang*, *Huellas bajo tierra* et *Akoma Mba ante el tribunal de Dios*, démontrent cette réception de la littérature guinéo-équatorienne dans l'espace francophone. *Ekomo*, *Las tinieblas de tu memoria negra* et *El párroco de Niefang* sont des traductions françaises alors que *Huellas bajo tierra* et *Akoma Mba ante el tribunal de Dios* sont des traductions gabonaises. En devenant, dans la langue cible, respectivement *Ekomo au cœur de la forêt guinéenne*, *Les ténèbres de ta mémoire*, *Le curé de Niefang*, *Malabo littoral* et *Akoma Mba devant le tribunal de Dieu. L'aventure d'Eyeghe Obame*, les titres de ces textes connaissent des fortunes diverses. C'est ce que nous entendons par variations. Celles-ci peuvent être d'ordres aussi bien structurel que rhétorique.

2. Titrologie structurelle contrastive : micro-grammaticalité des titres

La structure d'un titre varie selon le degré d'attractivité que l'auteur veut *a priori* donner à son texte, et c'est de cette structure que se dégage la micro-grammaticalité dudit titre. Cette micro-grammaticalité est fondée sur les formes qui déterminent la typologie des titres. Les titres *Ekomo, Las tinieblas de tu memoria negra, El párroco de Niefang, Huellas bajo tierra* et *Akoma Mba ante el tribunal de Dios* deviennent respectivement *Ekomo au cœur de la forêt guinéenne, Les ténèbres de ta mémoire, Le curé de Niefang, Malabo littoral* et *Akoma Mba devant le tribunal de Dieu. L'aventure d'Eyeghe Obame.* C'est dans ce mouvement du départ à l'arrivée que nous menons une analyse titrologique structurelle contrastive.

2.1. Les formes micro-grammaticales

L'analyse structurelle des cinq énoncés du corpus se fonde sur les formes micro-grammaticales de Michel Bernard et la classification micro-grammaticale des titres de Léo Huib Hoek. Les « formes » micro-grammaticales sont les « mots-outils » avec lesquels un auteur élabore un intitulé *a priori* adapté à son texte (M. Bernard 1995 : 135-141). Il s'agit essentiellement des articles, des conjonctions et des pronoms, à savoir : « *de* », « *la* », « *le* », « *les* », « *l'* », « *et* », « *du* », « *des* », « *d'* », « *ou* », « *un* », « *en* », « *à* ». Donc, treize formes qui, rendues en espagnol, n'en constituent que onze en devenant « *de* », « *la* », « *el* », « *los* », « *y* », « *del* », « *de los* », « *o* », « *un* », « *en* », « *a* ». Le corpus titulaire en présence n'offre que quelques unes de ces formes. Mais pas exclusivement, puisque certaines formes telle que la préposition « *au* », non répertoriées par Bernard, sont présentes dans ce corpus.

C'est à partir de ces formes que s'opère la classification micro-grammaticale. Pour Léo Huib Hoek, il existe cinq types de titres, à savoir les types nominaux, adverbiaux, adjectifs, phrastiques ou interjectifs. De ces cinq types de titres, « le type nominal, isolé ou éventuellement accompagné d'épithètes et/ou précédé de déterminants et/ou suivi d'une extension prépositionnelle est la forme la plus fréquente » (L. H. Hoek, 1981 : 72). Ce constat général semble être celui des cinq titres du corpus.

2.2. Classification micro-grammaticale

Dans *Ekomo au cœur de la forêt guinéenne*, la préposition « *au* », forme contractée de la préposition « *à* » et l'article « *le* » *[à+le]*, s'ajoute à la liste des formes de Michel Bernard. Avec cette préposition, le titre du roman de María Nsue Angue cesse d'être le titre de type nominal de la langue de départ pour devenir un titre de type nominal suivi d'une extension prépositionnelle (au cœur de la forêt guinéenne) à la langue d'arrivée. Mais « *au* » n'est pas la seule forme ajoutée au titre espagnol, même si c'est cette forme qui justifie l'extension prépositionnelle. L'auteur de la version française ajoute deux autres formes que sont « *de* » et « *la* ». En résumé, le titre en espagnol se présente en un seul mot, un nom isolé quasiment muet, alors que le titre en français ajoute à ce nom seul un groupe de mots éminemment déictiques, parce qu'ils orientent le lecteur en le situant dans l'espace de déroulement de la trame. C'est donc une variation considérable du titre de l'espagnol au français.

Contrairement au titre de María Nsue Angüe qui est de type nominal au départ pour être suivi d'une extension prépositionnelle à l'arrivée, *Las tinieblas de tu memoria negra* de Donato Ndongo Bidyogo est un titre de type nominal suivi d'une extension prépositionnelle aussi bien au départ qu'à l'arrivée. C'est un titre parlant car les trois formes qui le composent, « *las* », « *de* » et « *tu* », lui donne du sens. « *Las* » est un article qui marque le féminin pluriel en espagnol alors que « *de* » est une préposition qui introduit le complément de nom. Il ne s'agit pas d'une simple relation, mais d'une caractérisation (*tu memoria negra*). Quant à l'adjectif possessif « *tu* », il détermine la possession. En le traduisant par *Les ténèbres de ta mémoire*, Françoise Rosset supprime l'adjectif qualificatif « negra », « noire » en français. Ainsi, dans son passage de l'espagnol au français, le titre de Donato Ndongo Bidyogo reste le même en conservant ses trois formes : l'article « *les* » déterminant le féminin pluriel, la préposition « *de* » indiquant l'appartenance, et l'adjectif possessif « *ta* » pour déterminer la possession. Seule la suppression de l'adjectif qualificatif vient en modifier la structure. « Les ténèbres de ta mémoire noire » deviennent ainsi « Les ténèbres de ta mémoire ».

De tous les titres soumis à l'étude, *Huellas bajo tierra* est celui qui connait un changement profond dans sa traduction de l'espagnol vers le français. En effet, Des « traces sous terre » ou « empreintes sous terre » en espagnol pour Mbomio Bacheng, l'auteur du roman, on se retrouve avec « Malabo littoral » pour Annelise Oriot, l'auteur de la version française. La traduction de ce titre est donc absolument déroutante. *Huellas bajo tierra* est un titre de type nominal. La présence en son sein de la forme « *bajo* », « *sous* » en français, en fait un titre nominal suivi d'une extension prépositionnelle, « *sous* » étant une préposition. Celle-ci peut marquer une position basse ou inférieure. Elle peut aussi être soit une marque temporelle, soit une marque causale. Dans le cas de *Huellas bajo tierra*, la préposition « *bajo* » indique une position basse dans le sens de « *en dessous de* ». Le titre est d'autant plus abstrait qu'il n'indique aucune précision géographique. Rendu en français, ce titre devient de type nominal accompagné d'épithète : *Malabo littoral* avec « *littoral* » comme épithète de « *Malabo* », capitale de la Guinée Equatoriale située dans la côte nord de l'ile de Bioko. Le changement est donc remarquable aussi bien du point de vue de la sémantique que du point de vue du sens.

El párroco de Niefang est un autre titre de Joaquín Mbomio Bacheng traduit en français. Par cette traduction, Constantin Essono Essono, sous la direction de Véronique Solange Okome Beka, *El párroco de Niefang* devient *Le curé de Niefang*. On observe une parfaite adéquation entre le titre espagnol et le titre français. Les deux formes, l'article masculin singulier « *el* » et la préposition d'appartenance, de possession ou d'origine « *de* », en espagnol sont les mêmes, « *le* » et « *de* », en français. Ici, le prélat peut donc soit être originaire de la ville de Niefang, soit appartenir à la ville de Niefang, celle-ci étant une localité de la Guinée Equatoriale continentale.

Akoma Mbá ante el tribunal de Dios est le dernier titre du corpus titulaire traduit en français par Mathurin Ovono Ébè. Il comprend trois formes micro-grammaticales, à savoir la préposition « *ante* », l'article « *el* » et la préposition « *de* ». La préposition « *Ante* » peut indiquer la situation géographique ou psychologique du sujet : devant ou face à. En prenant le sens de « *en présence de* », elle introduit la notion de co-présence physique. Mais ce n'est pas sa fonction dans ce titre. La préposition « *ante* » indique la présence à un tribunal pour un procès. Le déterminant de ce tribunal est l'article masculin singulier « *le* ». Pour ce qui est de la préposition « *de* », elle revêt la notion d'appartenance : le « *tribunal de Dieu* » ou le tribunal qui appartient à Dieu. Le titre traduit en français aurait été exactement le même s'il n'avait pas eu de sous-titre. En effet, *Akoma Mbá ante el tribunal de Dios* devient *Akoma Mba devant le tribunal de Dieu. L'aventure d'Eyeghe Obame*. C'est une extension sub-titulaire composée de deux formes micro-grammaticales : l'article « *l'* » et la préposition « *d'* ». « *L'* » est mis pour « *la* », déterminant le substantif féminin singulier qu'est « *aventure* ». Pour sa part, la préposition « *d'* », mise pour « *de* », indique l'appartenance à un sujet précis : Eyeghe Obame. Le titre regorge donc de cinq formes micro-grammaticales qui en font un titre nominal suivi d'une extension propositionnelle, accompagné d'un sous-titre, lui aussi nominal, suivi d'une extension prépositionnelle.

En somme, la traduction en français de ces titres est source de bouleversements structurels pour certains titres et source de constance structurelle pour d'autres, le tout en fonction de la charge rhétorique déposée par chacun des traducteurs en chacun de ces titres. Ainsi justifie-t-on la convocation de l'horizon d'attentes de Hans Robert Jauss que l'on perçoit mieux avec la rhétorique des titres chère à Luc Vaillancourt.

3. Rhétorique des titres et horizons d'attentes des traducteurs

La rhétorique des titres est une théorie de Luc Vaillancourt. Elle « permet d'aller au-delà des seules formes micro-grammaticales pour mieux s'imprégner de la quintessence des énoncés » (M. Ovono Ébè, 2007 : 84) pour mieux lier ceux-ci aux textes qu'ils énoncent. En d'autres termes, la rhétorique des titres permet une bonne compréhension du rapport du titre au reste du texte, grâce à une variété de pistes offerte par Luc Vaillancourt. A cet effet, on parle d'anastomose entre titre et texte. Pour ce qui est de l'horizon d'attente, il consiste en la reconstruction du texte par le récepteur, selon sa société et la cosmovision de celle-ci. Hans Robert Jauss (1982 : 19-20) affirme que :

En introduisant le concept d'horizon d'attente, [...] le canon de normes esthétiques (le code) que l'on peut ainsi reconstruire pour un certain public littéraire pourrait et devrait être subdivisé sociologiquement, selon les niveaux d'attente des différents groupes, couches ou classes, et rapporté aux intérêts et aux besoins de la situation historique et économique qui les détermine.

Le traducteur matérialise donc la réception du texte par sa reconstruction en vue d'atteindre un public bien précis. Ainsi peuvent se justifier les différentes variations des titres lorsqu'ils sont traduits de l'espagnol au français. Ces différentes variations des titres impliquent aussi parfois une différence rhétorique due aux différents horizons d'attentes des traducteurs.

3.1. Classification rhétorique des titres

L'une des pistes privilégiées par Luc Vaillancourt dans sa construction théorique est la classification des titres selon leurs orientations discursives. Ainsi se dégage six formes de titres à savoir les titres « fourre-tout », « sentence », « réfractaire », « périphrastique », « bouclier » ou « écran ». En dehors du « titre périphrastique » et du « titre bouclier » qui lui sont propres, les autres types de titres sont de Pierre Villey, Claudie Balavoine et Hugo Friedrich dont les travaux sur la titrologie ont inspiré Luc Vaillancourt. Le titre « sentence », pour sa part, peut « être développé en sentence complète. » (C. Balavoine, 1985 : 67).

Ce type d'intitulé introduit ni plus ni moins une dissertation philosophique. [...] il « affirme » quelque chose et cette affirmation tend à s'ériger en dogme moral que le co-texte va, par le biais d'exemples, remettre en question ou conforter. (L. Vaillancourt, 2005)

Quant au titre « réfractaire », Vaillancourt pense qu'il modifie sensiblement la perspective du lecteur. Les auteurs usent de ce type de titre comme voie de contournement des pratiques censoriales :

Comme le titre d'un ouvrage suffisait à attirer les regards soupçonneux des censeurs, l'écrivain pouvait se contenter de prêter à son livre un titre [...] peu conforme aux idées contenues (D. Desrosiers Bonin, 1983 : 66)

Enfin, le titre « bouclier » ou titre « écran » est « l'intitulé incongru par excellence, celui qui apparaît mal choisi et qui rompt de ce fait le contrat titulaire » (L. Vaillancourt, 2005).

Il est donc question de savoir à quel type appartient chacun des cinq titres en espagnol. La traduction française reste-t-elle fidèle à cette typologie ?

Ekomo de María Nsue Angüe est le premier des cinq titres. C'est un titre fourre-tout, si on s'en tient au fait qu'il « autorise tous les détours et permet de jeter sous lui, pêle-mêle, une succession d'anecdotes des plus disparates » (L. Vaillancourt, 2005). Traduit en français par *Ekomo au cœur de la forêt guinéenne*, il devient un titre périphrastique parce qu'il « tourne autour du sujet, sans jamais mentir mais sans trop en dire non plus » (L. Vaillancourt, 2005). La construction de ce titre est donc faite sous la forme d'une périphrase, celle-ci étant une figure de style qui consiste à substituer au terme propre et unique une série de mots qui le définit ou le paraphrase de façon imagée. On considère que le « *cœur de la forêt guinéenne* » est une périphrase de la Guinée Equatoriale.

Las tinieblas de tu memoria negra de Donato Ndongo Bidyogo est le deuxième titre de ce corpus. C'est un titre périphrastique en espagnol qui le demeure en français, avec pour seul différence la suppression du qualificatif « *negra* » pour qu'il devienne finalement *Les ténèbres de ta mémoire*. Dans ce cas précis, c'est le passé du personnage central qui est imagé en ténèbres. C'est donc une périphrase qui relève de l'anamnèse.

Le troisième titre est celui du deuxième roman de Joaquín Mbomio Bacheng, *Huellas bajo tierra* est aussi périphrastique. La périphrase « être sous terre » désigne l'enterrement, donc la mort. Ces « empruntes » ou « marques » sous terre sont, en d'autres termes, mortes et enterrées. Alors, sont-ce les empruntes du passé colonial de la Guinée Equatoriale qui sont enterrées ? Sont-ce les empruntes d'une indépendance heureuse de la Guinée Equatoriale qui sont enterrées par le désenchantement né de la dictature postcoloniale ? Ce sont des réceptions possibles de cette périphrase qu'est « Huellas bajo tierra ». Mais, traduit en français, il cesse d'être un titre périphrastique pour devenir un titre écran. En effet, *Malabo littoral* est un titre qui semble être mal choisi, la trame du roman ne se développant pas à Malabo, capitale administrative de la Guinée Equatoriale, mais en Europe, entre l'Espagne et la France. *Malabo littoral* est un titre déroutant qui rompt ainsi le contrat titulaire, ce lien logique et harmonieux qui existe entre le lecteur, le titre et le texte qu'il énonce.

Le quatrième titre est celui du premier roman de Joaquín Mbomio Bacheng, *El parroco de Niefang*. C'est un titre périphrastique, lui aussi. En effet, *El parroco de Niefang* est la périphrase du jeune prêtre de Niefang, le père Gabriel. Traduit en français par *Le curé de Niefang*, le titre est le même, donc renvoyant exactement à la même réalité. Il est possible de soupçonner les raisons de cette constance dans la communauté de l'écosystème culturel entre la Guinée Equatoriale, pays de l'auteur, et le Gabon, pays du traducteur.

Akoma Mbá ante el tribunal de Dios est le cinquième et dernier titre du corpus. C'est un titre métonymique. En effet, le titre choisi par Ramón Sales Encinas se réfère à une partie de la trame épique : la comparution d'Akoma Mba. Or, cette comparution n'est que le début de ce qui va être l'aventure d'Eyeghe Obame. Il est donc à considérer que cette aventure d'Eyeghe Obame est le tout dont la comparution d'Akoma Mba n'est qu'une partie. C'est la synecdoque, un genre de métonymie consistant à prendre la partie pour le tout. En français, le sous-titre *L'aventure d'Eyeghe Obame* est de nature complétive. Il y a donc nécessité de restaurer la réalité ficctionnelle. *Akoma Mba devant le tribunal de Dieu. L'aventure d'Eyeghe Obame* est donc un titre métonymique à extension complétive.

Selon Luc Vaillancourt, il existe six formes de titres, à savoir les titres « fourre-tout », « sentence », « réfractaire », « périphrastique », « bouclier » ou « écran ». Parmi les cinq titres littéraires guinéo-équatoriens traduits en français, quatre titres obéissent à cette classification. C'est le cas d'*Ekomo* de María Nsue Angüe qui observe une variation du titre fourre-tout en espagnol au titre périphrastique en français grâce à l'extension prépositionnelle acquise dans la traduction.

Las tinieblas de tu memoria negra de Donato Ndongo Bidyogo est un titre périphrastique aussi bien en espagnol qu'en français, malgré la suppression du qualificatif « noire » en français. Quant à *Huellas bajo tierra* de Joaquín Mbomio Bacheng, c'est un titre périphrastique en espagnol qui devient un titre écran en français, prenant ainsi le contrepied de l'autre titre, *El párroco de Niefang* du même auteur qui est périphrastique aussi bien en espagnol qu'en français. On ne retrouve donc pas de titres « sentence » ou « réfractaire » dans ce corpus titulaire. Par contre, *Akoma Mbá ante el tribunal de Dios* d'Eyi Ncogo Moan Ndong est un titre métonymique, donc atypique d'autant plus qu'il révèle la non exhaustivité de la classification de Vaillancourt, la métonymie n'en faisant pas partie.

3.2. Horizons d'attentes des traducteurs

Toute traduction matérialise la réception d'un texte d'une langue-culture A dans une langue-culture B et la différence de cultures implique une différence d'horizons d'attente. Hans Robert Jauss (1982 : 19-20) affirme que :

> En introduisant le concept d'horizon d'attente, [...] le canon de normes esthétiques (le code) que l'on peut ainsi reconstruire pour un certain public littéraire pourrait et devrait être subdivisé sociologiquement, selon les niveaux d'attente des différents groupes, couches ou classes, et rapporté aux intérêts et aux besoins de la situation historique et économique qui les détermine.

Ce rappel de Jauss fait ressortir un élément essentiel dans la réception d'un texte : sa reconstruction pour un certain public. La traduction fait donc partie des théories de la réception. Cette théorie est éminemment plus complexe que toutes les autres parce qu'elle inscrit justement le texte traduit dans un changement de cultures. Car, si déjà dans une même culture, il y a autant de réceptions que de lecteurs ou autant de lecteurs que de réceptions, il est évident que les perspectives de lecture changent d'une culture à une autre. Ainsi, dès qu'il y a un changement de culture, il y a un changement d'horizon d'attente, selon Hans Robert Jauss (1978). La traduction du titre n'évolue pas en marge de cette réalité épistémologique. Un traducteur n'est pas obligé de traduire le titre tel qu'il se trouve dans la langue de départ parce que, justement, sa culture ne le lui permet pas. C'est ce qui explique qu'on ait *Ekomo au cœur de la forêt guinéenne* en français au lieu de *Ekomo* en espagnol, *Les ténèbres de ta mémoire* en français, plutôt que *Les ténèbres de ta mémoire noire* en espagnol, pire encore, *Malabo littoral* en français au lieu de *Traces sous terre* en espagnol. Il peut aussi arriver que le traducteur garde le titre tel quel. C'est le cas de *Le curé de Niefang* en espagnol pour *Le curé de Niefang* en français. La profondeur de toutes ces variations ou non n'est saisissable que par des approches micro-grammaticale et rhétorique des titres. Mais les variations du titre ne s'observent pas seulement dans la traduction des œuvres de l'espagnol au français, elles sont aussi observables dans l'oraliture.

L'oraliture est un mot-valise forgé à la fin du XXe siècle par Ernst Mirville (1974) pour désigner, selon Fernand Leger (2018), à la fois un produit et une production communautaire et populaire caractéristique de sociétés à tradition dite orale. Elle se modèle sur les configurations mythologiques de la communauté où elle a cours. C'est « pour pallier les problèmes épistémologiques posés par l'expression « littérature orale » qui relève d'un oxymore et qui semble être liée à la prépondérance (ou à la préséance) accordée à l'écriture sur l'oralité à la faveur d'une tradition instituée par l'enseignement » (F. Leger, 2018) que Mirville (1984 : 162) définit l'oraliture comme « l'ensemble des créations non écrites et orales d'une époque ou d'une communauté, dans le domaine de la philosophie, de l'imagination, de la technique, accusant une certaine valeur quant à la forme ou au fond ». Cette définition originelle semble surannée, l'expression « littérature orale » ne relevant plus de l'oxymore. En effet, la littérature peut être aussi bien écrite qu'orale sans inégalité de valeur entre l'une ou l'autre forme d'expression. Ainsi, l'oraliture se définit comme le processus par lequel un texte passe de l'oralité à l'écriture. L'oraliture se positionne donc comme une branche de l'intermédialité. Pour bien saisir le concept, il faut retenir que :

> Le préfixe *inter* vise à mettre en évidence un rapport inaperçu ou occulté, ou, plus encore, à soutenir l'idée que la relation est par principe première : là où la pensée classique voit généralement des objets isolés qu'elle met ensuite en relation, la pensée contemporaine insiste sur le fait que les objets sont avant tout des nœuds de relations, des mouvements de relation assez ralentis pour paraître immobiles (Eric Méchoulan, 2003 : 9)

Pour ce qui est du Mvët, c'est une épopée orale, l'une des expressions artistiques les plus importantes de l'ethnie Fang qui se conserve grâce à l'intense activité de « *Bebom Mvët*[21] » dans tout le pays fang[22]. Il raconte les exploits des Ékang, peuple d'immortels, les premiers hommes créés par Dieu, selon Gregorio Eyí Ncogo (1997), « *Mbom Mvët* » guinéo-équatorien plus connu sous le nom de Eyí Moan Ndong. Le passage de son récit du fang, langue parlée, à l'espagnol, langue écrite, en plus de traduire une certaine intermédialité, relève de l'ethno-traductologie et en fait un exemple éloquent d'oraliture. Sa traduction implique donc la parfaite maîtrise des *culturèmes* fang, les *culturèmes* constituant « l'essence de la spécificité culturelle » (V. Untilă, 2012 : 138) de chaque société. Les variations de ce titre s'expliquent donc par la manipulation des *culturèmes* fang par les différents traducteurs. Un seul récit a donné lieu à trois textes différents. Le premier texte est oral et il est en fang. Le deuxième texte est écrit et il est en espagnol et le troisième texte, comme le deuxième, est écrit et il est en français. Ces trois textes ont aussi trois titres différents. Le titre originel du récit, en langue fang, est *Eyegue Obame*.

Si le titre est « une invitation à la lecture » (M. Roy, 2009 : 49) pour les livres ou les récits écrits, il est une invite à l'écoute pour les récits oraux. Dans la traduction du fang à l'espagnol, le titre du récit n'est pas le

---

[21] La polémique autour de la désignation de l'artiste nous conduit à l'impérative et judicieuse conservation de la désignation en fang. En effet, celui qu'on désigne maladroitement et improprement par Troubadour, Aède, griot, conteur de Mvët, est ni plus, ni moins « *Mbom Mvët* » qui forme son pluriel en « *Bebom Mvët* » en langue fang. Cette appellation est celle qui doit s'imposer pour arbitrer un débat éminemment occidentalisant.

[22] Le pays fang est transfrontalier. Il couvre le Gabon, Cameroun, Guinée Equatorial, Centre Afrique, Congo Brazzaville et Sao Tomé et Principe.

même. En effet, la version originelle, en fang, s'intitule *Eyegue Obame*. C'est un culturème fang qui veut que le titre d'un récit Mvët soit éponyme au héros mortel d'Okui qui défie les immortels d'Engong. Car, lorsqu'on écoute la version orale enregistrée en 1995 (R. Sales Encinas, 2004 : 8), on entend bien Eyi dire : « *Nlang wui, nlang Mvët biabom wui, émöt an'á nlang Mvët té an'éyola naa Eyeghe Obame* ». Traduit littéralement, « ce récit, ce récit de Mvët que nous narrons, l'homme à qui appartient ce récit s'appelle Eyegue Obame ». Mais, si on traduit le sens, cette phrase devient : « l'acteur principal de ce récit Mvët s'appelle Eyegue Obame ». Ainsi, dans la version originelle, le Mbom Mvët Eyi Moan Ndong, en rappelant que « *émöt an'á nlang Mvët té an'éyola naa Eyeghe Obame* », tient à préciser que le récit s'intitule *Eyegue Obame*. Ramón Sales Encinas[23] a jugé mieux de remplacer ce titre par *Akoma Mbá ante el tribunal de Dios*. Cette variation du titre est une trahison pour un locuteur fang qui a aussi écouté le récit déclamé par Eyi lui-même ou qui en écoute l'enregistrement. En exposant le récit traduit sous le titre *Akoma Mbá ante el tribunal de Dios*, le lecteur croit avoir affaire à un autre récit d'Eyi alors qu'il va lire, dans ce livre, le récit *Eyegue Obame* qu'il a déjà écouté ou qu'il écoute régulièrement dans ses enregistrements. En procédant au changement de titre, Ramón Sales Encinas change d'horizon d'attentes. Un acte assumé d'ailleurs, puisqu'il avoue en août 2012[24] qu'il voulait rendre le récit plus attractif. En effet, qu'Akoma Mba se rende chez Dieu pour un tribunal est attractif pour un non Fang ou même un Fang non amateur de Mvët qui peut trouver

---

[23] Ramón Sales Encinas, médecin catalan en poste en Guinée Equatoriale de 1980 à 2015. Il travail à l'heure actuelle sur un cinquième projet de transcription du Mvët d'Eyi Moan Ndong après *El extraño regalo venido del otro mundo*, *Mbuandong el antropófago*, *Akoma ante el tribunal de Dios*, *Eyome Ndong el tragador de problemas* et *Mondú Messeng*. Il est auteur de *En busca de los inmortales* publié en 2004. Le livre est la compilation des trois premières épopées : *El extraño regalo venido del otro mundo*, *Akoma ante el tribunal de Dios* et *Mbuandong el antropófago*.

[24] En août 2012, je rencontrais Ramón Sales Encinas à Bata pour discuter des droits d'auteur en vue de la traduction de *Akoma Mbá ante el tribunal de Dios*. C'est au cours des échanges à cette occasion qu'il motivait ainsi le changement de titre du récit.

merveilleux qu'un homme vivant se rende chez Dieu pour répondre de ses actes. En choisissant *Akoma Mbá ante el tribunal de Dios*, Sales Encinas a choisi de réduire le titre de tout le récit à un titre qui aurait été donné à un chapitre. Mais ce titre n'est pas contraire à la tradition Mvët. En effet, nous avons dit que le titre du récit est très souvent éponyme au personnage qui fait l'action. Mais il peut aussi être éponyme à un épisode du récit. C'est l'aspect privilégié par le traducteur. Car, dans le chapitre premier, Akoma Mba se présente au tribunal de Dieu pour répondre du meurtre de son frère Andome Ella. Certes ce chapitre détermine la suite de l'intrigue, mais le livre aurait gagné à garder le titre originel *Eyegue Obame*, du nom du héros mortel qui défie les immortels pour rester fidèle à l'esprit d'Eyi Moan Ndong.

Le titre du récit oral *Eyeghe Obame*, sorti du fang, sa langue-culture de départ, est donc soumis à un autre horizon d'attente en espagnol, sa langue-culture d'arrivée. La traduction enclenche ainsi une activité d'interprétation qui recourt à l'imaginaire. Mais, auteur de la version française, j'ai voulu concilier les énoncés du Mbom Mvët et du traducteur espagnol. C'est ainsi que, à la traduction *in extenso* du titre *Akoma Mbá ante el tribunal de Dios* en *Akoma Mba devant le tribunal de Dieu*, j'ai voulu rendre hommage à Eyi Moan Ndong en y ajoutant « *L'aventure d'Eyeghe Obame* », ce qui justifie le titre *Akoma Mba devant le tribunal de Dieu. L'aventure d'Eyeghe Obame.*

En résumé, la rhétorique des titres et l'horizon d'attente des traducteurs peuvent justifier les variations ou non des titres lorsqu'ils sont traduits de l'espagnol en français. C'est le cas des quatre titres de romans soumis à l'étude. La situation est la même pour le récit de Mvët qui subit une double traduction du fang à l'espagnol et de l'espagnol au français.

Réfléchir sur les variations du titre littéraire guinéo-équatorien dans sa traduction de l'espagnol au français, c'est mener une analyse titrologique contrastive. Il s'agit, en d'autres termes, d'une approche comparée du titre de la langue-culture A, l'espagnol, à la langue-culture

B, le français, l'usage de la notion de langue-culture se justifiant par le fait que « les langues véhiculent des stéréotypes linguistiques et culturels » (V. Untilă, 2012 : 136) propres à leurs sociétés émettrices. Cela signifie que le titre est donné par un auteur à son texte par rapport à son écosystème culturel. Ici, il s'agit de la Guinée Equatoriale associée à l'espagnol qui y est parlé. Les titres *Ekomo*, *Las tinieblas de tu memoria negra*, *Huellas bajo tierra*, *El párroco de Niefang* et *Akoma Mbá ante el tribunal de Dios* obéissent à cette logique. Lorsqu'ils sont traduits en français, ils sont soumis à la cosmovision francophone qui peut les amener à rester structurellement inchangés ou à changer légèrement ou profondément, selon l'horizon d'attente du traducteur. Cet horizon d'attente, cher à Hans Robert Jauss, est finalement conçue comme un « projet d'écriture qui correspond à l'idéologie du moment, d'une part ; mais aussi la capacité du traducteur à se déterminer en rapport aux pressions socioculturelles de son environnement » (T. Nto Amvane, 2016 : 179), d'autre part. C'est ainsi que les cinq titres espagnols deviennent respectivement *Ekomo au cœur de la forêt guinéenne*, *Les ténèbres de la mémoire*, *Malabo littoral*, *Le curé de Niefang* et *Akoma Mba devant le tribunal de Dieu. L'aventure d'Eyeghe Obame* en français. Il se dégage donc une intertitularité dans la traduction du titre littéraire guinéo-équatorien de l'espagnol au français d'autant plus qu'en dehors de *Huellas bajo tierra* qui devient *Malabo littoral*, les quatre autres titres révèlent un nombre important d'invariants des points de vue aussi bien structurel que micro-grammatical et rhétorique.

Toutes ces questions d'intertitularité, de variations des titres et d'horizon d'attente du traducteur démontrent une certaine complexité traductologique du fait que la traduction « comporte des facteurs linguistiques et extralinguistiques » (V. Untilă, 2012 : 137). Mais, au-delà de cette complexité, la traduction des œuvres participent de l'accroissement de la visibilité de celles-ci dans leur environnement culturel d'arrivée. En clair, la traduction d'une œuvre est une preuve de la réception de celle-ci dans la société dont la culture est véhiculée par la langue dans laquelle l'œuvre a été traduite. C'est en cela que la traductologie peut être considérée comme une théorie de la réception. Pour une littérature longtemps ignorée comme la littérature guinéo-équatorienne, la recrudescence des traductions en français prouve l'accroissement de la visibilité et l'intérêt de celle-ci dans l'espace francophone et les titres des œuvres traduites en constituent une invitation à la lecture.

REFERENCES BIBLIOGRAPHIQUES

BALAVOINE Claudie, 1985, « Une écriture emblématique », *Actes du colloque de la Société des Amis de Montaigne*, textes réunis par Frank Lestringant, Paris, Champion.

BERNARD Michel, 1995, « À juste titre : Une approche lexicométrique de la titrologie. » Article paru en anglais sous le titre « À juste titre : a lexicometric Approch to the Study of Titles », *Literary and Linguistic Computing*, Vol. 10, n°2, 1995, p. 135-141

DESROSIERS BONIN Diane, 1983, La dissimulation et ses manifestations stratégiques dans l'œuvre de François Rabelais, Université de Montréal.

HOEK Léo Huib, 1981, *La marque du titre. Dispositif sémiotique d'une pratique textuelle*, La Haye-Paris-New York chez Mouton éditeur.

HOEK Léo Huib, 2001, *Titres, toiles et critique d'art*, est publié à Amsterdam-Atlanta aux éditions Rodopi B.V.

MESCHONNIC Henri, 1999, *Poétique du traduire*, Paris, Editions Verdie.

MECHOULAN Eric, 2003, « Intermédialités : le temps des illusions perdues », *Intermédialités : Histoire et théorie des arts, des lettres et des techniques*, n° 1, Naître.

MIRVILLE Ernst, 1974, « Literati oral », in *Le Nouvelliste*, 11-12 mai.

MIRVILLE Ernst, 1984, « Kreyòl nan oralti », in *Conjonction* n°s 161-162, pp. 23-28.

NTO AMVANE Théodorine, « Théorie du sens : application pratique dans la traduction de « Himnos entre ruinas » d'Octavio Paz en didactique de la traduction du texte littéraire », in *Afrique Langues et Cultures (ALAC)*, Numéro 06, 2016

OVONO ÉBE Mathurin, 2007, *L'enfant dans le roman de la première décennie de l'après guerre civile (1939-1952) : complexité des relations entre l'enfant et son environnement*, Thèse de Doctorat, Montpellier, 2007

ROY Max, « Du titre littéraire et ses effets de lecture », in *Protée*, volume 36, numéro 3, p. 47-56, 2009

UNTILĂ Victor, 2012, « Culture(s), langues-cultures, culturèmes, équivalences », in *Intertext* n° 3-4.

VAILLANCOURT Luc, « La rhétorique des titres chez Montaigne », http://rinascimondo.iquebec.com/article1.htm?4, consulté le 23 septembre 2019

EKOMO AU CŒUR DE LA FORET GUINEENNE : LA TRADUCTION FRANÇAISE DU PREMIER ROMAN DE MARIA NSUE ANGÜE

Charles Désiré N'DRE
Université Alassane Ouattara, Bouaké
charles.ndr@mail.uca.es
et
Ehua Manzan Monique BEIRA
Université Alassane Ouattara, Bouaké
beiramonik@gmail.com

Résumé

L'objet de cet article porte sur la traduction française du premier roman féminin de Guinée Equatorial, *Ekomo* (1985). Entre la première édition du texte espagnol et sa traduction en français, il y a exactement une décennie. C'est une traduction que nous pourrions qualifier de tardive pour un texte d'une grande qualité littéraire et qu'on pourrait ranger dans le catalogue des classiques de la littérature africaine d'expression espagnole. Nous nous intéressons de savoir si la traduction française rend compte de l'enjeu idéologique décolonial de l'écriture de Maria Nsue ou si elle traine, consciemment ou non, les clichés du discours colonial.

Mots-clé : Maria Nsue Angüe – Littératures négro-africaines postcoloniales – alternances codiques – oralité.

Abstract

The subject of this article is the French translation of Equatorial Guinea's first female novel, Ekomo (1985). Between the first edition of the Spanish text and its translation into French, exactly a decade ago. It is a translation which we could describe as late for a text of great literary quality and which we could place in the catalog of classics of African literature of Spanish expression. We are interested in knowing whether the French translation takes into account the decolonial ideological issue of Maria Nsue's writing or whether it consciously or unconsciously treats the stereotypes of colonial discourse.

Key-words : Maria Nsue Angüe, Post-colonial Negro-African literatures, code switching, orality.

La liste des écrivaines équato-guinéennes qui ont publié leurs œuvres est infime, au sein de laquelle Maria Nsue occupe une place privilégiée. Son roman, *Ekomo* (1985/ 2007) occupe la première position dans bien de domaines : premier roman publié par un auteur guinéen, premier roman publié par une femme, premier roman traduit dans une langue étrangère. C'est probablement le roman équato-guinéen sur lequel a été effectué le plus d'études monographiques[25]. Ce roman a été traduit en français par Françoise Harraca sous le titre suivant : *Ekomo. Au cœur de la forêt guinéenne* (1995), et dont la version anglaise est en préparation. Ce qui fascine le lecteur à première vue, c'est la parfaite symbiose entre prose, drame et lyrisme qui caractérise ce roman et lui donne cette grande qualité d'écriture littéraire. Le roman porte les marques d'une écriture subversive et les stigmates d'un traumatisme linguistique. Mais bien plus, c'est un réquisitoire de l'appareil répressif (neo) colonial. Fortement teinté d'un profil initiatique, *Ekomo* nous plonge dans une Guinée-Équatoriale des années 50 en pleine colonisation espagnole. Toute l'intrigue évolue autour de trois espaces qui représentent chacun des symboles : le village d'Ekomo, celui du guérisseur Vodou et sa pièce de consultation et la Mission Protestante de la grande ville.

Notre principale hypothèse de travail est de savoir si la traductrice *d'Ekomo* reproduit les clichés du discours colonial dans sa traduction, ce qu'on reproche à la plupart des traducteurs occidentaux des littératures négro-africaines postcoloniales. En d'autres termes, nous vérifierons l'adéquation entre ce qui est écrit, comment il est écrit et dans quelle intention il est écrit. Nous analyserons les techniques de la traduction française de la narration de María Nsue. Le texte présente-il des problèmes d'ordre théorique quant à la traduction des littératures négro-

---

[25] Dans un précédent article, nous avions étudié, à travers une étude comparée, le double relent postcolonial et féministe dans deux romans africains écrits en espagnol. La présente étude vient compléter notre première analyse sur *Ekomo*. Cf. C. N'dré (2016).

africaines postcoloniales ? Comment la traductrice d'*Ekomo* parvient-elle à transposer certains culturèmes de la langue source à la langue cible ? Le texte n'est-il pas à l'origine une traduction du Fang vers l'espagnol ? Quels sont les procédés traductifs les plus marquants qui transparaissent dans la version française ?

Nous procéderons à un échantillonnage des spécificités culturelles et subtilités linguistiques les plus représentatives de l'œuvres et vérifierons comment elles sont transposées dans le texte de la langue cible. De notre point de vue, la traduction de ces spécificités linguistiques et culturelles fait partie des écueils les plus importants auxquels peuvent être confrontés les traducteurs de ce type de littératures, et que l'on s'attèlera à montrer dans la version française *d'Ekomo*. Les extraits du texte original et de sa traduction sont respectivement des éditions de 2007 et 1995. Les extraits du texte original sont précédés d'une lettre majuscule [A] et [A'] pour le texte traduit.

1. Les alternances codiques comme stratégie de traduction intratextuelle

Le mérite de María Nsue dans *Ekomo*, c'est d'être parvenu à faire parler ses personnages en langue Fang, bien que la langue d'écriture du roman soit l'espagnol. L'alternance codique ou traduction intratextuelle, aussi appelée rembourrage (M. Suchet, 2009) met à la disposition du lecteur une traduction de culturèmes[26], c'est-à-dire de spécificités culturelles généralement sans équivalence dans la langue d'écriture, mais sur lesquelles l'auteur refuse absolument de passer inaperçu. Dans

---

[26] María Nsue a fait le choix d'un univers diégétique qui se passe absolument de gloses infrapaginales et de glossaire en fin de texte pour expliquer les culturèmes. Les gloses infrapaginales sont des irruptions de l'auteur dans le récit et ont pour conséquence de diluer la littérarité de l'œuvre. Moins l'auteur intervient à travers des paratextes, plus la fictionnalité de l'œuvre est pure (G. Genette, 1987). Si nous prenons l'exemple d'une œuvre postcoloniale comme *Petit bodiel* (1976) de Hampaté Bâ, l'ouvrage est bourré de paratextes pour expliquer certaines spécificités peules et l'éditeur français a presque francisé tous les patronymes peuls. Chez María Nsue, les noms Fang gardent leurs graphies originelles (*abáa, Nnanga*).

Ekomo, les narrateurs ont généralement recours à trois procédés lorsqu'il y a alternance de code. Il s'agit de la mise en apposition de certains noms ou substantifs, de la périphrase (traduction indirecte ou implicite) ou de l'usage de certaines locutions telles que « c'est-à-dire que.... », « signifie que… ». Nous verrons comment ces trois procédés sont traités dans la traduction française *d'Ekomo*.

1.1. L'apposition comme stratégie d'alternance codique

L'apposition est un procédé syntaxique qui consiste en une mise en juxtaposition d'un mot par rapport à l'autre. Elle a une valeur attributive. Voyons quelques exemples et leurs traductions dans l'œuvre.

[A] Oyono *el canoso* (p.119).

[A'] Oyono l'homme aux cheveux blancs (p. 102).

[B] Mbá *el enano* (p.93)

[B'] Mba le nain (p. 79)

[C] Ondo *el divino*, el gran curandero cuya fama llega lejos. (p.128).

[C'] Ondo le Divino, le grand guérisseur dont la renommée nous est parvenue de loin (p.114)

[D] Africara le puso su *ntumu*, su baston de mando, sobre la frente... (p. 202).

[D'] Ntum <u>qui signifie</u> bâton de commandement (p.187)

[E] Nosotros los Fang, nos quedaremos en *Nvon*, la zona de las semillas que esta entre el Wolo y el Ntam. [...] Viviremos en esta zona y buscaremos seguir nuestra ruta hasta llegar el lugar prometido: el *ndama*, el rio sin fin, el mar salado. (p. 201-202).

[E'] Nous les Fan, nous resterons à Nvon, la zone des semences qui est entre le Wolo et Ntam. Nous vivrons dans cette zone et nous chercherons à poursuivre notre route jusqu'au lieu promis, le Endama, le fleuve sans fin c'est-à-dire, la mer salée. (p. 186).

La traduction française a respecté la mise en apposition des termes spécifiques Fang tels qu'observés dans l'original. Excepté dans l'exemple [D'] où la traduction n'a pas respecté le procédé de la mise en apposition et l'a substitué par l'expression « qui signifie… ». Dans l'original, le nom mis en apposition est en italique avant une traduction intratextuelle. Implicitement, l'auteur nous indique par ce procédé que c'est l'équivalent que nous avons en espagnol (Oyono *el canoso*/ Mba *el enano*/ Ondo *el divino*/ Nvon, la zona de las semillas/ el *ndama*, el rio sin fin). L'auteur contraint le lecteur à une lecture d'analyse, une lecture active. Les patronymes suivis d'alternance codique, à une lecture non attentive, donnent l'impression de noms accompagnés de surnoms ou de sobriquets (Oyono l'homme aux cheveux blancs [on aurait pu traduire par Oyono le chenu]/ Mba le nain/ Ondo le Divino [On aurait pu traduire par Ondo le devin] /, etc. La traduction française n'a pas respecté la mise en italique des noms « traduits ». Dans la version française « le Endama, le fleuve sans fin c'est-à-dire, la mer salée », le « c'est-à-dire » introduit n'y a pas sa place et pourrait déranger le style de l'auteur. En réalité, le *ndama* voudrait dire en Fang, « fleuve sans fin ». Ici « mer salée » pourrait être un sobriquet ou un autre nom de ce fleuve (certainement pour des raisons historiques).

1.2.   La périphrase comme stratégie d'alternance codique

La périphrase est une circonlocution, c'est-à-dire un moyen détourné de définir une notion ou un concept, qu'un seul mot ou peu de mots auraient suffi à exprimer. Toute définition est en quelque sorte une périphrase. Dans *Ekomo*, nombre de périphrases sont des procédés d'alternance de code.

> [A] « En *fang*, sangre y huevos, como todos sabéis, son cosas diferentes pero se pronuncian igual. Así que la mujer entendió huevos, aunque en realidad se trataba de sangre [...] —Recuerda mujer—le contesto él—, que te dije que no como más que *eki*, mi estómago es delicado [...] Dame *huevos*. Si las gallinas no ponen huevos, ofréceme la *sangre* de las mismas gallinas y comete tú la carne » (p. 148).

> [A'] « [...] en Fan, sang et œuf, comme vous savez tous, sont des choses différentes, mais se prononcent pareil. Ainsi la femme comprit œuf et non sang [...] —Rappelle-toi, femme, que je t'ai dit que je ne mangeais que des œufs. Mon estomac est délicat [...] Donne-moi des œufs. Si les poules ne pondent pas d'œufs, offre-moi le sang de ces mêmes poules et réserve-toi la chair. » (p.133-134).

[B] « — Crisst ! Escucha ! *Ba djô ya* ? Pregunta alguien a sí mismo para asegurarse que no está muerto. [...] Escucha ! *Ba djô ya* ?» (p. 56).

[B'] « — Chissst ! écoute ? Sa djo ya ? Chacun s'interroge pour s'assurer qu'il n'est pas mort. [...] — Ba Dio Ya ? » (p. 45).

Dans la phrase [A], l'auteur veut simplement dire à son lecteur que *Eki* en Fang veut dire sang ou œuf, selon la prononciation. Pour la longueur du texte, nous ne citerons pas tout le paragraphe qui explique le mot fang *Eki*. Il faut une lecture attentive pour découvrir ce détour langagier. Dans la phrase [B], il s'agit d'une expression Fang qu'on emploie dans un contexte de rite funéraire qui pourrait signifier « Je suis bien vivant ». Dans les phrases [A'] et [B'], la traduction a su tenir compte de l'usage de la périphrase. De notre point de vue, cette expression fang est intraduisible en espagnol. L'auteur ne donne pas d'équivalent et se contente de définir le contexte « Chacun s'interroge pour s'assurer qu'il n'est pas mort ».

1.3. L'usage conjonctif des locutions « c'est-à-dire… »/ « signifie que… »

« C'est-à-dire » est une locution adverbiale qui annonce une précision, c'est aussi une conjonction qui annonce une explication, une qualification. « C'est-à-dire », dans son emploi le plus courant, établit des relations d'équivalence du type définition, traduction, transcodage. Dans le procédé d'alternance codique que nous étudions dans *Ekomo*, les locutions « c'est-à-dire… », « signifie que… » sont interchangeables et jouent le même rôle. C'est le procédé le plus utilisé dans l'œuvre. Pour bien illustrer ce que nous voulons démontrer, nous allons prendre une séquence narrative où la narratrice, à travers les souvenirs de sa grande mère, revient sur la mythologie Fang et la généalogie de toutes les tribus qui constituent ce grand groupe ethnique.

[A] llegaron a las orillas de un río grande, al que pusieron el nombre de *Ntam*, que <u>significa</u> gracia, bienaventuranza o abundancia [...] Hoy, con el tiempo, el nombre *Ntam* se ha convertido en Ntem, por la evolución lingüística. (p. 200).

[A'] nos ancêtres [...] arrivèrent sur les rives d'un grand fleuve, auquel ils donnèrent le nom Ntam, qui <u>signifiait</u> bienfait ou heureuse découverte [...] Aujourd'hui avec le temps et l'évolution du langage, le nom de Ntam, est devenu Ntem. (p. 185)

[B] LLamaron la zona *Non*, que <u>quiere decir</u> zona de buena semilla... (p. 200-201).

[B'] Ils appelèrent la zone Nom, <u>qui veut dire</u> zone de bonne semence... (p. 185).

[C] dieron el nombre de *wolo*, <u>que no tiene otro significado que</u> la onomatopeya que hace el agua al deslizarse entre las rocas: *wolo, wolo, wolo*. (p. 201).

[C'] ils donnèrent le nom de Wolo, <u>qui n'est qu'</u>une onomatopée et rien d'autre, le bruit que faisait l'eau à se glisser entre les rochers (wolo, wolo, wolo...). (p. 185)

[D] los *bilobolob*, <u>es decir</u>, con aquellos <u>otros hijos</u> de Afrikara <u>que tenían madres extranjeras</u>... (p. 202).

[D'] les Bilobolobo, <u>c'est-à-dire</u>, avec ces autres fils de Arifikara qui naquirent de mères différentes... (p.187).

[E] —Si. Los *nven*. [...] Cuentan que una hija de Fang Afri tuvo relaciones con su hermano y nació Nven. Que como te habrás dado cuenta <u>significa</u> <u>albino</u>. (p. 206)

[E'] —Oui. Les Nven. [...] On raconte qu'une fille de Fan Afri eut des relations avec son frère, et naquit Nven. Tu sais que cela <u>signifie</u> albinos. (p.191).

[F] Tú eres de la tribu Essasom [...] si prestas atención a la palabra, te darás cuenta de que es una palabra compuesta: *Esa-som*, que viene del verbo cazar. <u>El significado podría ser algo asi como</u> pieza de caza... (p.209).

[F'] Toi, tu es de la tribu Essasom. Mais Essasom n'est qu'un surnom, parce que si tu fais attention au mot, tu te rendras compte que c'est un mot composé : Esa-som. <u>Cette pièce.</u> Som vient du verbe chasser : « ASUEME ».... (p. 193).

De façon générale, dans les phrases que nous venons de voir, la traduction française a respecté le procédé d'alternance codique du texte original qui consistait à employer un nom de tribu en langue Fang et le relier à une définition en espagnol avec une locution conjonctive (c'est-à-dire, qui signifie, qui veut dire, qui n'est rien d'autre que). Il faut juste souligner que c'est la traduction de [F] qui s'écarte un tant soit peu de ce procédé. On observe également que la traduction française a éludé un paragraphe de la p. 209 sur la généalogie des tribus *Ebaa* et *Yebemven*. Ce procédé d'ellipse intentionnelle pourrait faire penser à une manipulation du texte original. De ce qui précède, l'on pourrait donc établir un glossaire comme suit :

FANG----------------------ESPAGNOL--------------FRANÇAIS

Non-------------------Buena semilla--------------Bonne semence

Wolo----------Onomatopeya del agua-------Onomatopée de l'eau

Nvon---------Zona de la semilla-------------zone de la semence

Ndama----Rio sin fin o mar salado---Fleuve sans fin ou mer salée

Vudu----ciencia de las hierbas----------------science des herbes

Bilobolob----Hijos de madres extranjeras------fils de mères différentes

Ntumu--------Baston de mando----------------Bâton de commandement

Nven--------Albino----------------------Albinos

Esa-som--------Pieza de caza---------instrument de chasse

Yebemven----------Costillas--------------------Récit éludé

Ebaa/Abaa----Abaa (maison/arbre à palabre) --------Récit éludé

Tous les termes Fang n'ont pas fait l'objet de traduction systématique dans le style narratif de l'auteur. Il est des fois où María Nsue laisse le soin au lecteur de deviner le sens des termes Fang ou de faire des recherches pour ceux qui seraient intéressés d'aller plus loin. Nous avons des termes comme *bipkwele*, *abaa*, *clotte*, *Ekomo*, *ebara*, etc. María Nsue, ici, en tant que sujet postcolonial, règle ses comptes au discours hégémonique (neo) colonial: les populations négro-africaines précoloniales n'étaient pas des peuples dépourvus de conscience historique, ni des peuples sans langues, sans processus internes de migration, sans systèmes de formation, etc. Les littératures négro-africaines postcoloniales sont des littératures de déconstruction du discours colonial et la traduction doit tenir compte de cet environnement afin de ne pas se faire complice des clichés coloniaux.

2. L'écriture romanesque de María Nsue à l'épreuve de l'oralité Fang

2.1.   Un récit dans sa forme parlée

Le discours oral fait corps avec le texte écrit. Le caractère parlé du récit se manifeste sous diverses formes. Nous verrons essentiellement deux d'entre elles : L'interaction permanente entre un interlocuteur et un auditoire réel ou imaginaire à travers la présence de contes et de chants. Le deuxième aspect qui apparaît dans *Ekomo,* ce sont les précisions parenthétiques qui prennent des formes de didascalies. La traduction conserve-t-elle ces marqueurs d'oralité qui illustrent bien comment l'illusion de la présence physique du public est entretenue en permanence et avec insistance ?

> [A]—Ganados ! Cuarenta cabras ; cincuenta cerdos ; doscientas gallinas, entre las que se encuentran cinco machos ; doscientos patos, entre los que se encuentran cinco machos. […] Alimentos !

> —Sigue contando—dijo mi padre.

> —Utensilios de cocina. Ollas: cuatro docenas de diferentes modelos y tamanos. Platos: cuatro docenas de diferentes modelos. Cestas para el bosque: diez. Redes para pescar: cuatro. Azadas para la siembra: una docena. Manteles: cuatro. Sabanas: cuatro docenas. Telas para coser y vestir: seis. Zapatos : tres. (p. 181-182).

> [A'] Troupeaux ! Quarante chèvres, cinquante porcs, deux cents poules, cinq coqs, deux cents canards, entre lesquels se trouvent cinq mâles. […] Aliments !

> —Continuez de compter—dit mon père.

> —Ustensiles de cuisine : casseroles, quatre douzaines de différents modèles et taille. Plats, quatre douzaines de différents modèles. Paniers pour le bois, dix. Filets pour pêcher, quatre. Bêche pour semis, une douzaine. Nappes, quatre. Draps, quatre douzaines. Toiles pour coudre et se vêtir, six. Souliers, trois pairs. (p.167)

Il s'agit d'une cérémonie de dote d'un des protagonistes du nom de Nnanga. C'est une cérémonie publique, solennelle qui réunit deux tribus. La cérémonie de dote ne concerne pas que les futurs conjoints. Elle se déroule non dans une concession, mais à l'air libre. La cérémonie va parfois prendre l'allure de scène de théâtre avec la prééminence d'un code linguistique non verbal. Cela se fait observer par la présence des tours exclamatifs et interrogatifs, de complicité affective. Le registre de langue est familier avec des unités syntaxiques très courtes (Troupeau ! / Ustensiles de cuisine : / Aliments ! etc.). L'injonction du père de la fiancée avec un ton péremptoire (Continuez de compter) marque la présence d'un deuxième interlocuteur sur la scène. Comme dans le théâtre, le lecteur/ auditeur devient un acteur (imaginaire) de la trame. Dans la forme, la traduction l'a bien restitué. Là où il y a à redire c'est lorsque le traducteur traduit [tela/toile], [zapatos/souliers]. Il ne serait pas exagéré de qualifier cette traduction d'anachronique dans la mesure où les souliers et les toiles n'existaient pas dans la société traditionnelle Fang avant la colonisation. Le roman est parsemé de scènes publiques qui partent de cérémonies funéraires, aux procès, en passant par les rites de purifications et qui instaurent habituellement une situation orale mettant toujours en scène un interlocuteur et un auditoire réel ou imaginaire. Dans cet ordre d'idée, on peut revenir à l'exemple du récit de la mythologie Fang (Cf. L'usage conjonctif des locutions « c'est-à-dire… »/ « signifie que…. »). Cet échange entre un interlocuteur qui enseigne à son auditoire sur la mythologie et la généalogie des différentes tribus est « imaginaire ». L'interlocuteur est imaginaire, l'auditoire également. C'est la narratrice-protagoniste qui se souvient de ce récit que lui avait raconté sa grande mère alors qu'ils (Ekomo et elle) traversent le fleuve Ntem. C'est donc à la vue du fleuve que ses souvenirs s'éveillent. En fait, ce récit se déroule dans la tête de Nnanga. L'auteur choisit une forme diégétique (G. Genette, 1987) qui va séquencer le récit (une partie est racontée par le guérisseur Ondo le devin au chapitre 7, et la suite par Nnanga à travers sa grand-mère au chapitre 9). Le lecteur inattentif s'apercevra difficilement qu'il s'agit d'évocation de souvenirs, parce que le récit acquiert un caractère parlé qui échappe facilement au lecteur distrait. C'est d'ailleurs ce qui confère à l'œuvre toute sa valeur littéraire.

Le deuxième aspect qui donne au récit d'*Ekomo* un caractère parlé, ce sont les précisions parenthétiques qui se confondent pratiquement avec des didascalies.

> [A] —Queda esta sentencia !—grita el viejo—. Para la adúltera, cincuenta palos en el trasero. Y—<u>continua diciendo mientras carraspea</u>—para el adúltero, dos cabras, treinta mil *bipkuele* y ciento cincuenta palos. (p.21)

> [A'] —Voilà la sentence ! crie l'ancien. Pour la femme adultère, cinquante coups. <u>Et continue-t-il d'une voix enrouée</u>, pour l'homme adultère deux chèvres, trente mille bipkwele et cent cinquante coups. (p.11)

> [B]—Ve rápido y baja a tu hermana. Despistado ! — dijo pegándole un empujón hacia adelante—. (p.92)

> [B']—Va vite et descends ta sœur, ahuri ! Tu ne vois pas comment ils se la disputent, ces efrontés, comme si c'était… (p.78)

> [C]—yo—dice Mangue escupiendo agua por la boca—lo que creo es que las viejas se lo van a pasar de maravilla con sus hijos. (p.35)

> [C']—Moi, dit Mangue, crachant de l'eau, ce que je crois, c'est que les vielles font le passer merveilleusement avec leurs fils. (p.25).

> [D]—Mírame ! Recuerda todo lo que te he enseñado ! —Y tendiéndome la arcilla me dice— : Úntame el cuerpo ! (p.41).

> [D']—Regarde-moi. Souviens-toi de tout ce que je t'ai enseigné. Et me tendant l'argile, elle me dit : « Enduis-moi le corps ». (p.30)

Comme on peut l'observer, les conversations, entretiens, dialogues sont bourrés de précisions parenthétiques ou didascalies. Dans le genre théâtral, les didascalies sont des formes linguistiques non verbales. Les didascalies sont importantes surtout dans la forme jouée, représentée de la pièce théâtrale, pas dans sa forme littéraire (écrit). La traduction de [A] et [B] ne prend pas en compte les didascalies «continua diciendo mientras carraspea »/ «dijo pegándole un empujón hacia adelante ». C'est dans les traductions de [C] et [D] que la traductrice s'est efforcée de tenir compte des précisions parenthétiques.

2.2.   Un récit truffé de balisages

Les balises sont des marquages qui annoncent des restrictions. Ici, elles correspondent à des marquages qui permettent de distinguer ce qui est de l'auteur de ce qui est étranger au texte (M. Suchet, 37). Les balises se matérialisent généralement par les italiques et les guillemets. Nous verrons premièrement que les parémies[27], constituées de l'ensemble des sentences, refrains, dictons, etc., ont balisés dans le roman.

> [A] *toda hembra habra de abandonar a sus padres y sus hermanos* (p. 180)

> [A'] femme devra abandonner ses parents et ses frères. (p.165)

> [B] *no busques a la mujer de tu hermano* (p.21)

> [B'] « ne cherche pas la femme de ton frère » (p.11)

> [C] « *Debería de picarle la conciencia como avispas* » (p. 31)

> [C'] « Il devrait avoir la conscience piquée comme par des guêpes » (p.21)

> [D] « *Hay que guardar el tabú* », nos recuerdan los mayores. (p.33)

> [D'] « Il faut respecter et être fidèles au tabou » nous rappelle les aînés. (p. 23)

---

[27] Les parémies ont fait l'objet d'une étude par C. Mbaye (2013) qui les désigne aussi par « énoncés culturels », c'est-à-dire l'ensemble « des énoncés sentencieux dans une même langue ». (p. 170). **S.** Fournié-Chaboche (2010) les qualifiera «d'énoncés figés » dans une analyse du discours d'un large corpus de douze romans castillans parus entre 1971 et 1999. Sur la difficulté de traduction des parémies, voici ce qu'en pense A. Radulescu (2013): « Lorsqu'il transfère le sens d'une parémie d'une langue à l'autre, le traducteur remplit une double fonction: de convertisseur et d'adaptateur du sens. La difficulté de traduction dans ce cas particulier est donnée par les degrés différents de lisibilité d'un proverbe ». (p.62).

[E] « *Que no lloren los niños* », recuerdan las mentes…
(p.54)

[E'] « Que ne pleurent les enfants » se rappelle-t-on.
(p.43)

[F] « *Que nadie pise selva. Que nadie cruce ríos. Que no lloren mujeres, que no lloren niños* » (p.54)

[F'] —Que personne ne mette le pied dans la forêt. Que personne ne traverse les rivières, que ne pleurent pas les femmes, que ne pleurent pas les enfants. (p.43)

[G] « *Que refuercen bien la guardia para proteger, al menos, a los niños y a las mujeres !*»

« *Que refuercen bien la guardia, hasta que el abuelo emprenda el vuelo !* » (p. 58)

[G'] —Qu'on renforce bien la garde pour protéger au moins les enfants et les femmes.

Qu'on renforce bien la garde, jusqu'à ce que l'ancien entreprenne son vol. (p.47)

Dans le roman de María Nsue, les parémies s'emboitent avec la narration, ce qui confère au discours un métalange. La formule proverbiale se révèle être un mode d'expression naturelle des différents narrateurs. Cependant, pour indiquer qu'ils ne sont pas une création de l'auteure, María Nsue a pris le soin de les garder en italique, parfois avec des guillemets, d'autres fois des italiques sans guillemets, pour indiquer qu'ils sont directement traduits du Fang vers l'espagnol. Ces énoncés sentencieux constituent un réservoir inépuisable de l'art oratoire négro-africain. Certains traducteurs comme A. Berman (1999 :36) suggèrent de les traduire en restituant la spécificité et son altérité culturelle, quand d'autres préfèrent une traduction hypertextuelle, celle qui l'explique ou l'adapte au moyen d'équivalences fonctionnelles. Pour revenir à notre traduction, on note l'absence des balises. Les phrases A, B, ressemblent plus à des sentences ou des maximes. Les sentences ne sont pas mises entre guillemets, alors que les refrains portent les deux marquages :

l'italique et les guillemets. C et D sont des refrains qui reviennent de façon anaphorique dans le roman. Nous qualifierons E, F et G de paroles rituelles. Dans les phrases E', F' et G', en ajoutant des tirets qui indiquent des prises de paroles, le lecteur pourrait penser à un dialogue entre plusieurs interlocuteurs. Il est question de formules ancestrales qui accompagnent les rites funéraires. Les vieillards, dépositaires de la tradition, doivent conjurer le mauvais sort en prononçant ces formules à l'endroit des vivants, notamment à l'endroit des femmes et des enfants. Il y a des dispositions à prendre avant que l'âme du défunt ne « prenne son envol ». Et ces dispositions, sous forme de rituels, sont édictées par les anciens. C'est pourquoi dans le texte original, ces phrases ne sont dans la bouche de personne et entre guillemets sous forme de discours direct. En supprimant les guillemets et les italiques, la traduction annule l'effet recherché par l'auteure qui tient à marquer la spécificité culturelle Fang et le rapport à l'altérité.

En plus des sentences, refrains et paroles rituelles, les poésies épiques et lyriques dans Ekomo sont balisées par des italiques. Même si la traduction, dans son contenu, fait l'effort de se rapprocher de l'original, elle ignore les balises. En effet l'art chez les peuples négro-africains d'avant la colonisation était « fonctionnel » et « collectif », mais bien plus, émergeait d'une « ontology that is essencially unitary and existencial » (C. N'dré, 2018, p.149).

> [A]   Suena el tam-tam de la lanza:
>
>> *Africano. Coge tus armas y parte a la batalla.*
>>
>> *La sangre de tu hermano ha caído en el polvo,*
>>
>> *parte hacia el centro de la tierra.*
>
> Toca el tam-tam de batalla:
>
>> *Guerrero. Hombre de pelo en pecho.*
>>
>> *Parte a la batalla, porque los suyos corren peligro.*
>>
>> *¡¡Alarma!! ¡¡Alarma!! ¡¡Alarma!!* (p. 50)

[A'] Résonne le tam-tam de la lance: Africain, prends tes armes et pars à la bataille. Le sang de ton frère tombé dans la poussière, s'en va jusqu'au centre de la terre.

Martèle le tam-tam de la bataille : Guerrier, homme à la poitrine velue, pars à la bataille, car les tiens courent péril.

Alerte! Alerte! Alerte! (p.39).

Tous ceux qui se sont penchés sur la traduction de la littérature africaine semblent s'accorder sur le fait que cette dernière s'apparente à la traduction. Pour C. Zabus (1991), il s'agit d'une *relexicalisation* et non d'une traduction en tant que telle, étant donné l'absence matérielle du texte original. Jakobson (1959) va la nommer traduction sémiotique parce qu'on passe d'un système de signes (oral) à un autre (écrit).

Dans ce cours poème épique Fang de huit vers, il y a deux strophes dont chacune est introduite par l'appel du tam-tam. Le vers d'introduction fait 9 syllabes. La disposition typographique des vers et des strophes n'est pas anodine.

Contrairement à la plupart des romans négro-africains postcoloniaux, *Ekomo* se passe de paratextes et condamne le lecteur à une lecture de soupçon. Il n'y a ni gloses infrapaginales ni l'adjonction d'un glossaire sélectif à la fin du roman qui traduirait en langue espagnole les terminologies Fang. Pour ce faire, Maria Nsue a eu recours à des procédés tels que les alternances de codes ou traductions interlinéaires, pour définir les terminologies Fang à l'intérieur même du texte. Les principales stratégies d'alternance codique dans *Ekomo* sont la mise en apposition, la périphrase et l'usage des locutions conjonctives. Après le procédé des alternances de code, l'auteur fait transparaître sa culture dans le roman aux moyens d'une forte présence de l'oralité Fang. Parmi les aspects de l'oralité négro-africaine présents chez Maria Nsue, il y a le marquage du récit dans son *aspect parlé* à travers le procédé d'une interaction constante entre un interlocuteur et son auditoire (réel ou imaginaire), les précisions parenthétiques ou didascalies. Et enfin la présence de balises dans le récit qui consiste à mettre en italique et entre guillemets tout ce que l'auteur a pu puiser dans le patrimoine culturel Fang et qui ne sont pas sa propre création. En recourant aux balises, Maria Nsue vient confirmer le postulat senghorien qui veut que l'esthétique négro-africaine précoloniale ait une dimension collective et fonctionnelle, et qu'elle procède toujours d'une ontologie unitaire et existentielle (N'dré, op.cit., 2018).

Après avoir vérifié le processus traductif de tous ces procédés susmentionnés, il ressort que la traduction française *d'Ekomo* reproduit les préjugés du discours (neo) colonial. Elle passe par pertes et profits certains aspects sur lesquels le texte original ne veut pas faire l'impasse : par exemple, les précisions parenthétiques et didascaliques, les balisages, l'élision de certaines références topographiques et anthroponymiques de la mythologie Fang, etc. La traduction française d'*Ekomo*, on peut le dire, est naïve, car elle n'a pas consciences des enjeux discursifs et idéologiques. Dans le texte littéraire négro-africain, la forme crée le contenu sémantique, les procédés d'écriture faisant partie eux-mêmes du réseau sémantique propre au texte. Les traductions des littératures négro-africaines postcoloniales doivent rendre justice aux œuvres originales et leurs auteurs, c'est-à-dire être conscient de leurs contextes d'énonciation afin de ne pas perpétuer le déni de culture et les relents annexionnistes et assimilationnistes de *l'Empire* et *sa mission civilisatrice*. En définitive, le traducteur postcolonial devrait être un traducteur engagé qui répond à l'injonction de Césaire où la traduction devient un espace privilégié de transfert culturel, un espace *du donner et du recevoir*.

REFERENCES BIBLIOGRAPHIQUES

BERMAN Antoine, 1999, *La traduction et la lettre ou l'auberge du lointain*, Seuil, Paris.

FOURNIE-CHABOCHE Sylvie, « La dialectique de la parémie et du discours : analyse des parémies en contexte dans un corpus littéraire castillan », *Textes et contextes* [En ligne], 5 | 2010, mis en ligne le 21 novembre 2017, consulté le 03 décembre 2021. URL :http://preo.ubourgogne.fr/textesetcontextes/index.php?id=239

GENETTE Gérard, 1987, *Seuils*, Seuils, Paris.

JAKOBSON Roman, 1959, "On Linguistic Aspects of Translation", in R. A. Brower (ed.), *On Translation*, Cambridge, Harvard University Press, pp. 232-239

MBAYE Mame Couna, « Autour de la parémiologie contrastive : Le concept d'« énoncé culturel » », *Multilinguales* [En ligne], 1 | 2013, mis en ligne le 01 juin 2013, consulté le 19 décembre 2020. URL http://journals.openedition.org/multilinguales/3396

N'DRE Charles, 2016, « Representación e imagen de la mujer en la novela hispanoafricana », In *Germivoire*. Revue scientifique de littérature, des langues et des sciences sociales de l'Université Félix Houphouët Boigny. pp. 108-126.

N'DRE Charles, 2018, «Henry Louis Gates, Jr. and Léopold Sedar Senghor: a comparative study of black aesthetics », in Yaw Agawu-Kakraba, Komla Aggor (Eds.), *African, Lusophone, and Afro-hispanic cultural dialogue*, Cambridge Scholar Publishing, Chapt. 8, pp.147-158.

NSUE ANGÜE Maria, 1985/2007, *Ekomo*, Sial, Madrid.

NSUE ANGÜE Maria, 1995, *Ekomo. Au cœur de la forêt guinéenne*, Françoise Harraca (trad.), Harmattan.

RADULESCU Anda, « Pourquoi est-il difficile de traduire les proverbes ? (application sur les parémies roumaines formées avec le mot *drac* [diable]) », *Paremia*, 22: 2013, pp. 53-68.

SUCHET Myriam, 2009, *Outils pour une traduction postcoloniale : littératures hétérolingues*, Paris, Éditions des archives contemporaines

ZABUS Chantal, 1991, *The African Palimpsest : Indigenization of Language in the West African Europhone Novel*, Amsterdam & Atlanta, Rodopi

Koffi Bouatini Jean-Michel KOUAKOU
Doctorant
Université Félix Houphouët-Boigny
michelboatengk@gmail.com

Résumé

Les Petits de la guenon de Boubacar Boris Diop est un roman caractérisée par l'hybridité entre langue française qui sert de langue d'écriture et réalités extralinguistiques de la culture africaine. Dans ce contexte, la traduction de cette œuvre nécessite la prise en compte de ces éléments culturels. Ainsi, la présente contribution analyse le processus de traduction en espagnol des faits culturels de l'œuvre *Les Petits de la guenon*.

Mots clés : Culture – traduction – africaine – espagnol – roman

Abstract

Les Petits de la guenon of Boubacar Boris Diop is a novel characterised by the hybridity between French and extra-linguistic realities of African culture. In this context, the translation of this novel required to take in consideration cultural occurrences. Thus, this paper aim to investigate about the process of translation of cultural references that appeared in the novel *Les Petits de la guenon* from French to Spanish.

Keywords: Culture – translation – African – Spanish – novel

Lévolution de la littérature négro-africaine francophone a suivi plusieurs étapes. Il y eu dans un premier temps la littérature coloniale. Ensuite, la négritude qui se veut « un nouveau champ littéraire […] en rupture avec la littérature des devanciers nègres (la littérature d'assimilation » (J. Chevrier, 2006, p. 53). À la suite de la négritude survint « l'âge du roman, qui va se traduire par la publication, sur quelques années, des grands classiques de la prose romanesque » (J. Chevrier, p. 66). Ces œuvres parues dans les années 1950, expriment la culture africaine et reproduisent les bouleversements sociaux qui ont eu lieu pendant la colonisation. Nous pouvons citer à cet effet, *Climbié* (1952) de Bernard Dadié, *Ville cruelle* (1954) de Mongo Beti, *Le vieux nègre et la médaille* (1956) de Ferdinand Oyono.

Cette écriture, engagée, tant sur le plan culturel que politique va accompagner l'Afrique aux indépendances. Les indépendances vont donc ouvrir de nouveaux horizons aux écrivains Africains, dont le style est non seulement connu, mais de plus en plus reconnu à travers des prix et des récompenses internationaux. En 1968, Ahmadou Kourouma remporte à la surprise générale le prix de la francité au Canada avec son roman *Les soleils des indépendances*, alors que celui-ci avait été refusé en France, en raison du langage utilisé par l'auteur. Dès lors, plusieurs pays non-francophones vont s'intéresser à la littérature négro-africaine francophone. Et cela passe nécessairement par la traduction.

La littérature négro-africaine francophone est constituée de textes qui ont une forte connotation culturelle africaine, même s'ils sont rédigés en français. Pour D. Diop (1973, p. 72) « en affirmant la présence de l'Afrique avec toutes ses contradictions et sa foi en l'avenir, […] le créateur noir d'expression française contribue à la renaissance de nos cultures nationales ». La traduction de ce type de textes doit prendre en compte leur culture de production. Le cas de la littérature négro-africaine francophone est encore plus complexe puisqu'elle exprime la culture africaine en français, laissant donc transparaitre certains aspects des langues africaines dans les œuvres. C'est en effet le cas de l'œuvre *Les*

Petits de la guenon de l'écrivain Sénégalais Boubacar Boris Diop, objet de la présente étude.

Cette situation pose le problème de l'expression du sens lors de l'opération de traduction. En d'autres termes, la prise en compte de l'aspect linguistique uniquement dans ce type de traduction, engendre la perte du sens du discours. Pour ce faire, il est nécessaire de se référer non seulement au contexte culturel de production mais aussi aux particularités linguistiques de l'œuvre originale. Une telle hypothèse s'appuie sur la théorie du sens argumentée par M. Lederer (1994) qui postule que « le sens est un ensemble déverbalisé, retenu en association avec des connaissances extralinguistiques ». La méthode proposée par la théorie interprétative consiste à rechercher le sens profond du texte original à travers sa déverbalisation en vue de le réexprimer dans la langue cible. Ainsi, dans le cadre de ce travail, il s'agira de faire ressortir les faits culturels de l'œuvre *Les Petits de la guenon*, afin d'analyser le processus de compréhension et de déverbalisation qui a conduit à leur réexpression en espagnol.

1. Les faits culturels de l'œuvre *Les Petits de la guenon*

Les petits de la guenon est une œuvre romanesque de l'écrivain sénégalais Boris Boubacar Diop, parue en 2009 aux éditions Philipe Rey. Cette œuvre a été rédigée préalablement en wolof en 2003 aux éditions Papyrus sous le titre de *Doomi Golo*. Dans sa traduction du wolof au français, Boubacar Boris Diop n'a sans doute pu s'empêcher d'avoir recours au wolof initial pour exprimer certaines réalités relatives à sa culture. C'est ce qui explique dans une certaine mesure, l'emploi dans *Les Petits de la guenon* d'un lexique wolof ou la transcription de certaines expressions en français.

En plus de ces aspects visibles, il y a la présence latente de caractéristiques culturelles africaines, dont la connotation ne semble pas couverte par le français, langue d'écriture de l'œuvre. En effet, selon C. G. García et V. G. Yebra (2005, p. 118) « por tratarse de textos orientados a la forma lingüística, verdadera piel de la cultura correspondiente, su grado de dependencia cultural tanto en la producción como en el consumo es máximo y, por tanto en ellos lengua y cultura se funden y hasta se confunden». Le couple langue et culture que proposent Gonzalo García et García Yebra trouve tout son sens dans l'expression littéraire. De ce fait, lorsqu'il s'agit de littérature négro-africaine francophone, la culture africaine semble s'édulcorer au contact du français. Ainsi, dans cette première partie, nous allons relever dans leur contexte les faits culturels africains sur lesquels se fonde l'œuvre.

1.1. Les rites culturels dans *Les Petits de la guenon*

Le roman négro-africain francophone regorge de rites tirés de la société réelle africaine. Ces pratiques constituent un héritage culturel africain inséré dans la littérature. Ainsi *Les petits de la guenon* propose des rites tirés de la tradition africaine. Le rituel d'adieu marque le début de l'œuvre au premier chapitre.

L'auteur du livre le présente comme un moment de séparation entre le défunt et ses proches (parents et amis). À cette occasion, ceux-ci lui parlent comme s'il pouvait encore les entendre. Ils lui reprochent de s'en être allé tôt, de s'être débarrassé des difficultés de la vie, de n'avoir pas demandé la permission, en définitive, ils se comportent avec le défunt comme si celui-ci avait prémédité sa mort. Pour R. Luneau (1986, p. 259),

> Vis-à-vis de la mort, deux attitudes restent donc concevables. – Les pleurs, tout d'abord, à condition d'obéir à des canons culturels bien précis : n'importe qui ne saurait manifester ostensiblement sa douleur et sous n'importe quelle forme ; d'où l'existence des pleureuses. – L'autre technique s'adresse moins au mort qu'à la mort. Elle consiste à tourner la mort en dérision, et à manifester son mépris le plus total ou seulement son indifférence moqueuse : d'où les actions parodiques, les comportements burlesques, les accoutrements ridicules, les cris joyeux […] le tout au milieu d'un vacarme étourdissant.

C'est effectivement cette ambiance que décrit le narrateur dans le premier chapitre du livre. Sur un ton chargé de nostalgie, il donne les origines du rituel.

> Depuis des générations, le rituel d'adieu est le même dans notre
> famille : un à un, nous pénétrons dans la pièce où le défunt est
> étendu sur une natte et là, nous disons en silence des prières pour
> le repos de son âme. Les visages sont graves et les corps refermés
> sur eux-mêmes, comme il se doit. Il se trouve pourtant toujours
> quelqu'un – c'est souvent le meilleur ami du mort, plus dévasté
> que tous les autres – pour essayer de détendre un peu
> l'atmosphère. (Carnet I, le récit des cendres, p. 2)

Après avoir montré l'origine du rituel, il expose son déroulement et l'attitude de celui qui intervient en ces termes.

> Il se moque affectueusement de celui qui a cru malin de filer en
> vitesse pour fuir nos petits ennuis sur terre. Et il l'avertit : « Tu te
> trompes, mon gars, si tu penses en avoir fini avec moi. Je ne te
> laisserai jamais seul, je suis déjà en route et, je te le promets, je vais
> tellement te casser les pieds là-bas que tu vas regretter d'y être
> allé ! » Et quand il le supplie de lui garder bien au chaud une des
> meilleures places du Paradis, certains ont la force d'esquisser un
> sourire, vite réprimé il est vrai. Ces moments sont précieux,
> Badou. Je trouve que c'est bien de s'entendre rappeler ainsi que la
> vie ça n'est pas grand-chose, même si nous en faisons toute une
> histoire, nous autres, de cette petite flamme qui s'agite et que le
> vent peut éteindre à chaque instant. (Carnet I, le récit des cendres,
> pp. 2-3)

Ce rituel, comme l'explique l'auteur, soulage les proches du défunt, car bien plus que la séparation, il rappelle la continuité de la vie du défunt dans l'au-delà. Ils se sentent un instant proche de celui-ci. Ils vont même jusqu'à oublier la douleur qu'ils ressentent. « Mais certains ont la force d'esquisser un sourire », remarque l'auteur. R. Luneau (1986, p. 250), rappelle que « la mort est un changement d'état » en Afrique. Dans ce contexte, celui-ci rejoint la communauté des ancêtres et peut désormais veiller sur les siens.

L'évocation de rites africains dans l'œuvre constitue une forme d'expression culturelle. Et cette forme n'est pas la seule, car l'auteur fait également référence aux proverbes qui proviennent de la culture wolof.

1.2. Les proverbes

Le proverbe se définit comme une phrase à caractère didactique et morale qui se transmet à travers le temps dans une société. C'est un énoncé exprimant un conseil populaire, une vérité de bon sens, d'expérience et qui est devenu d'usage commun. Le proverbe est lié généralement à la culture de la société dont il est issu. Le roman négro-africain qui se conforme à la culture africaine accorde une place importante aux proverbes africains. Ainsi, *Les petits de la guenon,* objet de notre étude, comporte un nombre important de proverbes provenant de la culture africaine.

La référence culturelle des proverbes dans les œuvres littéraires négro-africaines est visible dans *Les petits de la guenon* dans lequel Boubacar Boris Diop attribue les proverbes à Wolof Njaay. En effet, Njaay est considéré dans la tradition wolof comme l'ancêtre des wolof. C'est pour cela que ceux-ci considèrent ses pensées comme des paroles de sagesse qui prennent en ce sens la forme de proverbes puisqu'ils inculquent des leçons de sagesse. Selon N. Carre (2016, p. 11) «it still rooted in wolof culture, Doomi Golo presents a significant number of proverbs, [...] labelled as coming from wolof Njaay. These sayings, which can be compared to those of the celebreted philosopher Kocc Barma, belong to the cultural heritage that informs the identity of every wolof».

À cet effet, plusieurs proverbes dans l'œuvre sont précédés de Wolof Njaay, avec des formules variées pour les énoncer : « souviens toi des propos de Wolof Njaay » (Carnet 3, Les invisibles, p. 52), « Aucun proverbe de Wolof Njaay n'est venu à son secours » (Carnet 3, Les invisibles, p. 73), « D'autres proverbes de Wolof Njaay pétardèrent » (Carnet 1, Le récit des cendres, p. 97), « Le gendarme s'en amuse et fusille à bout portant le rebelle avec un proverbe de Wolof Njaay », (Partie 2, Chapitre 1, p. 178). Ces formules précèdent les proverbes suivants :

-   Si au moment d'embarquer pour l'autre rive, tu t'aperçois que le piroguier n'a pas toute sa tête, reste sur la berge, laisse le partir seul avec sa pirogue. Carnet III, p. 35

- Si tu joues du tambour avec une hache, tu n'en tireras qu'un seul son, que celui-ci soit doux à tes oreilles ou au contraire déplaisant. Carnet III, pp. 45-46
- Même si tu meurs de soif, ne bois jamais l'eau des égouts. Car un jour la pluie tombera en abondance du ciel et alors tu ne seras pas bien fier de toi. Carnet IV p. 30
- On n'a jamais vu un œuf donner des coups de tête contre une porte en fer. Partie II p. 11
- Pourquoi s'accuser mutuellement d'avoir une hernie des testicules ? Le plus simple n'est-il pas que chacun enlève sa culotte ? Partie II, Chapitre I, p. 107

L'ensemble des proverbes se rapportent aux faits observés dans la culture africaine. C'est pourquoi leur sens y est lié, même s'ils sont exprimés en français. Ainsi, que ce soient les rites ou les proverbes, leurs expressions s'est faite en français, mais leur compréhension reste dépendante de la culture africaine. Cependant, pour certaines expressions, l'auteur a conservé les mots en langue africaine (wolof), pour pouvoir conserver certaines caractéristiques de ces expressions. Cela crée de l'hétérolinguisme entre le français et le wolof dans l'œuvre.

2. L'hétérolinguisme entre le français et le wolof dans *Les Petits de la guenon*

La littérature négro-africaine francophone, dans sa phase écrite, procède d'une hybridation des cultures africaines et de la langue française. La nécessité d'exprimer certains faits relatifs à la culture africaine dans la profondeur de leur sens, conduit certains auteurs à faire usage de langues africaines. C'est le cas de Boubacar Boris Diop dans *Les Petits de la guenon*. Cette situation crée de l'hétérolinguisme entre le français et le wolof dans l'œuvre.

Pour L. Gauvin (1997, p. 10), c'est «la cohabitation de langues ou de niveaux de langue, qu'on désigne généralement sous le nom de plurilinguisme ou d'hétérolinguisme textuel.» Un même texte peut réunir plusieurs langues ou niveaux de langues pour diverses raisons. La cohabitation des langues dans ce contexte se fait à plusieurs niveaux.

Dans *Les Petits de la guenon*, le lexique des langues africaines (wolof particulièrement) a soit été inséré directement dans le texte francophone ou transposé en français. Dans les deux situations, les deux langues sont bien présentes et la compréhension du message prend en compte les deux langues.

2.1. Le lexique wolof dans *Les Petits de la guenon*

Dans son œuvre, Boris Diop a recours à certains mots de la langue wolof pour exprimer des idées dont le sens est enraciné dans la culture africaine. Il s'agit aussi pour l'auteur de maintenir les sons et surtout la musicalité que ces mots produisent. Ainsi, plusieurs mots et expressions apparaissent ainsi en wolof dans le texte francophone. Selon (M. Oustinoff, 2001, p. 152), « elles sont délibérément maintenues séparées, sans véritablement que l'une déteigne sur l'autre ou la féconde selon le point de vue adopté. Il n'en reste pas moins qu'elles sont bel et bien présentes, et qu'elles participent de la polyphonie de langues sous-jacente à l'œuvre ».

La conservation des mots et expressions en langue wolof engendre une polyphonie dans l'œuvre qui participe également au sens de l'œuvre. Car chaque mot revêt une charge sociale et culturelle. Les mots et expressions utilisés dans le corpus que nous avons constitué à cet effet sont : « Man rakkaju naa ! » « waaw », « man ràkkaaju naa ! », « moom sa réew ». « Ceddo », « Cere baasi », « Ditax », « Fonde », « Gaynde Njaay mbarawàcc! », « Kacuupa », « Kenkelibaa ».

Ce sont des mots, expressions ou groupes de mots dont la valeur aussi bien culturelle que sémantique est importante. Cela oriente le lecteur sur leur origine et lui permet de découvrir de nouvelles connaissances liées à leur culture de production. Ces nouvelles connaissances peuvent être d'ordre matériel qu'immatériel. Pour les connaissances matérielles, nous pouvons citer « le cere baasi » qui est un plat wolof ou « le kenkelibaa » qui est une tisane aux multiples vertus. Quant aux connaissances immatérielles, il y a des slogans et des chansons tels que « Gaynde Njaay mbarawàcc! » et « man ràkkaaju naa ! ». Pour découvrir le sens de ces mots, le lecteur doit se référer au wolof, sur le plan lexical que sémantique. Dans certaines situations, l'auteur a transposé le lexique en français.

2.2. Les mots et expressions wolof transposés en français

L'auteur a également dans son œuvre choisi de transposer en français certains mots wolof. Ainsi, le mot ou groupe de mots garde le sens qu'il avait en langue source. La transposition dans la langue cible, ne sert en réalité qu'à le conformer afin qu'il ne paraisse pas étrange. Ce n'est pas une traduction parfaite, car le mot transposé ne permet pas de saisir le sens. Dans l'œuvre, l'expression « bout-de-boit-de-Dieu » qui vient du wolof « bantt », signifie « être humain » ou « enfant ». Dans ce procédé, le modèle calqué sur la structure wolof, pourrait occulter le sens réel du mot.

À côté de cette forme de transposition, l'auteur a également fait une fusion des modes d'énonciation. Dans cette perspective, il associe le français au wolof pour désigner le même mot. Cette démarche permet *de facto* de donner plus d'informations sur la réalité désignée en français, et de compléter cette information par le mot d'origine en wolof, qui sans doute est chargé d'histoire et suit une longue tradition. Dans cette catégorie, nous pouvons prendre en exemple, les noms « Brack » et « Mame Ngor ». En effet, en énonçant ces noms, l'auteur a pris le soin de les accompagner d'une explication en français.

Pour Pierre Nda (2003, p. 19) « en littérature, la motivation des noms propres repose souvent sur la construction d'un rapport d'harmonie entre le signifiant du nommé et son signifié, entre le nom du personnage et son rôle ou sa conduite normative. » C'est pourquoi dans *Les Petits de la guenon*, l'auteur accompagne le nom « brack » qui signifie en réalité « souverain » « roi » : « le brack notre roi » (Carnet 1, Le récit des cendres, p. 47). Il en fait de même pour Mame qui représente « un aïeul » : « Mame Ngor, l'illustre aïeul », (Carnet 3, Les invisibles, p. 14).

Les exigences relatives à l'expression culturelle demande de la part de l'auteur négro-africain francophone certaines adaptations stylistique, lexicale et sémantique qui reproduisent le sens original de ce qu'il énonce. Comme l'a fait Boubacar Boris Diop dans *Les Petits de la guenon*, lorsque le sens est compréhensible et codifiable en français, il l'exprime en français. Dans le cas contraire, il pratique la transposition ou fait usage du wolof. La traduction d'une telle écriture va au-delà des mots et demande de l'interprétation pour la réexpression du sens en langue cible.

3. Traduire le sens dans *Les Petits de la guenon* : pour une interprétation des faits culturels africains

La littérature négro-africaine francophone est caractérisée par la culture africaine. En ce qui concerne *Les Petits de la guenon*, comme nous l'avons expliqué dans les chapitres antérieurs, malgré que le texte soit en français, les traits culturels découlent du wolof. Ce qui fait que « dès le départ, le sens n'est plus dans les mots puisque c'est lui, au contraire, qui permet de comprendre la signification de chacun d'eux ; et l'objet littéraire quoiqu'il se réalise à travers le langage, n'est jamais donné dans le langage » (J-P Sartre, 1985, pp. 50-51). De ce fait, pour la traduction de l'œuvre, il est essentiel de rechercher le sens dans les réalités extralinguistiques liées à la culture africaine. C'est pourquoi nous allons analyser la traduction de *Les Petits de la guenon* à la lumière de la théorie interprétative. Cette théorie propose comme méthode de travail, le modèle déverbalisation, compréhension, réverbalisation pour la réexpression du sens du texte en langue cible.

3.1. La déverbalisation

Dans le modèle interprétatif de la traduction, pour atteindre le sens, il faut d'abord déverbaliser le texte. Cela consiste à décoder les mots qui constituent le message, en vue de s'approprier le discours dans un processus cognitif qui permet de comprendre le sens du texte. Pour M. Lederer, (1994, p. 23), « la déverbalisation est un processus cognitif que nous connaissons tous : les données sensorielles deviennent, en s'évanouissant, des connaissances dévêtues de leurs formes sensibles. Nous l'appelons mémoire cognitive ; il s'agit de l'acquisition d'une connaissance ». Ainsi, « un sens déverbalisé est transmis d'un interlocuteur à l'autre, il naît des mots mais ne se confond pas avec eux » M. Lederer, (1994, p. 23).

Les culturèmes que nous avons choisis pour le corpus seront analysés dans le cadre de la théorie interprétative. La déverbalisation qu'elle propose donne des perspectives de compréhension du sens original du texte négro-africain. À ce stade, le traducteur s'est servi de ses connaissances extralinguistiques pour accéder au sens du texte.

Le traducteur doit situer en ce sens « le rituel d'adieu » par exemple dans son contexte culturel africain pour une bonne compréhension par la suite, étant donné que la langue utilisée, le français, n'offre pas toute la garantie historique et contextuelle de cette pratique. Il en est de même pour les proverbes et le lexique tiré de la langue wolof. L'analyse des proverbes suivants met en lumière l'importance de l'aspect cognitif dans la traduction.

> - Si au moment d'embarquer pour l'autre rive, tu t'aperçois que le piroguier n'a pas toute sa tête, reste sur la berge, laisse le partir seul avec sa pirogue. Carnet III, p. 35
> - Si tu joues du tambour avec une hache, tu n'en tireras qu'un seul son, que celui-ci soit doux à tes oreilles ou au contraire déplaisant. Carnet III, pp. 45-46
> - Même si tu meurs de soif, ne bois jamais l'eau des égouts. Car un jour la pluie tombera en abondance du ciel et alors tu ne seras pas bien fier de toi. Carnet IV p. 30
> - On n'a jamais vu un œuf donner des coups de tête contre une porte en fer. Partie II p. 11

Ces cinq proverbes sont constitués de mots et expressions, soit de la nature ou de charge sociale. Cependant, les faits relatés se rapportent à une idée porteuse de sens, d'où la nécessité d'aller au-delà des mots pour leur compréhension. De façon superficielle, les termes utilisés sont dans l'ordre, du domaine de la navigation, avec « pirogue », de la musique avec « tambour », des besoins vitaux avec « l'eau » et de la gastronomie avec « l'œuf ». Mais les idées que veulent transmettre ses proverbes ne sont pas liées forcément à ces domaines, il ne s'agit que d'images dont la connotation se trouve dans la culture source. Il en est de même pour le mot « bout-de-boit-de-Dieu » qui ne reflète en rien la signification du vocable qui le représente comme nous allons le voir dans la partie ci-après.

3.2. La compréhension

La compréhension d'un texte est le résultat de la saisie de son sens. Ce sens peut se retrouver dans la signification linguistique. Mais en littérature, plusieurs facteurs (stylistiques, culturels, sociaux, etc...) portent une charge connotative au texte. De ce fait, le traducteur doit prendre en compte ces éléments dans la compréhension du texte. Selon M. Lederer (1994, p. 35), « pour que le sens que comprend le traducteur rejoigne le vouloir dire de l'auteur, il faut qu'il ait la volonté de le comprendre et qu'il possède des connaissances adéquates ». Ces connaissances sont liées aux réalités extralinguistiques du texte.

Dans l'œuvre objet du présent travail, *Les Petits de la guenon*, ces éléments existent et nous les avons énumérés plus haut. « Le rituel d'adieu » traduit toute la marque d'affection d'une communauté envers l'un de ses membres décédé. Sa valeur est inestimable car elle empêche que la famille du défunt se sente abandonnée. Aussi, elle marque une reconnaissance de la communauté envers le défunt et cela soulage dans une certaine mesure la famille. En effet, la famille est toujours heureuse d'entendre faire les éloges d'un membre, surtout lorsqu'il s'agit d'un défunt. « Ces moments sont précieux », remarque le narrateur et d'ajouter « je trouve que c'est bien de rappeler que la vie ça n'est pas grand-chose, même si nous en faisons toute une histoire, nous autre de cette flamme qui s'agite et que le vent peut éteindre à chaque instant » (Carnet I, Le récit des cendres, p. 2). Ce rituel est donc présent pour rappeler que la vraie valeur d'une vie ne constitue pas l'ensemble des biens matériels amassés mais plutôt tout le bien que la personne a pu faire durant son séjour terrestre.

Les proverbes de l'œuvre également ont une connotation qui de toute évidence est liée à la culture africaine. De ce fait, ils sont énoncés par

Wolof Njaay, en rapport avec la culture wolof. Le sens des proverbes va donc au-delà des mots qui les présentent. Dans ce cas, le proverbe,

- Si au moment d'embarquer pour l'autre rive, tu t'aperçois que le piroguier n'a pas toute sa tête, reste sur la berge, laisse le partir seul avec sa pirogue. (Carnet III, p. 35)

ne fait pas allusion aux activités d'un artisan piroguier, mais remet plutôt à l'idée de ne pas prendre de risque inutile, lorsqu'on perçoit le danger. Ensuite, le proverbe évoque l'idée de dignité.

- Même si tu meurs de soif, ne bois jamais l'eau des égouts. Car un jour la pluie tombera en abondance du ciel et alors tu ne seras pas bien fier de toi. Carnet IV p. 30

Le sens qu'il véhicule appelle à garder son honneur et sa dignité quel que soit l'ampleur d'un problème. Quant au proverbe,

- On n'a jamais vu un œuf donner des coups de tête contre une porte en fer. (Partie II p. 11)

il invite à ne pas avoir une attitude téméraire qui mette en péril sa propre vie devant une force supérieure.

De même que les proverbes, les mots et expressions transposés en français ont une connotation extralinguistique. L'expression « bouts-de-bois-de-Dieu » ne reflète pas le sens primaire, si elle est considérée dans sa forme d'origine wolof. En effet, c'est la transposition du mot wolof « bantt » qui fait référence à « l'être humain » ou à « un enfant » selon le contexte.

Les phases de déverbalisation et de compréhension permettent de saisir le sens du discours afin de mieux le réexprimer en langue cible. Ainsi, la partie visible du travail du traducteur est la réexpression du texte en langue cible. L'analyse de cette étape nous permettra donc de voir par quels procédés le traducteur de l'œuvre *Les Petits de la guenon* a pu rendre les sens des faits culturels africains en espagnol.

3.3. La reverbalisation

La reverbalisation est la dernière étape dans le processus de traduction interprétative. Elle vient après la déverbalisation et la compréhension. Selon Jean Delisle, « une fois le sens saisi, sa restitution se fait en fonction des idées et non en fonction des mots » (cité par M. Lederer, 1994, p. 43). Dans ce procédé, c'est le sens que la langue cible exprime. Ce qui permet la compréhension du texte par les lecteurs. En ce sens, la traduction menée ne s'attache pas aux mots, mais exprime les idées.

Les faits culturels que nous avons retenus dans l'œuvre *Les Petits de la guenon*, ont une connotation qui va au-delà des mots comme nous l'avons démontré. Leur traduction doit donc refléter ce sens en langue cible. Nous proposons la version originale et la traduction de ces éléments, afin d'appréhender les procédés qui ont conduits leur traduction. Ainsi nous avons le texte suivant :

> Depuis des générations, le rituel d'adieu est le même dans notre famille : un à un, nous pénétrons dans la pièce où le défunt est étendu sur une natte et là, nous disons en silence des prières pour le repos de son âme. Les visages sont graves et les corps refermés sur eux-mêmes, comme il se doit. Il se trouve pourtant toujours quelqu'un – c'est souvent le meilleur ami du mort, plus dévasté que tous les autres – pour essayer de détendre un peu l'atmosphère. Il se moque affectueusement de celui qui a cru malin de filer en vitesse pour fuir nos petits ennuis sur terre. Et il l'avertit : « Tu te trompes, mon gars, si tu penses en avoir fini avec moi. Je ne te laisserai jamais seul, je suis déjà en route et, je te le promets, je vais tellement te casser les pieds là-bas que tu vas regretter d'y être allé ! » Et quand il le supplie de lui garder bien au chaud une des meilleures places du Paradis, certains ont la force d'esquisser un sourire, vite réprimé il est vrai.

Traduit comme suit :

> El ritual de la despedida se mantiene en nuestra familia desde hace generaciones: entramos uno por uno en la habitación donde yace el difunto sobre una estera y oramos en silencio por el descanso de su alma. Nos presentamos con el semblante sombrío y el cuerpo encogido, como debe ser. Sin embargo, siempre hay alguien —a menudo el mejor amigo del difunto, el más afectado de todos— para intentar distender el ambiente. Se mofa cariñosamente de quien se ha creído tan listo como para escaquearse de las preocupaciones diarias. Y lo avisa:

—¡Te equivocas, chaval, si crees que te vas a librar de mí así como
así. Ya estoy de camino y te prometo que te voy a dar tanta lata
allá que te vas a arrepentir de haberte largado!

Y cuando le suplica que le vaya calentando un cobijo selecto del
Paraíso, algunos esbozan una sonrisa forzada, pronto reprimida.

Cette traduction propose le sens. En effet, le traducteur dans cette
partie du livre, a inversé la phrase pour la rendre compréhensible et
conforme à la langue d'arrivée. De « depuis des générations » du français,
il a débuté par « el ritual de la despedida ». Dans la deuxième phrase, « les
visages… comme il se doit », il ne suit pas non plus l'ordre des mots. Il
trouve une tournure en espagnol pour rendre visage grave, comme cela
se passe dans les funérailles africaines et corps renfermés : « con el
semblante sombrío y el cuerpo encogido ». Aussi, l'une des expressions
qui caractérise les funérailles africaines, « plus dévasté » n'est pas traduite
littéralement par « devastado », mais est rendu par « más afectado » qui
reproduit l'idée en espagnol.

Les proverbes également ont été traduits selon leurs sens. De ces
proverbes, le traducteur a fait la traduction suivante :

1-	Si au moment d'embarquer pour l'autre rive, tu
t'aperçois que le piroguier n'a pas toute sa tête, reste sur la berge,
laisse le partir seul avec sa pirogue. Carnet III, p. 35
Si, a punto de embarcar hacia la otra ribera, te percatas de que el
piragüero está chalado, permanece en tu orilla, deja que se vaya
solo con su piragua. P. 180
2-	Si tu joues du tambour avec une hache, tu n'en tireras
qu'un seul son, que celui-ci soit doux à tes oreilles ou au contraire
déplaisant. Carnet III, pp. 45-46
Si tocas el tambor con un hacha, solo obtendrás de él un sonido,
ya pueda resultarte agradable o, por el contrario, molesto. P. 195 s
3-	Même si tu meurs de soif, ne bois jamais l'eau des
égouts. Car un jour la pluie tombera en abondance du ciel et alors
tu ne seras pas bien fier de toi. Carnet IV p. 30
No bebas agua de las alcantarillas aunque te estés muriendo de
sed, pues un día lloverá abundantemente y no te sentirás muy
orgulloso de ti. P. 344 s
4-	On n'a jamais vu un œuf donner des coups de tête
contre une porte en fer. Partie II p. 11

> ¿Cuándo se ha visto un huevo dándose cabezazos contra una puerta de hierro? p. 732

Dans la traduction des proverbes, le traducteur s'est efforcé de rendre le sens lorsque cela était possible. Le premier proverbe fait référence à la prudence. Et l'idée de ne pas suivre une personne dans sa folie avec l'expression « le piroguier n'a pas toute sa tête » est traduit par « el piraguero está chalado ». Sa traduction littérale qui est « no tiene toda su cabeza » qui n'aurait pas donné le sens exact, serait incompréhensible dans la langue d'arrivée. Il en est de même pour « n'en tireras rien » traduit par « solo obtendrás ». Dans les deux derniers proverbes, pour plus de conformité à la langue espagnole, le traducteur a inversé l'ordre des mots dans les phrases, avec des adaptations pour faire ressortir le sens. Ainsi, le proverbe quatre qui est à la forme affirmative, devient interrogative pour montrer l'évidence des faits.

Au niveau du lexique tiré du wolof, le traducteur a fait une adaptation sous forme d'équivalence, visant à faire ressortir le sens pour les mots et expressions transposés et a maintenu les mots et expressions purement wolof en les accompagnant d'explication en annexe en espagnol. Ainsi, pour « bouts-de-bois-de-Dieu » nous avons « criatura de Dios » en espagnol. Cela pourrait avoir une explication, venant de la tradition biblique, qui institue l'homme comme un enfant de Dieu. Les autres mots et expressions sont énoncés en wolof avec leurs explications en espagnol en annexe. Ce sont par exemple,

> Ceddo: Pagano. Los ceddo fueron aguerridos guerreros anteriores a la islamización de Senegal. Hoy la palabra suele significar «impío».
> Cere baasi: Cuscús de mijo con una salsa espesa de cacahuetes.
> Ditax: Fruto quizás solo existente en Senegal. Su piel es gris y reseca y su carne, verde y fibrosa, es muy azucarada.
> Fonde: Papilla de harina de mijo con la que se hacen pequeñas bolas y se toma con leche o cuajada.
> Gaynde Njaay mbarawàcc!: Canto popular que glorifica el valor del león
> Kacuupa: Sopa de pescado muy picante originaria de Cabo Verde.
> Kenkelibaa: Infusión muy común en Senegal hecha con la planta del mismo nombre que crece en estado salvaje.

Dans la traduction en espagnol de *Les Petits de la guenon*, le processus suivi a permis d'aboutir au sens du discours en espagnol. Étant donné la différence dans l'énonciation des faits culturels dans l'œuvre originale, la traduction essaie de s'accommoder au style de l'auteur. Ainsi, le traducteur a pris en compte dans la réexpression en langue cible, les connaissances extralinguistiques de l'œuvre. Pour les parties du texte qui apparaissent en français, la traduction en espagnol s'est basée sur certaines tournures qui tiennent lieu d'explication. Aussi, selon toute vraisemblance, la présence de mots wolof dans l'œuvre n'est pas fortuite. Il est de toute évidence que le traducteur a laissé ces mots dans le texte pour suivre la même voix que l'auteur en fournissant en annexe la traduction accompagnée parfois d'explication.

La littérature négro-africaine francophone a suivi une progression depuis la colonisation. Étant dans un premier temps le reflet de la littérature française, elle s'est démarquée progressivement de celle-ci au fil des années et des événements. C'est la négritude qui bouleversera définitivement sa trajectoire, au point de tourner son regard vers la culture africaine. Celle-ci, s'étant donné pour objectif, l'expression de la culture africaine à travers la littérature, elle a participé à l'émancipation culturelle des Noirs à partir des années 1940. Dans les années 1950, l'âge du roman succède à la négritude avec comme héritage, l'affirmation de la culture africaine et l'engagement dans la lutte pour les indépendances.

Les indépendances une fois acquises en 1960, la littérature négro-africaine francophone a conservé son identité culturelle africaine aux cotés de la langue française, tout comme les nouveaux États. Dans la plupart des œuvres de la littérature négro-africaine francophone, la culture africaine est exprimée. De ce fait, la traduction des œuvres de la littérature négro-africaine francophone nécessite la prise en compte du sens accordé aux connaissances extralinguistiques dans la culture africaine, en langue cible.

C'est le cas de l'œuvre *Les Petits de la guenon* de Boubacar Boris Diop, écrivain Sénégalais, objet de la présente étude. Cette œuvre fortement marquée par la culture africaine en général et wolof en particulier a été traduite en espagnol. Comme bon nombres d'œuvres négro-africaines, les aspects culturels (rites, proverbes ou lexique) du discours social en constituent la structure. Toute traduction vise à reproduire le sens du texte original pour des lecteurs qui ne maîtrisent pas la langue de départ. Ainsi, dans l'analyse de la traduction de l'œuvre *Les Petits de la guenon* en espagnol, à travers la méthode interprétative, nous avons étudié dans quelle mesure le traducteur réexprimait le sens de l'œuvre en espagnol en tenant compte des connaissances extralinguistiques se rapportant à la culture africaine. Cette méthode repose sur trois étapes : la déverbalisation, la compréhension et la réverbalisation.

L'analyse des traductions menées sur l'œuvre *Les Petits de la guenon* a permis de relever les procédés suivis par le traducteur. La méthode interprétative que nous avons utilisée dans cette étude pour l'analyse propose trois étapes : la déverbalisation, la compréhension et la réverbalisation. Lorsque ce processus est bien mené, le sens du texte est clairement exprimer dans la langue cible. L'analyse portait sur le corpus formulé à partir de l'œuvre *Les Petits de la guenon*, qui est composé de rites, de proverbes, de mots et d'expressions en langue africaine. Ces éléments sont caractérisés par la culture africaine. Les deux premières étapes permettent au traducteur de comprendre le discours de l'auteur, liés à des connaissances extralinguistiques. Dans notre analyse, le sens rendu par le traducteur dans la réverbalisation concorde avec les connaissances extralinguistiques des réalités culturelles de l'œuvre *Les Petits de la guenon*. Ce qui permet de dire qu'il a suivi un processus d'interprétation, qui rend le sens des réalités culturelles en espagnol.

REFERENCES BIBLIOGRAPHIQUES

DIOP Boubacar Boris, 2009, Les Petits de la guenon, Paris, Éditions Philippe Rey.

DIOP Boubacar Boris, 2017, El libro de los secretos, Traducción de Wenceslao-Carlos Lozano, Alicante, 2709 books, 2017.

CHEVRIER Jacques, 2006, Littératures francophones d'Afriques noire, Aix-en-Provence, Édisud.

LEDERER Marianne, 1994, La traduction aujourd'hui : le modèle interprétatif, Paris, Hachette.

GARCÍA Consuelo Gonzalo, YEBRA Valentín García (Eds.), 2005, Manual de documentación para la traducción literaria, Madrid, Arco/Libros.

LUNEAU Louis-Vincent Thomas René, 1986, La terre africaine et ses religions, Paris, L'Harmattan.

CARRE Nathalie, 2015, « Between mother tongue and ceremonial tongue: Boubacar Boris Diop and self-translation of Doomi Golo », In *International Journal of Francophone Studies*, Intellect, pp. 101-114.

GAUVIN Lise, 1997, L'écrivain francophone à la croisée des langues : Entretiens, Paris, Karthala.

SARTRE Jean-Paul, 1948, Qu'est-ce que la littérature?, Paris, Gallimard.

N'DA Pierre, 2003, L'écriture romanesque de Maurice Bandaman ou la quête d'une esthétique africaine moderne, Paris, L'Harmattan.

OUSTINOFF Michael, 2001, Bilinguisme d'écriture et auto-traduction, Paris, L'Harmattan.

Traduire c'est Ecrire : Pour une Approche Endogene ou Interioriste a la Traduction des Textes Litteraires Africains

Ahmadou Siendou KONATE
Université Félix Houphouët-Boigny
siendou.konate@univ-fhb.edu.ci

Résumé

Cette contribution sur la traductologie africaine passe en revue les théories sur le « ciblisme » et le « sourcisme » dans la traductologie occidentale dans un premier temps. L'argument majeur ici est que, vu le caractère culturellement marqué du texte littéraire africain, celui-ci ne saurait être approché comme les textes non-africains qui, selon Derrida, se traduisent dans un contexte bilingue. Or les textes africains sont le site où se déploient et s'engagent plus de deux langues cultures. Si la multivocité de tels textes commande une immersion culturelle comme cela se voit en sourcisme originel, le texte africain impose une traduction où l'approche se veut foncièrement endogène. Ici, la traduction doit engager les différentes langues-cultures sous-tendant le texte ; l'approche est dite intérioriste.

Mots-clés : Afrique – littérature – oralité – écriture – traduction – intérioriste – approche – « extranéisation »

Abstract

The paper critically reviews the literature on the two approaches to translation of Western texts and cultures. It also looks at the particularistic nature of African literary texts requiring a different approach compared to what we have been give to see. An African text is the site of multiple-language imbrications. Cognizance of the encased languages and the cultures they bear is necessary for a text rendition seeking to make a foreign text enjoyable in a culture other than the text's origin. I argue that translation of African literary text requires going the simplistic binary target/source and embrace an archeological rummaging through the oral/non-written sediments that make the text alive and peculiar. This new approach is using the so-called foreignizing perspective putting a particular emphasis on cultural difference unlike in a two-language translation. This perspective is the endogenous and interioristic approach to translation.

Keywords: Africa – literature – orality – translation – interioristic – approach – foreignizing

> « [...] La traduire est comme l'histoire et ce sera la chose la plus difficile à comprendre [...] La traduction n'est pas la métaphore de l'original » (Paul de Man pp. 37-38)

Parmi les spécialistes de la traductologie en Occident, la question fondamentale qui a été soulevée pour ce qui est de la réception d'une œuvre donnée est celle de la fidélité dans la traduction, celle-ci étant comprise, selon J.-R. Lamiral (1979 : 11) comme cette activité « fait passer un message d'une langue de départ (LD) ou langue source dans une langue d'arrivée (LA) langue d'arrivée ».

Cette définition de la traduction est généralement acceptable et acceptée. Vue d'un œil autre que celui de l'Occidental(e), la traduction n'est pas un simple passage du message d'une langue à une autre ; elle est un pont reliant deux langues-cultures. Ainsi, la traduction est-elle considérée comme l'acte même d'écrire. Cependant, pour qu'une traduction soit le miroir de l'original, des approches idoines s'imposent au traducteur. Si cela est vrai pour toute traduction, cela l'est davantage pour la traduction de textes marqués par la présence de plusieurs langues et cultures. Les textes littéraires africains sont généralement tributaires de l'oralité et la culture africaines qui font d'eux des sites culturels à considérer pendant leur traduction vers d'autres langues-cultures. La traduction de tels textes commande une immersion culturelle adéquate pour tendre vers un transfert de sens fidele et par conséquent fiable. Au final, une traduction soucieuse de la source par l'immersion effective s'apparente à ce fait que l'on peut raisonnablement appeler (ré-)écrire. C'est bien cela le sens de cet article qui s'articule autour d'un certain nombre de questions dont les suivantes : Comment est-ce que ce passage ou transfert de message dont parle Ladmiral s'opère-t-il ? Dans quelle mesure rend-t-il compte « textuellement » du message de la langue de départ ? Toutes les traductions se font-t-elles de la même manière ? Un texte littéraire africain se traduit-il comme tout autre texte ?

1. Ciblisme et sourcisme

La théorie de la traduction est plurielle et polymorphe. Chaque théoricien nous offre son entendement, son approche et les contextes d'application en découlant. Généralement, la traduction est un mouvement entre deux langues ; c'est pourquoi on parle de langue de départ et de langue d'arrivée, comme nous avons pu le voir avec Ladmiral. Dans la panoplie de théorie disponible, deux tendances se dégagent : les traductions cibliste et sourciere. Que sont-t-elles ?

La question en jeu a donné lieu à diverses tendances, à savoir les ciblistes et les sourciers. Les deux tendances se voient dans cette alternative que F. Schleiermacher (1999, p. 49) nous offrait quand il posait la question de savoir « [...] quels chemins peut prendre le véritable traducteur qui veut rapprocher réellement ces deux hommes si séparées : l'écrivain d'origine et son lecteur, et faciliter à celui-ci, sans l'obliger à sortir du cercle de sa langue maternelle, la compréhension et la jouissance les plus exactes et complètes du premier? » À la question, Schleiermacher (Ibid.) opinait qu'il n'y en (avait) que deux : « Ou bien le traducteur laisse l'écrivain le plus tranquille possible et fait que le lecteur aille à sa rencontre, ou bien il laisse le lecteur le plus tranquille possible et fait que l'écrivain aille à sa rencontre ».

La traduction cibliste est une traduction qui, comme le nom l'indique, cible la langue et la culture qu'elle véhicule. Ici, le traducteur, en s'adonnant à sa tâche de traducteur, met en service la grammaire et les vocabulaires de la langue-culture d'arrivée aux fins de mettre à la disposition des usagers de celle-ci une langue-culture autre. Soumettre un texte à la grammaire et aux vocabulaires d'une langue autre c'est le domestiquer, l'apprivoiser. Cette approche est la plus répandue dans le monde de la traduction quoiqu'une nouvelle tendance se développe maintenant avec la conscience ethnique et/ou national(ist)e où certains estiment que toutes les langues-cultures se valent et doivent contribuer à la diversification de l'espace linguistique et culturel du monde globalisé.

Les ciblistes estiment que la tâche du traducteur est de s'assurer de ce que le lectorat de la culture réceptrice soit bien servi. Pour honorer la place de choix faite à la culture cible il faut non seulement établir les équations équivalentielles et les correspondances, mais aussi au cas où ces « parités » s'avèrent difficiles à dégager, le recours à la mise en moule devient inéluctable. La matière à traduire doit correspondre et ou équivaloir à la culture réceptrice.

Les sourciers se disent plus enclin à satisfaire aux exigences de la fidélité du passage d'une langue à une autre, car au delà du transfert de mots et d'idées, il est plutôt question d'initier et perpétuer une négociation interculturelle. Le traducteur allemand, Arthur Schopenhauer, en relatant son expérience en traduction n'en dit pas moins. Dans son écrit intitulé « On Language and Words », ce théoricien allemand donc, pour mieux traduire une langue, il faut en connaître la culture dont elle est le vecteur. Schopenhauer (1992, pp. 33-4) estime que

> Si l'on saisit l'esprit d'une langue étrangère, l'on aura fait un bond spectaculaire vers la compréhension de la nation qui parle cette langue-là, car autant le style est lie à la psyché de l'individu, autant la langue est liée à la psyché d'une nation. La maîtrise totale d'une langue est acquise quand l'on est capable de traduire (transposer), pas des livres, mais soi-même dans l'autre langue de sorte que sans perdre son individualité à soi, l'on peut immédiatement communiquer dans cette langue, d'où mettre les étrangers et ses propres concitoyen(ne)s sur les mêmes ondes [Ma traduction].[28]

Il va sans dire que la tâche du traducteur implique plus que le texte. Le traducteur, pour soulager et le souci d'exactitude ou de fidélité dans la transmission du sens, et étancher la soif du lectorat, doit se transporter dans la culture de la langue traduite. Se transporter dans la culture d'ou émane le texte à traduire conditionne le sujet-traduisant, et influence le produit de son œuvre traduisante.

L'approche sourcière, contrairement à la conflictualité créée pour faire l'apologie de la traduction cibliste dont la pieuse prétention est de satisfaire à la réceptivité étrangère, pourvoit des éléments culturels qui dégagent les règles de la compréhension, et partant, l'échange des cultures.

---

[28] L'original de ma traduction se lit comme suit: « [I]f one has properly grasped the spirit of a foreign language, one has also taken a large step toward understanding the nation that speaks that language for, as the style is related to the mind of the individual, so is the language to the mind of a nation. A complete mastery of a language has taken place when one is capable of translating not books but oneself into the other language, so that without losing one's own individuality one can immediately communicate in that language, and thereby place foreigners as well as one's countrymen in the same manner ».

A la différence de l'approche sourcière, la cibliste s'efforce de lier mains et pieds l'auteur et sa culture pour la nation cible. Ainsi, dans son article intitulé « On the Different Methods of Translating », Friedrich Schleierrmacher (1999, p. 50) fait l'éloge de la traduction cibliste pour des raisons pratiques. Pour cet auteur, la traduction cibliste c'est celle qui consiste à emmener la culture autre au lecteur étranger mais alors en des termes étant plutôt ceux du lecteur. Le texte/culture à convoyer dans l'autre langue-culture se doit de se plier aux normes et aux règles linguistiques et culturelles de la langue-culture d'arrivée. En effet, Schleiermacher écrit que « traduire textuellement comme dans la langue de départ est autant impossible qu'inutile à réaliser comme projet ».[29]

Il est clair que Humboldt bat en brèche l'idée de fidélité qu'il est loisible de voir présider à la traduction. Pour Humboldt, la fidélité est une œuvre autant titanesque qu'impossible en traduction. Le traducteur ne saurait être un traître : *traduttore traditor*.

En théories littéraires, certains critiques estiment qu'il faut donner primauté à la notion de la mort de l'auteur. En effet, lorsque le français Roland Barthes déclarait la mort de l'auteur, il proclamait l'« agencéité »[30] du lecteur qui se détachait des bagages historiques et biographiques de l'auteur du texte pour ne retenir que le seul texte qui parlera, de manière immanente, de et pour l'auteur. Le problème avec cette proposition est que dans le monde réel, non symbolique ou métaphorique, l'éditeur fait toujours vivre l'auteur fusse-t-il mort[31] en

---

[29] Le texte original se lit comme suit: « [...] the goal of translating in such a way as the author would have written originally in the language of the translation is not only unattainable but is also futile and empty in itself ».

[30] Aussi bizarre que ce mot puisse paraitre, il est la traduction du concept de "agency" en Etudes post-coloniales. C'est le pouvoir /droit qu'a tout individu d'avoir une voix propre et de la faire porter.

[31] W. Gass (1984, p. 3) souligne dans sa contribution du même titre (« The Death of the Author »), bien entendu en réponse à Roland Barthes et les appropriations qui ont pu être faites de son article très suggestif, « The death of the author is not an ordinary demise, [...] it simply the departure of belief [...] from the mind of the masses. [...] The death of the author signifies a decline in authority, in theological power [...] ».

flaquant son texte de son biographie : « le texte de tel ou tel… ». La mort de l'auteur signifie la mort de son identité, sa culture qu'il faut voir derrière le texte. Ainsi, ne pas prendre en compte l'auteur d'un texte revient dire que le traducteur s'en tient à une idéologie, celle qui consiste à ne donner voix qu'à ses seules suppositions et imaginations. On le voit bien chez P. de Man (1991 p. 40) qui écrit que « La traduction n'appartient pas à l'orignal, l'original est déjà mort mais la traduction appartient à l'après-vie de l'original, supposant et confirmant aussi la mort de l'original »[32].

La mort de l'original s'inscrit dans la même foulée que celle de l'auteur et pose un problème fondamental qui certains théoriciens veulent voir balayer d'un revers de la main : la fidélité dans la traduction.

La question de la fidélité, on le voit, domine la théorie de la traduction. Selon certains spécialistes, la fidélité serait une vue de l'esprit. Cette assertion s'appuie sur le fait que les langues et les cultures qu'elles convoient sont différentes. E. Nida (2004, p. 126) le dit si bien : « […] deux langues ne peuvent point être identiques aussi bien au niveau du sens attribué aux symboles correspondants qu'au niveau de la manière dont les dits symboles sont ordonnancés en expressions et en symboles »[33]. Et ce, même si elles appartiennent à la même grande famille ou protolangue. Ainsi, par la traduction du sens le message ne saurait être identique au message originel. De plus, certains insistent à dire qu'une traduction qui se veut donc littéraliste, car cherchant à mimer la langue de départ serait peine perdue, auquel cas, elle ressemblerait à un amas de messages illisibles et inintelligibles, parce que culturellement inconsistants. C'est dans ce sens que J-R. Ladmiral (1979 p. 26) nous dit qu'« Une traduction sourcière, qui se veut littéraliste et qui prétend

---

[32] On peut également se référer à De Man (1991 p. 40) qui souligne que « Le processus de traduction en est un de changement et ce mouvement qui a l'apparence de la vie parce que la traduction révèle aussi la mort de l'original ».

[33] La citation originale se lit comme suit: « […] no two languages are identical, either in the meanings given to corresponding symbols or in the ways in which such symbols are arranged in phrases and symbols […] »

prendre en compte essentiellement la langue-culture où s'insérait le texte-source, tend à réduire ce texte original à n'être plus qu'un *document-cible* [...] ». P. de Man (1991 p. 40) nous dira la même chose de manière plutôt philosophique, peu probante et à la Bartes : « La traduction n'appartient pas à l'orignal, l'original est déjà mort mais la traduction appartient à l'après-vie de l'original, supposant et confirmant aussi la mort de l'original » .

D'autres critiques estiment cependant qu'il faut faire preuve de justice et de justesse pendant le traduire. C'est ici que la question de la fidélité devient plus pertinente et importante. Il s'agit ici donc du moment où on a en tête de servir le lecteur étranger avec la même saveur que le texte arbore dans la langue de départ. G. Mounin (1976 p. 146) semble être motivé par ce souci quand il pose une question ne on peut plus poignante qui suit : « [...] A quoi bon traduire le chef-d'œuvre du plus grand poète lyrique italien [...] si les lecteurs français qui ne savent pas l'italien n'entrevoient même pas dans cette traduction pourquoi les italiens trouvent le texte si beau? ».

2. Les présences langagières dans le texte africain

Un texte ne saurait être seulement écrit. C'est le produit d'un ou de plusieurs génies créateurs au sein d'une aire culturelle et linguistique, et dans une dynamique d'interculturalité qui suppose l'implication d'autres acteurs ou auteurs ainsi que les cultures et les langues qui influencent ceux-ci. Cette dynamique, qui est un acte de culture, explique les textes africains, et guide leurs auteurs. Le texte ou l'œuvre de l'africain tributaire des médiums écrit et oral est donc un produit aux composés hétéroclites et disparates.

Traduire une œuvre dont le tissu est fait de plusieurs langues-cultures requiert une bonne connaissance de ces langues non seulement pour le traducteur qui veut maîtriser l'objet de son ouvrage, mais aussi pour la culture réceptrice de cette traduction. C'est en cela que Schleiermacher (1999 p. 43) disait que « [...] Tout discours libre et supérieur demande à être saisi sur un double mode, d'une part à partir de l'esprit de la langue dont les éléments le composent, comme une exposition marquée et conditionnée par cet esprit, engendrée et vivifiée par lui dans l'être parlant; d'autre part il demande à être saisi à partir de la sensibilité de celui qui le produit comme œuvre sienne, qui ne peut surgir et s'expliquer qu'à partir de sa manière d'être ». Traduire est avant tout faire le choix de rendre dans sa totalité autant que possible un texte donné dans une autre langue-culture. Si rendre globalement est un défi, aspirer à rendre la globalité est un devoir du traducteur. Succomber au défi est un acte de trahison qu'aucune théorie d'explication ne saurait justifier en parlant des textes qui comportent tant de niveaux de complexité comme les œuvres africaines.

Les *modus operandi* de traduction peuvent s'établir en fonction de la manière dont le sens est appréhendé dans la traduction. Le sens d'un texte ne saurait être subordonné à une conception dogmatique de ce que la langue a pu être au commencement du temps. Il est indiscutable qu'il n'existe pas de critère absolu dans la traduction. Dans un jeu d'abstraction philosophique ou de métaphysique traductive (comme les Walter Benjamin et Heidegger en faisant de la traduction), on peut assurément alléguer qu'il y a un texte troisième, un texte tiers – comme l'idée de la représentation telle que conçue par la représentante, la représentation telle qu'elle est réalisée, et l'idée absolue par rapport à laquelle la représentation est imaginée et réalisée –, entre le texte original et celui d'arrivée. (Ce texte, on pourra le considérer comme une omnitraduction, une traduction tant irréprochable et dire qu'il interdit toute retraduction.)

La question qui persiste est celle de s'assurer de l'existence de ce texte premier et/ou suprême. Aussi, l'histoire de Babel que les traductologues ressassent partout pour le besoin de la théorie est-elle une affaire biblique qui ne fait pas bon ménage avec le raisonnement et la vérification. Concevoir la langue sur un fond religieux c'est sacraliser et sanctifier le sens, et par conséquent le poser comme extérieur au texte et son auteur. Or il ne peut y avoir de texte sans auteur, et l'auteur fait partie d'une société, d'une communauté de langue(s) qui agit sur l'auteur et son produit, tout comme l'auteur agit sur la langue qui sert de vecteur à son texte, une représentation de sa société.

Où devra-t-on inscrire le texte africain (plurivocal, pluriforme et « étrange(r) » par nature) et sa traduction? Doit-elle être cibliste ou sourcière? N'y a-t-il pas une voie médiane ou autre que les deux premières approches ci-haut mentionnées?

3. L'approche endogène ou intérioriste

De manière générale, il faut dire que la traductologie africaine – l'étude sur la traduction des textes africains– est relativement récente. T. Tervonen (Tirvonen 2003 p.51) le dit si bien quand elle affirme que « La recherche sur la traduction s'est peu intéressée à la littérature africaine. La traductologie, longtemps marquée par des schémas simplistes et binaires « fidélité-trahison », « cibliste-sourcier », s'accommodait difficilement de l'étude de textes africains, caractérisés par une hybridité et une multiplicité de langues [...] ».

La traduction du texte littéraire africain, de manière spécifique, n'est pas chose facile à exécuter. Le texte en question est généralement le site de plusieurs cultures et des plusieurs langues par conséquent. C'est pourquoi il est convenable de faire recours à une observation faite par le philosophe français, J. Derrida (1999 p. 223) qui, parlant de la traduction occidentale, disait que : «... Let's notice one of the limits of theories of translation: all too often they treat the passing from one language to another and not sufficiently consider the possibility for languages to be implicated *more than two* in a text » [L'emphase est mienne].

Le texte africain d'expression étrangère est à prendre avec assez pincettes pour la simple raison qu'il se décline en plusieurs couches de langues et de niveau. Devra-t-on prendre la liberté de redresser l'anglais que Gabriel Okara a écorché dans *The Voice* – l'anglais de l'œuvre est un calque de la langue Ijaw de la République fédérale du Nigéria –, quand on rend celle-ci en français sous prétexte de la rendre intelligible au lecteur étranger, niant ainsi le projet linguistique de l'auteur et bafouant la beauté (« belle laideur » pour les puristes de la langue) de l'œuvre ? Le texte de Gabriel Okara ne pourrait être mis à la disposition d'un lecteur autre par le biais de la traduction sans considérer l'imbrication complexe d'autres langues du Nigeria.[34] Faut-il en faire autant avec la traduction de *The Palm-Wine Drinkard* de Amos Tutuola, sachant que l'auteur est un autodidacte qui s'est appliqué à écrire dans un anglais très approximatif ? En effet, un texte comme *The Palmwine Drinkard*, il va sans dire, ne se traduirait en français sans considérer l'arrière-plan culturelle (linguistique) de Amos Tutuola, de son peuple, de la manière nigériane de parler l'anglais afin de pouvoir le translater, fusse-t-il de manière cibliste que sourcière.

En clair, les textes ci-haut mentionnés seraient déculturalisés si le traducteur s'obstinait à l'épurer pour soi-disant le mettre à la disposition des langues-cultures dont les lecteurs et locuteurs se veulent puristes. De plus, comme le dit Mounin, Antoine Berman, entre autres, la traduction des textes étrangers avec leur étrangeté devient un impératif lorsque le traducteur veut donner un espace d'expression vaste au texte étranger en gardant dans la traduction de celui-ci ce qui fait son particularisme ou son idiosyncrasie. Une démarche qui va au-delà du sourcisme s'impose ici. C'est ce j'appelle l'approche interioriste. Elle prend source dans la notion de *ba'thin* (intérieur en Arabe) par opposition à la *zhahriyya* qui est toute perspective s'inspirant de duhors.

Le choix de l'approche intérioriste repose non seulement sur fait que le traducteur a une responsabilité qu'il a accepté de prendre et qui l'engage du point de vue de la parole donnée, mais aussi cette approche résulte de ce qu'il a un devoir de fidélité vis-à-vis du lecteur qui dépendra de lui pour prendre contact avec l'auteur étranger dont il traduit l'œuvre

---

[34] G. Okara (1963 pp. 15-6) écrivait ceci pour expliquer sa stratégie d'écriture : « As a writer who believes in the utilization of African ideas, African philosophy and African folk-lore and imaginary to the fullest extent possible, I am of the opinion the only way to use them effectively is to translate them almost literally from the African native language to the writer into whatever European language he is using as his medium of expression [...] In order to capture the vivid images of African speech, I had to eschew the habit of expressing my thoughts first in English ».

et dont il est le porte-parole. L'étranger étant le point focal de toute traduction –on traduit toujours d'une langue ou culture vers une autre langue qui est de part son altérité étrangère–, militer en faveur de la fidélité ne devrait être perçu que comme un acte de justice vis-à-vis de la culture d'arrivée, avant de l'être pour le texte et son auteur qui sont le plus souvent l'objet de la violence de l'activité traduisante.

Le prisme intérioriste peut paraître impertinent pour les textes qui proviennent des langues et des cultures entretenant des relations de voisinage qui tendent à faire oublier la différence fondamentale entre les langues. Par relations de voisinage, on entend les langues, avec elles les cultures qu'elles véhiculent, qui sont issues de la même famille. Selon ces relations de voisinage, l'allemand et l'anglais, tout comme l'italien, le français et l'espagnol, phonologiquement, souvent syntaxiquement, et graphologiquement ont des ressemblances qui facilitent la traduction de texte d'une langue vers l'autre. Les questions de correspondance et d'équivalence se posent à une échelle plus ou moins basse comparée aux langues écrites qui appartiennent à un même groupe. (Par groupe, nous entendons l'exemple des différents groupes de la famille indo-européenne : la branche européenne de cette famille comporte le groupe hellénique, germanique, balto-slave, et italo-celtique. De ce dernier groupe (l'italo-celtique) dérive les langues « latiniques » ou romanes.) Si seulement l'on soutient l'idée de protolangue, c'est-à-dire de langue originelle, il va sans dire que non seulement les différences structurelles qui ont justifié les subdivisions dans les protolangues, mais aussi les autres langues originelles, soulèvent des défis. Déjà, le passage d'une langue à une autre n'est pas une tâche qui s'exécute sans coup férir, même si Octavio Paz nous dit autre chose. En effet, O. Paz (1982, p. 18) que « [...] ce n'est pas un travail surhumain que de traduire entre langues d'une même famille et de la même époque ».

Les langues écrites se traduisent aisément entre elles à cause de leur scripturalité. Le passage d'une langue écrite vers une langue non écrite, et vice versa, est un parcours époumonant. Il semble en être de même pour le commerce traductionnel entre les langues non écrites qui ne sont pas généralement voisines. Le caractère oral est une haie de taille à surmonter. Par exemple, traduire d'une langue non écrite africaine vers une langue africaine non écrite d'un autre groupe linguistique ne saurait être aisé, tout comme il ne saurait l'être pour des langues non écrites qui sont issues d'espaces carrément différents et lointains. Il va sans dire que le traducteur est piégé depuis le début. Il est piégé par son activité de traduction qui implique son engagement de courroie de transmission interculturelle. Il l'est davantage quand il est lié par la fidélité à respecter s'il traduit pour permettre la compréhension interculturelle qui est le bien-fondé de la traduction en fin de compte. Pour traduire de manière fiable, il faut s'imprégner de la culture de la langue de départ, relevant ainsi la problématique de la superposition des langues.

Les traducteurs, ainsi que les traductologues en Occident, à juste titre, ne considèrent pas l'imbrication de plusieurs langues dans le processus de la traduction à cause du paysage linguistique moins touffu dans leurs pays. A part la Belgique, où le français, l'anglais et l'allemand se côtoient, le Canada ou le français et l'anglais sont les deux langues dites officielles, peu sont les pays dont les théoriciens de la langue et de sa traduction imaginent les niveaux d'influence culturelle issus de la pluralité de langues en jeu. Les théories qui s'appliquent aux espaces mono- ou bilingues ne peuvent pas s'appliquer aux communautés plurilingues. Il est étonnant de donc entendre G. Mounin, (1976 p.4) dire que le traducteur est bilingue ou que « la traduction [...] est un fait de bilinguisme », car une telle observation ne peut s'appliquer à la traduction d'une œuvre africaine qui est le carrefour d'au moins deux langues.

Pour être mieux compris de celui qui est le véritable concerné de son message, l'écrivain africain a élu la langue étrangère qu'on lui avait imposée. C'est un secret connu de tous que l'écrivain africain (aussi bien francophone qu'anglophone) entretient un rapport plus politique, idéologique qu'esthétique.[35] Au-delà de cette considération idéologique, il faut mettre en facteur le paramètre esthétique qui consiste à combler les trous de sens avec les cultures et langues des auteurs.

C'est le cas des écrivains plurilingues comme Ahmadou Kourouma qui traduisent les langues de leur terroir aussi par besoin d'expression que par technique scripturale. Ici, le texte est donc une jonction entre des cultures orales et écrites. Les cultures orales sont celles auxquelles appartient l'écrivain africain ou plurilingue, et les cultures textuelles ou écrites sont celles que véhiculent les langues étrangères d'adoption. La jonction de ces cultures, du fait du contact raboteux entre les peuples civilisant et ceux à civiliser selon la logique colonisatrice, fonde des écrivains africains de la nouvelle génération a même effacer les lignes de différence entre les cultures. C'est ainsi que Fatou Diome trouvera aberrante des propositions afrocentristes comme celles que font Ngugi Wa Thiong'O, Cheikh Anta Diop et Boubacar Boris Diop.[36] Diome estime que la langue française est aussi la sienne. Diome (2008 p. 70) estime que « Quand j'utilise la langue de Voltaire, je n'ai pas le sentiment de l'emprunter aux Français. Cette langue nous appartient autant qu'à eux. [...] Le français est un butin de guerre. Un butin de guerre, on le garde ».

Ainsi, les appels à africaniser la littérature africaine sont-ils inappropriés, injustes et irréalistes car, selon Diome (Ibid.) : « la profusion de langues africaines en Afrique nous empêche d'avoir une langue africaine capable de servir de trait d'union. Sans être vendu aux anciens colons, on peut objectivement reconnaître que, sans l'anglais et

---

[35] Cheikh Anta Diop (1979, p. 535), à ce propos, écrit que « l'art doit toujours être l'art de son époque, c'est-à-dire au service des besoins de la société qui l'a engendré, [et] l'artiste africain qui écrira pour le seul plaisir de chanter la beauté des nuages, qui fera des descriptions par pure virtuosité, ou qui sculptera des formes pour elles-mêmes, vit en dehors des nécessité de son époque ».

[36] Ngugi wa Thiong'O parle d'une littérature purement africaine qui se reconnaît par le medium d'expression, Cheikh Anta consolide le fondement de la raison afrocentriste – il faut que les africains parlent une langue africaine, et Boubacar Boris Diop qui a écrit l'histoire du génocide rwandais en ouolof.

le français, les chefs d'États réunis au sein de l'Union africaine continueraient de communiquer avec un tam-tam ».

Bien qu'il faut relativiser l'importance que Diome confère au français et à l'anglais, il y a lieu de souligner que ces deux langues, avec bien d'autres langues européennes en usage en Afrique, sont partie absolument intégrante de la métaculture africaine. La métaculture est le cadre ou les pratiques sociales, politiques et économiques sont régies par une langue donnée qui véhicule une culture donnée. La langue, dans ce cadre, peut être parlée ou écrite. La métaculture africaine est un creuset regorgeant d'abord l'oralité, et l'écriture jusqu'à un certain degré, l'écriture étant secondaire face à la prépondérance de la mémoire sur laquelle une civilisation a reposé, dont elle a dépendu. L'écriture connait son introduction grâce aux contacts avec l'extérieur. Le monde arabe par exemple, est responsable de la présence de mediums comme l'*ajami* (mot arabe pour désigner tout ce qui n'est pas arabe) et le français ou l'anglais se sont enraciné avec le commerce occidental et/ou la colonisation européenne. Le texte africain, et surtout on peut le dire avec assurance des productions littéraires pionnières africaines, est un grand texte : il est jalonné de l'écriture et de l'oralité. Dans cette Afrique des pionniers ainsi que celle ou les écrivains font le jeu des langues, il y a un texte oral et un texte écrit. Selon P. (Ricœur 1986 p.138) il ne s'agit point seulement de « ce qui est fixé par l'écriture (ou ce) discours qu'on aurait pu dire, certes, mais qu'on écrit parce qu'on ne le dit pas [...] ».

Il y a aussi ce qui se dit et qui ne garde toute sa splendeur qu'en se disant. C'est justement la nostalgie de cette splendeur qui explique l'usage technique de collage de l'écrivain africain « oralisant ou oralisateur ». Selon J. Chevrier (2008, p. 69) le collage « consiste soit à insérer dans le corps du texte des fragments (proverbes, contes, fables, etc.) empruntés à l'oralité, soit à mettre en scène un opérateur de l'oralité (vieillard, griot, conteur) censé restituer la parole originelle [...] ».

Quand le traducteur fait le choix de favoriser la culture-cible au détriment de la spécificité du texte et des idiosyncrasies de son auteur, le traducteur sourcier, et plus particulièrement ici, l'intérioriste doit mobiliser toutes les ressources disponibles à l'intérieur de la culture du texte à traduire. S'informer et s'inspirer de la source ne confine pas nécessairement le traducteur à une place de seconde zone. Car la question se trouve au niveau ou le traducteur vient *après* au lieu d'être mis au même niveau que l'auteur. Le premier est ombragé par le second qui est titulaire. Positionner le traducteur n'est pas synonyme de réécrire le texte d'un autre auteur en remblayant les trous de sens comme Durastanti décrit la traduction du texte étranger. C'est reconnaître les mérites du texte et de son auteur, emmener la culture cible à appréhender ces éléments qui singularisent un texte donné dans la culture-source.

En maintenant les positions, c'est-à-dire en différenciant le traducteur de l'auteur, il peut y avoir un danger certain que les ciblistes reprochent aux sourciers : la sauvegarde de l'étranger dans la traduction. La traduction sourcière s'applique à refléter le texte original et qui s'astreint à une fidélité vis-à-vis du texte et de la culture-source. Ladmiral, un anti-sourcier, opine que la perspective sourcière manque de pertinence et de logique parce que ne s'intéressant pas au sens du texte, du discours :

> [...] Les 'sourciers' s'attachent au signifiant de la *langue-source*, alors que les 'ciblistes' prennent en compte non pas le signifiant, ni même le signifié, mais le sens d'une *parole* (au sens saussurien), c'est-à-dire d'un discours ou d'un texte, d'une œuvre qu'il conviendra de traduire en mobilisant les ressources propres à la langue-*cible*. (J.-R. Ladmiral, 1998 p. 24)

Toujours, insiste Ladmiral (1998 pp. 24-5), « les sourciers entendent mettre l'accent sur l'altérité culturelle du texte-source. Dans l'impossibilité qu'ils sont de trouver des items-cible équivalents à l'idiosyncrasie de la culture-source, ils vont *paroliser* la périlangue culturelle du texte original en même temps que la langue elle-même dans laquelle il est rédigé. Ils vont dissimuler la spécificité culturelle du texte-source, qui se voit du même coup reconnaître une importance décisive dans l'économie du texte ».

On ne saurait considérer les « étrangetés » des textes étrangers comme des éléments ancillaires lorsqu'ils sont traduits. Ils particularisent l'auteur du texte original, et le traducteur devra les faire ressortir dans son texte à lui.[37] Or, souvent ces étrangetés ne sont pas aisément traduites ou ~~qui~~ sont intraduisibiles. Il y a une alternative que le traducteur ou le théoricien de la traduction doit gérer : traduire ou ne pas traduire. Cela ne doit pourtant pas être la question. Les intraduisibles ne sont pas nécessairement une réalité inhérente au passage d'un texte écrit à un autre. Dans le passage d'un texte oral à un texte écrit, également, des idées peuvent s'avérer intraduisibles. Selon Antoine Berman (2009 p. 34), l'intraduisibilité c'est « [...] ce qui, dans la différence des langues, s'avère être l'irréductible, à un niveau qui n'a pas besoin d'être celui de la linguistique, et que chaque traducteur rencontre comme l'horizon même de l'"impossibilité' de sa pratique – impossibilité qu'il doit cependant affronter et habiter [...] ». Berman indique clairement ici qu'il faut confronter l'épreuve du traducteur à travers des techniques qu'il énonce la stratégie vers l'alternative contre l'hégémonie dans la traduction cherchant à domestiquer les particularismes linguistico-culturels des textes étrangers.[38]

---

[37] Dans un autre contexte où le débat tourne autour de la nécessité de garder « l'étranger » et ses « étrangetés » dans la traduction pour des besoins de subversion de l'hégémonie de la culture dominante, Lawrence Venuti voit l'idéologie se déployer dans le traduire. L. Venuti (2009, p. 16) écrit, « [...] Insofar as foreignizing translation seeks to restrain the ethnocentric violence of translation, it is highly desirable that today, a strategic cultural intervention in the current state of world affairs, pitched against the hegemonic English-language nations and the unequal cultural exchanges in which they engage their global others. Foreignizing translation in English can be a form of resistance against ethnocentrism and racism, cultural narcissism and imperialism, in the interests of democratic geopolitical relations » [Autant la traduction extranéisante s'attèle à contrôler la violence ethnocentrique de la traduction, autant il est hautement souhaitable d'inventer une intervention culturelle stratégique dans notre monde actuel orientée contre les pays hégémoniques Anglophones les amenant ainsi à s'engager dans une interaction avec leurs vis-à-vis globaux. La traduction extranéisante en anglais peut être une forme de résistance contre ethnocentrisme, et le racisme, le narcissisme culturel et l'impérialisme et ce, dans l'intérêt des rapports démocratiques géopolitiques].
[38] Voir Antoine Berman, «The Trials of the Foreign ». In Lawrence Venuti, *The Translation Studies Reader*, pp. 284-97.

Les critiques qui récusent l'existence de l'intraduisibilité proposent la méthode d'explicitation (via les notes de bas de page) pour pallier ce qu'ils ne considèrent pas en réalité comme étant un problème en traduction. C'est le cas de M. Launay (2006 p. 46) qui écrit que « l'intraduisible [...] n'est jamais un problème sur le versant de l'analyse, de l'interprétation ; il n'est qu'une impossibilité momentanée de la récriture, ou structurelle de telle langue, mais pas de la traduction : il est toujours possible, en effet, de donner une sorte d'équivalent, étayé par des explications ». Cependant, le critique relève l'existence de ce qui peut être conçu comme intraduisible :

> L'intraduisible véritable [...] est simplement ce qu'on ne peut véritablement pas récrire, ce qui ne signifie pas non plus qu'il interdit toute forme de traduction, mais cette dernière se réduirait pour ainsi dire à une gigantesque note explicative qui, finalement, se substituerait à la traduction, elle même désormais inutile. Cet intraduisible véritable est, en réalité, exceptionnel ; on serait tenté de dire qu'il ne se rencontre que dans des cas bien précis où le texte original est opaque même au regard autochtone. (M. de Launay 2006 p. 46).

Les exemples de l'intraduisible abondent chez l'écrivain ivoirien Ahmadou Kourouma. Certains mots malinkés polysémiques qu'il utilise, sont des mots qui perdraient toute leur vigueur sémantique s'ils étaient réduits seulement à des portions sélectives de la globalité de son sens, et qui étofferaient inutilement le texte si l'auteur s'adonnait à des notes explicatives de traducteur.[39] Les mots polysémiques sont donc souvent transposés dans le texte/culture-cible. Par souci de fidélité, les intraduits dans l'original gagnent mieux à demeurer comme tels dans le texte

---

[39] Lors d'un entretien, Ahmadou Kourouma, parlant de sa stratégie d'écriture, disait: « Les Africains, ayant adopté le français, doivent maintenant l'adapter et le faire change pour s'y trouver à l'aise, ils y introduiront des mots, des expressions, une syntaxe, un rythme nouveaux. [...] Si on parle de moi, c'est parce que je suis l'un des initiateurs de ce mouvement. La francophonie intègre maintenant beaucoup de néologismes originaires d'Afrique, tient compte de notre usage du français comme le prouvent ces dictionnaires du français d'Afrique [....] Pour nous cela est important : le fait d'entrer dans ces dictionnaires confère une légitimité à notre usage de la langue et nous libère en quelque sorte » (M. Zalessky, 1988 p. 5).

d'arrivée. La gestion, sur fond de fidélité, des intraduisibles ne saurait être vue comme un exercice dans l'exotisme textuel. Ce n'est pas non plus parce que le texte est inintelligible que le traducteur doit prendre la liberté de rembourrer ce qu'il pourrait considérer comme des trous dans le paradigme des signifiants, car selon Durastanti (2002 p. 97), « [...] toute traduction s'opère à partir de trous dans la chaîne signifiante. Ces trous, il s'agit de les remplir. Flottements de termes, inadéquation de tournures à transposer, défaut ou excès de ressources sonores – ne serait-ce qu'à un faible degré, un texte étranger devrait être idéalement appréhendé comme caviardé par celui qui aspire à le traduire ».

C'est la responsabilité du traducteur en situation d'étrangeté. De toutes les manières, cette responsabilité dénote de la souveraineté du traducteur qui fait un choix selon l'occasion. A. Pym (1997 p. 99 ne dit-il pas que « Le marin ne sera jamais entièrement responsable de la nature du vent, des consignes de l'armateur, ni du reste des facteurs en jeu. De même, on ne saurait rejeter sur le traducteur la responsabilité de la qualité du texte de départ, du client, des normes en vigueur, de sa rémunération. Il n'empêche, la responsabilité du marin commence lorsqu'il lève les voiles, celle du traducteur lorsqu'il décide de traduire ou de ne pas traduire ». Evidemment, dans le cadre de la traduction des textes africains, qui doit s'inscrire nécessairement dans le dialogue des cultures envers et contre la monoculturalisation galopante du monde, le choix s'imposant est celui de traduire. Mais alors, une traduction révélant les particularités culturelles africaines qui se dérobent des non-Africains intéressés tout de même par les textes et cultures africains multiformes et à couches linguistico-culturelles multiples.

C'était ici un plaidoyer pour le texte africain qu'il faut faire voir sous tous ses dehors possibles pour contribuer au dépassement de l'espace monoculturel de notre âge ou la culture occidentale, anglo-saxonne, ou même Euro-américaine tient à faire oublier toutes les autres cultures. Il s'agit d'offusquer les puristes, de déstabiliser ceux qui se murent dans un certain confort (mono-)culturel au point de nier à l'Autre la possibilité d'être.

La traduction de *Monnè outrages et défis* par Nidra Poller, de par son titre « Monnew », est une illustration du supposé danger d'étrangeté qui effare les ciblistes. Quand l'étrangeté du texte étranger traduit est maintenue en tant que signifiant et signifié, ce n'est guère donner dans le folklorisme ou l'exotisme culturel qui est de mise lorsqu'on examine de plus près certains prétentions multiculturelles où l'interaction multiculturelle est de façade. Le multiculturalisme de façade consiste à faire paraitre quelques caractéristiques culturelles de l'Autre et s'accrocher à ce qu'il y a de plus essentiel dans la culture dominante de l'espace où se joue ce grand match des altérités. Bien au contraire, ici il s'agit de démontrer la particularité culturelle du texte, de montrer en quoi tel ou tel texte est spécifique. Il est question de choix de modes opératoires : ou bien le traducteur veut supplanter l'auteur ou bien le premier veut garder le second dans ses droits.

Le choix est idéologique et stratégique. Le choix de garder l'auteur dans ses droits participe du grand mouvement de redistribution du *power* de nommer, de parler, d'être différent dans un monde de plus en plus monolinguistique et monolithique. C'est la concrétisation d'un projet que portait le Sénégalais Léopold Sédar Senghor qui parlait déjà de civilisation de l'universel où chaque culture contribuait à l'éclosion d'un espace culturel global inclusif. Cet idéal altermondialiste, ce projet idéaliste (par opposition au réalisme où les intérêts mesquins et égoïstes des cultures dominantes priment) est ce que la traduction intérioriste, une extranéisation hautement africaine, tend à réaliser.

RÉFÉRENCES BIBLIOGRAPHIQUES

BERMAN Antoine, 2009, «The Trials of the Foreign ». In Lawrence Venuti, *The Translation Studies Reader* (2ᵉ Ed.), London & New York, Routledge, pp. 284-97.

CHEVRIER Jacques, 2008, « De l'oral à l'écrit », *Jeune Afrique No 2461*, 9-15 mars p. 69.

DE LAUNAY Marc, 2006, *Qu'est-ce que traduire ?* France : Librairie philosophique J. Vrin.

DERRIDA Jacques, 1992, « From Des Tours de Babel. » *Theories of Translation: An Anthology of Essays from Dryden to Derrida.* Ed. Rainier Schulte et John Biguenet. Chicago & London, The University of Chicago Press, pp. 217-27.

DE MAN, Paul, 1991, « Conclusions. 'La Tâche du traducteur' de Walter Benjamin » *TTR* (Traduire la théorie) 4.2 (2e semestre) pp. 21–52.

DIOME Fatou, 2008, « Confidences de Fatou Diome : Entretien avec Jean-Michel Djian », *Jeune Afrique No 2461*, 9-15 mars, p. 70.

DIOP Cheikh Anta, 1979, *Nations nègres et culture.* (Tome 2), Paris, Présence africaine.

DURASTANTI Sylvie, 2002, *Éloge de la traduction : notes du traducteur*, Paris & N.Y., Le passage.

GASS William H, « The Death of the Author », *Salmagundi* 65 (Fall 1984): 3-26.

PAZ Octavio, 1982, *Lecture et contemplation*, Trad. Jean-Claude Masson, Paris, La délirante.

PYM Anthony, 1997, *Pour une éthique du traducteur*, France, Artois Presses Universitaires.

LADMIRAL Jean-René, 1979, *Traduire: théorèmes pour la traduction*, Paris, PBP.

LADMIRAL Jean-René, 1998, « Le prisme interculturel de la traduction », *Traduire la culture, Palimpsestes* no11, France: Presses de la Sorbonne Nouvelle, pp. 15-30.

MOUNIN Georges, 1976, *Les problèmes théoriques de la traduction*, Paris, Gallimard.

NIDA Eugene, 2000, «The Principles of Correspondence » In Lawrence Venuti, (Ed.) *Translation Studies Reader*, London & New York, Routledge, pp.125-141.

OKARA, Gabriel, 1963, «African Speech…European Words », Transition 10 pp. 15-16.

SCHLEIERMACHER, Friedrich, 1999, *Des différentes méthodes de traduire et autre texte*. Trad. A. Berman et C. Berner, Paris, Editions du seuil,.

SCHLEIERMACHER, Friedrich, 1992, « On the Different Methods of Translating », *Theories of Translation: An Anthology of Essays from Dryden to Derrida*. Rainer Schulte and John Biguenet, eds. Chicago, University of Chicago Press, pp. 36-54.

TERVONEN Taïna, 2003, « Traduire le pluriel », *Africultures* 1 (n°54), pp. 50-51.

RICŒUR Paul, 1986, *Du texte à l'action, Essais d'herméneutique II*, Paris, Le seuil

VENUTI Lawrence, 2009, *The Translator's Invisibility. A History of Translation* 2ᵉ Edition, London & New York, Routledge,.

SCHOPENHAUER Arthur, 1992, « On Language and Words », *Theories of Translation: An Anthology of Essays from Dryden to Derrida*. Rainer Schulte and John Biguenet, eds. Chicago, University of Chicago Press, pp. 32-35.

ZALESSKY Michèle, 1988, « La langue : un habit cousu pour qu'il moule bien, Entretien avec Ahmadou Kourouma », In *Diagonales* 7, pp. 4-6.

Carmen ALBERDI
Universidad de Granada
kalberdi@ugr.es

LES SOLEILS DES INDEPENDANCES. HYBRIDATION ET DEFIS
TRADUCTOLOGIQUES

Résumé :

De la Négritude à la « Migritude », la littérature africaine europhone
pose avec acuité les limites des dichotomies classiques en traductologie
(langue source *vs* langue cible, *domestication* vs *foreignization*). Ceci
devient notamment évident en ce qui concerne des auteurs de la
« seconde génération » tels que Kourouma, dont l'écriture, doublement
hybride, dessine à la fois un palimpseste de l'oral et un entre-deux
linguistique.

Mots clés : Ahmadou Kourouma – littérature africaine europhone –
traduction – xénismes – hybridation

Abstract:

From « *Négritude* » to « *Migritude* », African europhone literature
acutely poses the limits of classic dichotomies in translatology (source
language *vs* target language, domestication *vs* foreignization). This
becomes particularly evident when it comes to some authors of the so-
called « second generation », such as Kourouma, whose writing, doubly
hybrid, draws an oral palimpsest as well as a linguistic interstice.

Keywords : Ahmadou Kourouma – African europhone literature –
translation – xenisms – hybridization

L'idée que la traduction ne peut point se limiter à une opération linguistique, mais que tout discours – dont le discours littéraire – se trouve inscrit *dans* et déterminé *par* un arrière-plan culturel marque, à partir des années 1980, un tournant décisif dans les études traductologiques. Grâce entre autres aux travaux de S. Bassnett et A. Lefevere (1990), le *cultural turn* venait ainsi mettre l'accent sur le besoin d'élargir la dichotomie classique langue source/ langue cible par une prise en compte des deux cultures impliquées.

L'écart entre cultures a depuis lors suscité nombre de réflexions autour de la traduisibilité culturelle et la recherche de concepts opératoires et analytiques, tels que les « culturèmes », ou « realia », unités linguistiques porteuses d'information culturelle dont l'usage, voire la simple évocation, déclenchent des inférences immédiates, aisément accessibles pour ceux qui partagent cette langue-culture mais souvent insaisissables pour ceux qui n'en connaissent que la signification linguistique. Ces unités s'inscrivent dans un fonds commun constitué, d'une part, d'éléments stables, d'un système de représentations, mythes, archétypes, symboles et valeurs qui façonnent les usages langagiers et discursifs : c'est ce que H. Boyer (2001) nomme l'imaginaire ethnosocioculturel. D'autre part, un certain imaginaire éphémère, qui englobe les valeurs et symboles en vogue pour une société donnée et pour une période concrète, vient souvent aussi se greffer sur les productions discursives à travers des expressions qui connaîtront une plus ou moins grande fortune et donneront lieu à divers degrés de figement sémantique dans des unités phraséologiques.

La trame culturelle sur laquelle le discours littéraire est tissé ressuscite ainsi les vieux débats autour de la notion de *fidélité* en traduction, en redéfinissant la dichotomie de F. Schleiermacher – rapprocher le lecteur de l'auteur ou faire venir l'auteur vers le lecteur – en termes de traduction sourcière *vs* traduction cibliste, réactualisée dans le binôme *foreignization* vs *domestication* de L. Venuti (1995, 1998). Le choix ne va pas sans conséquences, la domestication étant potentiellement source d'interventionnisme ou de paternalisme traducteur, soit pour garantir l'acceptabilité du texte source dans la culture cible, soit pour des raisons idéologiques (censure ou auto-censure). Dans tous les cas, le choix traductologique opéré en amont entraîne un mode concret d'appréhension et d'interprétation de la culture source chez le lecteur cible. Si les tenants de la traduction cibliste critiquent l'excès d'exotisme de certaines traductions sourcières ; les partisans de cette dernière dénoncent chez les premiers une attitude ethnocentriste et le risque d'aboutir à une standardisation déculturisante qui relèverait en somme d'une forme subtile de néocolonialisme.

Voici donc le paradigme traductologique au sein duquel la littérature africaine europhone, qui verse, en le modifiant, une culture dans le moule – ou le carcan – d'une langue autre, vient encore poser de nouveaux enjeux et défis. Comme il a été mis en évidence dans le cadre des *Postcolonial Studies*, cette littérature pose, avec acuité, le besoin d'un traducteur agissant en médiateur interculturel à l'écoute de l'Autre, dans le respect de la différence et de la diversité culturelle (E. Rodríguez, 2015, p. 2).

Nous aborderons ces questions à travers l'étude de la première œuvre d'Ahmadou Kourouma, *Les Soleils des indépendances* (Presses Universitaires de Montréal, 1968 ; Seuil, 1970)[40].

1. La littérature africaine europhone

Enjeux identitaires, relations de pouvoir, subversion, revendication de l'altérité, tels sont les mots-clé qui permettent d'approcher un phénomène pluriel dont la dénomination, au singulier, ne saurait relever que du souci académique de réduire la diversité afin d'en dégager quelques constantes et traits communs. En fonction des auteurs, deux (V. Steemers, 2012), trois (E. Rodríguez, 2015), voire quatre (F. Sassani et M. Inanlou, 2018) générations d'écrivains sont à retenir dans l'évolution

---

[40] Les citations de la présente étude renvoient à l'édition des œuvres complètes de Kourouma, Seuil, 2010.

de cette littérature depuis les années 1950, définies autant par leur thématique que par leur rapport à la langue véhiculaire.

1. L'écriture de réparation : la génération d'écrivains qui publie dans la décennie 1950 s'inscrit dans un mouvement de réparation contre l'Empire, de réponse contre les clichés et représentations de l'Afrique et des Africains répandus par les colonisateurs. De Frantz Fanon (*Peaux noires, masques blancs*, 1952) à Albert Memmi (*Portrait du colonisé précédé de Portrait du colonisateur*, 1957) en passant, entre autres, par Cheikh Anta Diop (*Nations nègres et culture*, 1955), Mongo Beti (*Pauvre Christ de Bamba*, 1956) ou Ferdinand Léopold Oyano (*Une vie de boy*, 1956), les thématiques abordées rendent une image crue et décharnée de ce que fut la colonisation, tout en dénonçant la violence exercée contre les populations autochtones et le véritable rôle des missions prétendument « civilisatrices » de l'Église. Malgré la critique anticolonialiste, ces œuvres bénéficient d'un accueil favorable jusqu'aux débuts des guerres d'indépendance coloniale (V. Steemers, 2012, p. 37).

Or la rupture au niveau du signifié, ne trouve pas son pendant du côté du signifiant : bien que la langue du colonisateur soit précisément l'instrument utilisé pour répondre à l'Empire, aucun écart ne vient questionner ni la langue ni le canon esthétique.

2. L'écriture-comme-traduction : la deuxième génération, celle des années 1960, renvoie à la littérature issue des indépendances. Du point de vue thématique, la critique du colonialisme cède progressivement la place à la critique des régimes instaurés dans les post-colonies. Cette thématique s'incarne néanmoins dans une langue nouvelle, réappropriée, et destinée désormais à accueillir les formes et les accents d'un patrimoine culturel qui puise ses sources dans une tradition narrative et discursive à transmission orale. Souvent considérée comme une « traduction », malgré le manque de texte source, dite, selon les auteurs, « vernacularisation » (P. Bandia, 2001), « tiers code » (P. Bandia, 2006), « *indigenization* » (C. Zabus, 2007 ; P. Vakunta, 2011), ou, en l'occurrence, « malinkisation » en termes de Kourouma lui-même, la langue de cette deuxième génération se caractérise ainsi par sa nature

transculturelle et hybride, qui en fait un signe identitaire et un élément de subversion (K. Siendou, 2015, p. 191).

Cette « interlangue » accomplit en effet une double fonction à l'égard d'un lecteur idéal bilingue et biculturel, capable d'en saisir toutes les nuances : une fonction véhiculaire, qui rend visible une réalité culturelle, et c'est dans ce sens que l'on parle de « traduction », et une fonction stratégique, orientée à subvertir le code et « décoloniser » la langue en inversant les données (C. Zabus, 2007, p. 119). L'écriture de Kourouma, qui « colonise la langue de l'autre qui l'avait précédemment colonisé » (K. Siendou, 2015, p. 192) parvient en somme à opérer le retournement du stigmate, par le renversement des relations de pouvoir entre les langues dans l'espace postcolonial : « son français, qui [...] fut considéré à l'époque par un grand nombre de lecteurs comme du charabia, est reconnu désormais comme un renouvellement enrichissant et indispensable de la langue littéraire des auteurs africains francophones » (V. Steemers, 2012, p. 153). De langue dominatrice, le français se mue en moyen d'accès aux langues et cultures vernaculaires, une « langue de passage » (C. Van den Avenne, 2005).

La subversion de la langue participe ainsi, pour cette deuxième génération, de la construction d'un *ethos*, d'une identité discursive qui ouvre l'accès au répertoire de valeurs et stéréotypes d'un imaginaire ethnossocioculturel, soit qu'elle vienne les confirmer, soit qu'elle se pose, au contraire, en transgression de cette *doxa* (R. Amossy, 2010).

3. L'écriture de la résistance : l'écriture des troisième et quatrième générations, après les années 1970, est considérée comme une écriture de la résistance, tant à l'intérieur qu'à l'extérieur de l'espace postcolonial (E. Rodríguez, 2015). À l'intérieur, les thématiques abordées s'enrichissent des apports de l'écriture féminine, des problématiques liées à la corruption des élites, l'exploitation de femmes et enfants, les enfants soldats, le déclin urbain, le SIDA, etc. À l'extérieur, les écrivains de la diaspora, dits aussi écrivains de la « Migritude, un néologisme qui combine négritude et émigration » (F. Sassani et M. Inanlou, 2018, p. 289), ou encore « Afropolites » (A. Mbembe, 2007), « Africains du

monde » appartenant à une génération transnationale, transcontinentale, transculturelle engendrée par la mondialisation (P. Bandia, 2012), apportent de nouveaux éclairages sur la migration, sur la notion de territoire, de nation, d'appartenance. Leur rapport à la langue a également évolué : ils se sont approprié l'hétérogénéité et l'hybridation linguistique, ils ne sentent plus la langue comme un « héritage », comme un enjeu identitaire, mais comme un outil qui leur appartient en propre (P. Bandia, 2012, p. 421).

2. Ahmadou Kourouma. *Les soleils des indépendances* et l'alchimie du verbe

Ayant obtenu sur manuscrit le prix de la revue québécoise *Études françaises*, et publiée d'abord aux Presses de l'Université de Montréal (1968), cette première œuvre de Kourouma ne paraît en France qu'en 1970. Le refus des éditeurs français tient, en partie, à la thématique politique, mais aussi – peut-être surtout – aux réticences provoquées par une écriture, considérée, au dire de la critique, un « viol de l'usage littéraire » (L. Gauvin, 2001, p. 107). L'auteur lui-même s'explique au cours d'un entretien en 1970, et expose les limites que le français classique posait à l'authenticité de son œuvre :

> J'adapte la langue au rythme narratif africain. Sans plus. M'étant aperçu que le français classique constituait un carcan qu'il me fallait dépasser [...] Qu'avais-je donc fait? Simplement donné libre cours à mon tempérament en distordant une langue classique trop rigide pour que ma pensée s'y meuve. J'ai donc traduit le malinké en français, en cassant le français pour retrouver et restituer le rythme africain (cité par L. Gauvin, 2001, p. 108).

Or il s'agit moins en fait de traduire des mots destinés à saupoudrer le texte comme autant de petites touches d'exotisme, que de garder, dans l'expression française, un certain mode de penser, d'agir et de s'exprimer, un certain *ethos* en somme :

> Traduction serait un terme trop fort car il arrive que je conçoive certaines choses en français mais dans ce cas je place un Malinké dans cette situation et j'essaye d'imaginer sa façon de percevoir [...] Ainsi, lorsque j'ai commencé à écrire *Les Soleils des*

> *Indépendances,* Fama m'est apparu fade et ce n'est que lorsque je
> l'ai fait parler en malinké qu'il a pu avoir tout son relief. Dans les
> parties dialoguées le français de France ne pouvait pas convenir.
> Toute langue, toute société, est d'abord constituée d'un certain
> nombre de mythes et de réalités (Magnier, 1987).

Mythes et réalités qui exigent un mode particulier de dire, une langue pouvant les rendre. Placée « au carrefour de l'oralité et de l'écriture [...] à cheval entre une langue européenne et une langue africaine » (E. Akrobou, 2013, p. 25), l'écriture de Kourouma se définit ainsi en termes de double hybridation : hybridation du code oral et écrit, d'un côté, qui engendre un « palimpseste de l'oralité » (K. Siendou, 2015, p. 190), un « ethnotexte » (C. Zabus, 2007, p. 146; E. Akrobou, 2013, p. 26) qui vient se greffer sur la technique narrative européenne ; et de l'autre, un entre-deux linguistique résultant de la malinkisation du français, plus ou moins identifiable selon le type d'hybridation. De la plus visible – l'emploi de xénismes – à la plus invisible – l'interférence (L. Blede, 2006) ou relexification (C. Zabus, 2007) –, chaque forme d'hybridation présente un degré croissant de difficulté en termes de traduction. Une difficulté qui n'aura certainement pas été étrangère au décalage entre la parution de l'œuvre et sa traduction dans les principales langues européennes : 1980 pour la version allemande (*Der swarchze Fürst*), 1981 pour la traduction en anglais (*The Suns of Independence*) et 1986, enfin, pour l'espagnol (*Los soles de las independencias*).

3. Le palimpseste de l'oralité

Les éléments auxquels nous nous intéressons ici s'intègrent dans une hybridation narrative où l'écriture accueille les ressources de l'oralité dans le discours d'un narrateur, dont « les envolées oratoires [...] plongent le lecteur dans les cercles sacrés des griots mandingues » (B.P.K. Diandué, 2006, p. 18). Riche des tours et procédés de la tradition orale malinké, le discours narratorial souligne l'altérité tout en éveillant une certaine complicité chez le lecteur institué en auditoire. Divers éléments participent de cette « rhétorique de l'oralité » : exclamations et interrogations, adresses au lecteur, proverbes et dictons définissent un mode – et un ton – narratif très particulier[41].

1. Exclamations et interrogations : le narrateur, comme un conteur, prend parti pour ou contre les personnages, les blâmes, s'indigne, s'émeut...

> (1) Pardon ! Allah le miséricordieux pardonne d'aussi malséantes injures échappées à Fama dans la mosquée! [...] La santé et la nourriture, Fama les possédait (louange à Allah !) mais le cœur et l'esprit s'étiolaient (pp. 24-25).

> (2) Blasphème ! gros péché ! Fama, ne te voyais-tu pas en train de pécher dans la demeure d'Allah ? (p. 27).

> (3) Et Fama trônait, se rengorgeait, se bombait. Regardait-il les salueurs ? À peine ! (p. 92).

> (4) Avez-vous bien entendu ? Fama étranger sur cette terre de Horodougou ! (p. 84)

> (5) [...] tous communièrent dans une seule prière pour obtenir la clémence d'Allah et des mânes des aïeux. Quelle solennité ! quelle dignité ! quelle religiosité ! (p. 116).

Dans cette interaction imaginaire avec le lecteur-auditeur, le jeu de questions et de réponses ouvre aussi sur des explications permettant de faire comprendre des informations à caractère culturel sans rompre pour autant le cadre fictionnel et sans que cela s'apparente à un cours d'ethnographie :

> (6) Pourquoi les Malinkés fêtent-ils les funérailles du quarantième jour d'un enterré ? Parce que quarante jours exactement après la sépulture les morts reçoivent l'arrivant [...]. Et quelle sorte de bouc ? Très souvent un bouc famélique gouttant moins de sang qu'une carpe. Et quelle qualité de sang ? Du sang aussi pauvre que les menstrues d'une vieille fille sèche. [...] nous disons bien quatre bœufs ! Comment les bœufs avaient-ils été acquis ?... (p. 114).

2. Adresses au lecteur et déictiques : la connivence recherchée avec cette audience imaginaire s'exprime également dans des adresses directes au lecteur, pour lequel le narrateur choisit les contenus jugés convenables

---

(exemple 7), et dont il évalue les réactions ou les compétences (8-9) ou demande le ralliement (10-11), ainsi que dans des précisions parenthétiques visant à éclairer la signification des propos (12). Le partage de la situation communicative est souligné par un *nous* inclusif (vous + moi, 13), ainsi que par l'usage de déictiques situationnels, en l'occurrence gestuels (14).

> (7) À cause du frémissement des seins, de la pulsation des fesses et la blancheur des dents des jeunes filles, contournons les danses (p. 118).

> (8) Vous paraissez sceptique ! Eh bien, moi, je vous le jure (p. 11).

> (9) [...] vous ne le savez pas parce que vous n'êtes pas Malinké (p. 117).

> (10) Que voulez-vous; un prince presque mendiant, c'est grotesque sous tous les soleils (p. 14).

> (11) Dites-moi, en bon Malinké que pouvait-il chercher encore ? (p. 15).

> (12) [...] un voisin rappela qu'une nuit l'enterré lui avait apporté un caleçon et un pagne: ceux de sa femme (l'épouse du voisin, précisons-le) (p. 17).

> (13) Heureusement pour chacun de nous, il n'y avait rien à sa portée (p. 155).

> (14) Un idiot, un enfant haut comme ça les aurait relevés (p. 119).

3. Répétitions : les reprises autophoniques du narrateur accomplissent diverses fonctions. D'une part, elles engendrent une sorte de cadence litanique, soulignée par les points de suspension, reliant l'ouverture et la clôture du roman.

> (15) Des jours suivirent le jour des obsèques jusqu'au septième jour et les funérailles du septième jour se déroulèrent devant l'ombre, puis se succédèrent des semaines et arriva le quarantième jour, et les funérailles du quarantième jour ont été fêtées au pied de l'ombre accroupie (p. 12).

> (16) Suivront les jours jusqu'au septième jour et les funérailles du septième jour, puis se succéderont les semaines et arrivera le quarantième jour et frapperont les funérailles du quarantième jour et... (p. 160).

D'autre part, comme il est habituel dans l'interaction communicative, les répétitions assument une fonction expressive et phatique.

> (17) Fama, tu dois penser, considérer, avant d'épouser Mariam. À moins ! à moins ! à moins ! que tu n'acceptes de demeurer au village (p. 79).

> (18) Maintenant, dites-le moi [...] vraiment dites-le moi, cela était-il vraiment, vraiment nécessaire ? Non et non ! (p. 120).

Enfin, certaines répétitions opèrent une sorte de contextualisation qui permet de standardiser des expressions hybrides, relevant de ce français « malinkisé » propre à l'auteur, comme c'est le cas pour le verbe « finir », ou du xénisme « dja », sur lesquels nous reviendrons ci-dessous.

La répétition constitue, en somme, un trait inhérent à la narrative orale dont la traduction se doit de tenir compte (P. Bandia, 2008, p. 198 ; Kamgang, 2012, p. 182), d'autant plus que Kourouma lui-même la considère un élément appartenant à un *ethos* communautaire :

> Vous savez que quand on parle, en oralité pour se faire comprendre, on a beaucoup de gestes et on se répète deux ou trois fois parce qu'on n'est pas sûr d'être compris la première fois. [...]. Mais l'oralité, il faut le répéter, il faut le faire, il faut l'introduire un certain nombre de fois. C'est cette technique qui est utilisée par les Malinké (Ouédraogo, 2001, p. 775).

4. Proverbes : reliés à la vie physique et métaphysique, condensés culturels exprimant l'imaginaire collectif, porteurs d'une valeur de vérité expérientielle, règle morale ou conseil de sagesse, les proverbes « sont une forme privilégiée de l'art oratoire africain » (E. Kamgang, 2012, p. 182). Ils possèdent, en outre, une structure grammaticale et lexicale très particulière (E. Akrobou, 2009), parce que « traduite » du malinké. Afin de réduire l'écart, l'auteur les introduit en situation, le contexte se chargeant d'en éclairer la signification.

> (19) C'étaient les immenses déchéance et honte, aussi grosses que la vieille panthère surprise disputant des charognes aux hyènes, que de connaître Fama courir ainsi pour les funérailles (p. 13)

> (20) La vérité il faut la dire, aussi dure qu'elle soit, car elle rougit les pupilles mais ne les casse pas (p. 17).

(21) En tout, un fils de chef et un musulman conserve le cœur froid et demeure patient, car à vouloir tout mener au galop, on enterre les vivants, et la rapidité de la langue nous jette dans le mauvais pas d'où l'agilité de pieds ne peut nous retirer (p. 20).

(22) Ce serait offrir ses yeux pour regarder avec sa nuque (p. 51).

(23) La vie des hommes sous le soleil des indépendances ne réside plus que dans le bout de l'auriculaire prêt à prendre l'envol (p. 121).

(24) Les gens de l'indépendance ne connaissent ni la vérité ni l'honneur, ils sont capables de tout, même de fermer l'œil sur une abeille (p. 138).

(25) Un seul pied ne trace pas un sentier, et un seul doigt ne peut ramasser un gravier sur terre (p. 143).

Bien que le figement de la structure proverbiale favorise l'existence d'équivalents fonctionnels dans d'autres langues, il faut tenir compte de la spécificité et altérité culturelle véhiculée par ces énoncés. À suivre A. Berman (1999, p. 36), il faudrait veiller à préserver la *forme-proverbe*, afin d'éviter tout ethnocentrisme. La traduction serait depuis lors à même de rapprocher le lecteur du symbolisme proverbial associé aussi bien au monde animal qu'à l'animation des organes et parties du corps et leur participation à toute activité humaine (L. Blede, 2006).

4. La langue de l'entre-deux

L'hybridation linguistique emprunte deux formes essentielles qui posent des défis différents en termes traductologiques : une forme « visible », qui tient à l'introduction de xénismes rappelant parfois une sorte de *code-switching*, et une forme « invisible », vécue à la lecture de l'original comme un sentiment d'étrangeté, et qui découle de la malinkisation du français voulue par Kourouma. Entre les deux, se place une sorte d'hybridation « glosée », annoncée par le narrateur lui-même.

4.1. Les xénismes

Un terme étranger peut apparaître selon diverses modalités : (1) dépourvu d'explication, (2) clarifié grâce au contexte – ce que C. Zabus (2007, p. 176) nomme « *contextualization* », (3) accompagné d'une traduction coordonnée, juxtaposée ou parenthétique, procédé que l'on nomme « *cushioning* » (C. Zabus, 2007, p. 176) ou « rembourrage » (M. Suchet, 2009, p. 37) ; ou (4) expliqué dans le paratexte au moyen de notes infrapaginales ou d'un glossaire, ce qui rompt la continuité du discours fictionnel.

De ces choix de l'auteur dépend, à son tour, l'adoption par le traducteur de diverses stratégies, qui vont de l'emprunt (pur ou naturalisé) à des stratégies de rajout, dans l'esprit de la « traduction en épaisseur » (K.A. Appiah, 1993), visant à rendre plus aisé l'accès au sens à travers des éléments paratextuels (notes infrapaginales, glossaires), des amplifications paraphrastiques, l'explicitation d'éléments implicites, etc. Cette technique, défendue par T. Hermans (2003), ou C. Valero (2008), est souvent critiquée en raison de l'effet pragmatique provoqué, en détournant l'intention de l'auteur (faut-il demander un moindre effort au lecteur de la traduction qu'à celui du texte source ?), de la rupture du rythme de lecture par l'insertion d'éléments extrafictionnels, voire d'un rapprochement des traductions philologiques et ethnographiques. Signalons, toutefois, que la décision ne relève pas toujours du traducteur, puisqu'elle est parfois imposée par la maison d'édition.

Le choix de Kourouma, qui refuse l'explication paratextuelle, se situe notamment entre la deuxième et la troisième option. En effet, les xénismes dépourvus d'explication se limitent pour l'essentiel à des anthroponymes et des toponymes qui peuvent être soit directement repris par un emprunt pur (Ibrahima Koné, Fama, Salimata, Balla, Togobala, Mayako…), soit naturalisés selon l'équivalent attesté en langue cible, lorsque celui-ci existe (Tombouctou=Tombuctú, par exemple, en espagnol), ou par une adaptation phonétique visant à rendre plus aisée la prononciation en langue cible (Doumbouya=Dumbuya, par exemple en espagnol).

La clarification par l'entourage contextuel (« *contextualization* ») se prête également à l'usage de l'emprunt pur (exemples 26-29) ou de l'adaptation phonétique (exemple 30, Houmba>Humba en espagnol), la proximité des référents favorisant la compréhension :

(26) [...] en son honneur s'alignèrent les plats de tô, de riz... (p. 79).

(27) Le chef de Toukoro dormait, ivre de dolo au milieu de ses sujets (p. 82).

(28) De la marmaille échappée des cases convergeait vers la camionnette en criant: « Mobili ! » (p. 85).

(29) [...] un objet avec lequel on éteint la vie dans le corps [...]; cet objet met fin à notre destin: c'est notre kala (p. 104).

(30) [...] de partout débouchaient les groupes de salueurs. Houmba! Houmba! (p. 92).

Il en va de même pour les xénismes accompagnés d'une sorte de traduction intratextuelle (« *cushioning* » ou « rembourrage »), destinée à rendre compréhensibles des éléments appartenant à la culture et aux rites malinkés, soit par juxtaposition à proximité variable du xénisme (exemples 31-32), soit par traduction parenthétique (33) :

(31) Bâtard de bâtardise ! Gnamokodé ! (p. 13).

(32) Une danse, un n'goni de chasseurs... (p. 119).

(33) [...] bâtirent un grand campement appelé Togobala (grand campement) [...] il campa [...] et planta là de nombreuses paillotes (togobala) (pp. 81-82).

Un certain effet de normalisation, par saturation pourrait-on dire, est par ailleurs atteint lorsque le xénisme et les procédés précités apparaissent repris sur plusieurs pages :

(34) ceux qui ont leur ni (l'âme), leur dja (le double) vidés et affaiblis (p. 94) [...] Fama [...] imagina son double, son dja sortir de son corps (p. 97) [...] Le double, le dja de Fama avait quitté le corps [...]. Leurs djas, leurs doubles sont fougueux (p. 99). [...] Balla éteignit le dja de l'animal, le vital de l'animal (p. 104).

Signalons enfin que le xénisme peut être mis en relief à travers un procédé de « balisage » (M. Suchet, 2009, p. 37), tel que l'emploi d'italiques ou de guillemets, ce qui néanmoins rompt la fictionnalité et signale une attitude énonciative concrète, un appel à l'intention du lecteur. Kourouma recourt rarement à ce balisage, comme dans les exemples suivants, dont les deux premiers pourraient d'ailleurs être

plutôt considérés comme une forme de discours rapporté, à l'instar de
« mobili » (ex. 28 ci-dessus) :

> (35) Fama souffla un gros « bissimilai » et dut reprendre la prière
> (p. 26).

> (36) À ce moment, le marabout lança un soufflant « alphatia » (p.
> 97).

> (37) […] un seul lit de bambou, un seul « tara » (p. 125).

Cette absence de balisage indique à quel point le mot étranger est
voulu par l'auteur intégré au texte, comme en faisant naturellement
partie, sans attirer sur lui d'attention particulière.

4.2. L'hybridation glosée

L'hybridation glosée renvoie à l'usage de termes appartenant au code
linguistique du français, mais qui dériveraient d'une « traduction » du
malinké, comme il est signalé dans le propre texte. Tel est le cas de la
première hybridation, glosée dès la première page, et qui renvoie au titre
même de l'œuvre, le terme « soleils » :

> (38) […] si l'on n'était pas dans l'ère des Indépendances (les
> soleils des Indépendances disent les Malinkés) (p. 11).

L'étrangeté est ainsi rapidement réduite et permet la réapparition du
même terme, désormais sans explication, dans d'autres syntagmes: les
soleils de Samory, les soleils des Toubabs, les soleils du parti unique…

Or l'auteur prend aussi des libertés à l'égard de cette « traduction »
apparente du malinké, comme dans l'exemple suivant :

> (37) Il y avait une semaine qu'avait fini dans la capitale Koné
> Ibrahima, de race malinké, ou disons-le en malinké: il n'avait pas
> soutenu un petit rhume… (p. 11).

Le verbe « finir », dans cette toute première phrase de l'œuvre, reçoit
une traduction glosée qui établit une équivalence entre deux
hybridations : l'une passée sous silence (la signification de « finir »
comme « mourir »), mais qui frappe par l'usage inattendu du verbe
comme intransitif absolu (voir ci-dessous), et l'autre visibilisée par une
« traduction » qui demeurerait néanmoins attachée à la littéralité plutôt

qu'au sens, l'équivalence attestée étant « il a cassé sa pipe » ou « il a passé l'arme à gauche » (C. Zabus, 2007, p. 144). De ce fait, comme le note C. Van den Avenne (2005), la glose semble poser que la locution « avoir fini » relève du standard, l'étrangeté étant déplacée vers une « expression idiomatique, imagée, pointée comme particulière, exotique... » que le lecteur attribuera à la singularité de la culture de référence. La reprise récurrente – cinq fois sur dix lignes dès l'*incipit* – du terme « malinké » l'institue en clé de lecture, d'accès au contenu et d'interprétation : « Qui n'est pas Malinké peut l'ignorer » (p. 14), « vous ne le savez pas parce que vous n'êtes pas Malinké » (p. 117). Les rites sociaux, les mœurs, les valeurs (« l'important pour le Malinké est la liberté du négoce », p. 21), les comportements et réactions des personnages (« en bon Malinké », p. 15) trouvent leur cohérence sur cet arrière-plan culturel, le lecteur étant dès lors « porté à créditer tout ce qui lui paraîtra thématiquement ou stylistiquement insolite comme de culture malinké » (*ibid.*). Une fois cette mise au point effectuée, Kourouma semble laisser au lecteur le soin de repérer par lui-même l'hybridation : « Il compte ainsi sur le lecteur, sur son intelligence et sa collaboration. C'est ainsi que le lecteur rencontre des expressions, des segments de phrases malinkés sous l'apparence de mots ou expressions françaises » (L. Blede, 2006, p. 31), ce qui le condamne en quelque sorte à une « lecture de soupçon » (E. Kamgang, 2012, p. 206).

4.3. L'hybridation invisible

Le défi le plus important, aussi bien pour le lecteur que pour le traducteur, se pose en effet à l'égard de l'hybridation qui ne se signale pas comme telle, qui ressemble à du français mais qui introduit, quelque part, une dissonance, au niveau lexical, mais aussi, plus subtilement, au niveau syntaxique. Cette hybridation invisible est appelée, selon les auteurs, « interférence » (L. Blede, 2006, pp. 29-30) ou « relexification » (C. Zabus, 2007, p. 111).

Du point de vue lexical, certains mots provoquent un certain étonnement, sans que le lecteur soit toujours à même d'établir si c'est un cas de malinkisation ou un néologisme tout court, comme paraît être le cas de « déhonté(es) » (pp. 11, 18, 84), ou de « (ripaille) viandée », qui n'auraient pas en principe de rapport au malinké (L. Blede, 2006, p. 54). Divers procédés concourent à la création d'un style imagé très particulier, au nombre desquels, la substantivation de participes – « Le stérile, le cassé, c'est toi ! […] un vidé comme Fama » (p. 27), « Le Coran dit qu'un décédé est un appelé par Allah, un fini » (p. 88) –, inversement, l'adjectivation de substantifs – « la lagune […] latérite » (p. 13), « le même horizon harmattan » (p. 78), « le même brouillard kapok » (p. 100) –, ou l'emploi adverbial des adjectifs – « dis vrai et solide » (p. 15), « Tout s'arrange doux et calme » (p.160).[42]

Or c'est particulièrement au niveau syntaxique que l'on ressent la distorsion, la « cassure » que Kourouma inflige au code du français. En effet, si le lexique reste l'élément le plus vivant d'une langue, toujours prêt à intégrer de nouvelles unités, la syntaxe est, elle, perçue comme immuable, toute déviation attirant nécessairement l'attention. Tel est le cas du terme certainement le plus étudié des *Soleils des Indépendances*, ce verbe « finir » qui frappe le lecteur dès la première phrase, en raison de l'utilisation de l'auxiliaire *avoir* avec le verbe pris dans un sens intransitif et en emploi absolu. L'étrangeté est néanmoins réduite, d'une part, comme signalé précédemment, par la glose qui introduit l'expression en malinké (« n'avait pas soutenu un petit rhume »), d'autre part, par la répétition, qui crée un contexte contribuant à normaliser le sens.

> (38) Il y avait une semaine qu'avait fini dans la capitale Koné Ibrahima. […] Comme tout Malinké, quand la vie s'échappa de ses restes, son ombre se releva […]. Les colporteurs ne s'étaient pas mépris: « Ibrahima a fini ». […] Personne ne s'était mépris: « Ibrahima Koné a fini, c'est son ombre » (p. 11).

> (39) Rien n'arrive sans s'annoncer: […] la mort [avertit] par les rêves, l'homme qui doit finir (p. 128).

> (40) […] chaque matin il se réveillait avant les chants du coq pour se livrer à la bonne prière du matin qui prépare la rencontre avec

---

[42] Pour une étude en détail de ces expressions, voir E. Kamgang, 2012, pp. 125-129, et L. Blede, 2006, pp. 43-54.

les mânes des ancêtres et le dernier jugement d'Allah. Au fond il
était heureux de finir (p. 140).

Cette normalisation d'un usage inusité crée par ailleurs des effets de sens particuliers lors de l'utilisation conjointe des auxiliaires :

(41) Fama avait fini, était fini (160).

Le premier ayant été établi le long du texte comme la réalisation de l'action « finir » dans le sens de « mourir », le deuxième fait passer le participe passé au statut d'adjectif, chargé d'exprimer un état: avec Fama, c'est la dynastie Doumbouya qui s'éteint, une époque se ferme, une histoire se termine (C. Van den Avenne, 2005; L. Blede, 2006).

D'autres verbes transitifs font également l'objet d'un emploi intransitif absolu : « Les ronflements de Fama ébranlaient » (p. 29) ; « un vent, un soleil et un univers graves et mystérieux [...] enveloppèrent » (p. 96) ; « Le président et le parti unique réprimèrent » (p. 129) ; une particularité de style que la traduction devrait contempler.

Certains usages expressifs introduisent des compléments ou des sujets inattendus, les verbes s'instituant en noyaux d'une isotopie, d'un réseau de significations culturelles auxquelles la traduction doit rester sensible pour ne pas encourir en « déperdition de la cohérence textuelle de l'original » (M. Suchet, 2007: 38). Tel est le cas du verbe « (s')asseoir » : « les veuves asseyaient le deuil » (p. 106), « un palabre fut [...] assis » (p. 125), « le repas s'asseyait » (p. 105), « l'assise des calebasses » (p. 108). Ces expressions évoquent l'image de divers rituels de la vie malinké ayant en commun une position sédentaire, qu'elle relève de l'attente (rituel du veuvage) ou du partage communautaire (le palabre, le repas) (L. Blede, 2006, pp. 44-45).

L'utilisation du verbe « courber » en liaison avec la prière (pp. 79, 95, 110, 112) renvoie de même à un arrière-plan socioculturel, religieux en l'occurrence, et « détruit toute interprétation en dehors de la religion musulmane. C'est donc un artifice artistique ou littéraire pour dépasser le verbe prier. Le verbe courber nous indique la flexion, la tension de la tête penchée en avant et l'arrondissement du dos » (L. Blede, 2006, p. 52).

Considérons également l'expression suivante : « La nuit fut couchée dans le lit du défunt sans aucun danger » (p. 98). Au-delà de l'image, plus ou moins accessible à l'imagination du lecteur, une compétence culturelle s'avère nécessaire pour appréhender la portée de l'expression, tel que le signale L. Blede (2006, p. 50)

> [...] le Malinké est musulman et/ou animiste. Le musulman ne conserve généralement pas le corps du défunt, l'inhumation se faisant quelques instants après le décès. Cependant, l'instrument qui a servi pour le repos du défunt (lit, natte, hamac, etc.) demeure jusqu'aux funérailles du quarantième jour. Chaque nuit, à compter du premier jour du décès, est considérée comme un « double » du défunt. Dès lors, ce « double » se couche dans le lit du défunt.

Ce ne sont là que quelques exemples (on pourrait en ajouter encore, comme « frapper les funérailles », « marcher un voyage »,...) qui illustrent bien le double défi que doit relever le traducteur europhone : décoder l'hybridation et accéder aux nuances de sens en malinké pour trouver ensuite le moyen de la restituer dans sa langue. Peut-il courir le même risque que l'auteur et subvertir les fondements du code de la langue cible ?

Un aperçu, même sommaire, de l'écriture de Kourouma, souligne l'importance, pour ce lecteur privilégié qu'est le traducteur, de posséder une compétence culturelle lui permettant de repérer, au-delà de la langue véhiculaire, les topoï, les références culturelles et l'imaginaire sous-tendant le texte en français. En effet, la connaissance de la langue est ici loin de garantir l'accès au sens, qui demeurerait réservé à un lecteur lui-même bilingue, pouvant « apprécier aussi bien le français que les éléments malinkés » (K. Lievois, 2007, p. 55). Comme le souligne A.B. Edema (2005, p. 241), le manque de dictionnaires d'auteurs ou d'études de stylistique comparée entre langues européennes et africaines rendent difficile un décodage fiable, d'où l'importance de développer des études dans ces domaines et de faire connaître parmi les traducteurs les outils existant (par exemple, la Base de données lexicographiques panfrancophone – http://www.bdlp.org –, accessible en ligne depuis 2004), voire d'en créer de nouveaux.

En ce qui concerne proprement les stratégies de traduction, les théoriciens insistent sur le besoin de dépasser les approches binaires en termes de ciblisme ou sourcisme (P. Bandia, 2001, p. 136), et d'envisager la « richesse des informations et des données à analyser et la multiplicité des démarches traductologiques à appliquer et à interroger » (K. Lievois et É. Bladh, 2016, p. 20). Un équilibre doit être trouvé entre la domestication, en quelque sorte inhérente à la traduction elle-même et donc inévitable, le maintien de la revendication sous-jacente à l'original, en termes de « xénisation » ou « étrangérisation » – équivalents proposés pour cette *foreignization* que L. Venuti (1998, p. 170) assume précisément comme un acte de résistance – et l'acceptabilité du texte dans la culture cible (E. Rodríguez, 2015, p. 146). Il s'agirait en somme d'une traduction doublement portée sur l'esthétique du texte, dans ce que K. Siendou nomme une approche « intérioriste », « qui s'informe et s'inspire de la culture et de l'ombre de l'auteur, de son pluri- ou biculturalisme, et par conséquent qui frise la traduction comme faite par l'auteur lui-même » (K. Siendou, 2015, pp. 201-202) ; et sur les procédés formels mis en place par l'auteur, c'est-à-dire une traduction elle-même « hybride » (A. Gamal, 2012, p. 116).

En effet, éliminer la malinkisation, sous prétexte de rendre le texte plus « compréhensible » en langue cible, atténuer l'étrangeté de son écriture reviendrait à trahir l'intention communicative de l'auteur, son *ethos*, sa culture, d'autant plus que l'enjeu identitaire est sous-jacent à son projet d'écriture. Le choix, opératoire, n'en est pas moins idéologique (K. Siendou, 2009, p. 11) puisqu'il s'agit de préserver les droits de l'auteur, au risque, autrement, de retomber dans une nouvelle forme d'impérialisme linguistique ressuscitant celui de la glottophagie de la colonisation (C. Zabus, 2007, p. 18), sous les espèces d'une standardisation néocolonialiste et déculturisante.

RÉFÉRENCES BIBLIOGRAPHIQUES

AKROBOU, Ezechiel, 2009, « Algunas referencias proverbiales marfileñas en la obra de Ahmadou Kourouma : *Los Soles de las independencias* », *Letralia. Tierra de Letras*, an XIV, 222, 8 pages.

AKROBOU, Ezechiel, 2013, « Traduire Kourouma Ahmadou : entre ambiguïté scripturale et ambiguïté orale dans un processus de transfert culturel », dans B.K.P. Diandué (éd.), *Approches interculturelles de l'œuvre d'Ahmadou Kourouma*, Abidjan, Nodus Sciendi, pp. 25-37.

AMOSSY, Ruth, 2010, *La présentation de soi. Ethos et identité verbale*, Paris, PUF.

APPIAH, Kwame Anthony, 1993, « Thick Translation », *Callaloo*, 16, 4, pp. 808-819.

BANDIA, Paul, 2001, « Le concept bermanien de l'"Étranger" dans le prisme de la traduction postcoloniale », *TTR: Traduction, Terminologie, Rédaction*, 14, 2, pp. 123-139.

BANDIA, Paul, 2006, « African Europhone Literature and Writing as Translation : some Critical Issues », dans T. Hermans (éd.), *Translating Others*, Manchester-Kinderhook, St. Jerome Publishing, pp. 349-361.

BANDIA, Paul, 2008, *Translation as Reparation. Writing and Translation in Postcolonial Africa*, Manchester, St. Jerome.

BANDIA, Paul, 2012, « Postcolonial literary heteroglossia : a challenge for homogenizing translation », *Perspectives*, 20, 4, pp. 419-431

BASSNETT, Susan et LEFEVERE, André, 1990, *Translation, History and Culture : a Sourcebook*, Londres, Pinter Publishers.

BLEDE, Logbo, 2006, *Les interférences linguistiques dans* Les Soleils des indépendances *d'Ahmadou Kourouma*, Paris, Éd. Publibook.

BOYER, Henri, 2001, « L'incontournable paradigme des représentations partagées dans le traitement de la compétence culturelle en français langue étrangère », *ÉLA. Études de linguistique appliquée*, 123-124, 3, pp. 333-340.

DIANDUÉ Bi Kacou, Parfait, 2006, « Préface », dans L. Blede *Les interférences linguistiques dans* Les Soleils des indépendances *d'Ahmadou Kourouma*, Paris, Éd. Publibook, pp. 17-19.

EDEMA, Atibakwa Baboya, 2005, « Les xénismes dans les romans africains : entre citation, traduction et créativité lexicale », *Revue du Réseau des Observatoires du Français Contemporain en Afrique*, 19, pp. 227-243.

GAMAL, Ahmed, 2012, « Postcolonial Translation as Transformation. Ahdaf Soueif's *I Think of you* », *The Translator*, 18, 1, pp. 101-118.

GAUVIN, Lisa, 2001, « L'Imaginaire des langues : Du carnavalesque au baroque (Tremblay, Kourouma) », *Littérature*, 121, pp. 101-115.

HERMANS, Theo, 2003, « Cross-Cultural Translation Studies as Thick Translation », *Bulletin of SOAS*, 66, 3, pp. 380-389.

KAMGANG, Emmanuel, 2012, *Discours postcolonial et traduction de la littérature africaine subsaharienne après les années soixante. Rémanences colonialistes*, Ottawa, Université d'Ottawa (Thèse de Doctorat).

LIEVOIS, Katrien et BLADH, Élisabeth, 2016, « La littérature francophone en traduction : méthode, pratiques et histoire », *Parallèles*, 28, 1, 27 pages.

LIEVOIS, Katrien, 2007, « *Monné, outrages et défis*. Kourouma entre traduction et création », *Nouvelles études francophones*, 22, 2, pp. 44-57.

MAGNIER, Bernard, 1987, « Entretien avec Ahmadou Kourouma », *Notre Librairie*, 87, pp. 10-15.

MBEMBE, Achille, 2007, « Afropolitanism », dans N. Simon et L. Duran (éds.), *Africa Remix : Contemporay Art of a Continent*, Johannesbourg, Jara Media, pp. 26-30.

OUÉDRAOGO, Jean, 2001, « Entretien avec Ahmadou Kourouma », *The French Review*, 74, 4, pp. 772-785.

RODRÍGUEZ MURPHY, Elena, 2015, *Traducción y literatura africana : multilingüismo y transculturación en la narrativa nigeriana de expresión inglesa*, Granada, Comares.

SASSANI, Farnaz et INANLOU, Mahkameh, 2018, « L'écriture du désenchantement chez Ahmadou Kourouma et le défi de la traduction », *International Journal of Humanities and Cultural Studies*, 5, 1, pp. 287-297.

SIENDOU, Konaté, 2009, « Plaidoyer pour une approche intérioriste en traductologie africaine », *Revue des Laboratoires des Théories et Modèles Linguistiques*, 4, 13 pages.

SIENDOU, Konaté, 2015, « Ahmadou Kourouma et la théorie de la traduction », dans J-F. Bédia et J.F. Ekoungoun (éds.), *Ahmadou Kourouma : mémoire vivante de géopolitique en Afrique*, Bordeaux, Presses Universitaires de Bordeaux, pp. 189-205.

STEEMERS, Vivian, 2012, *Le (néo)colonialisme littéraire*, Paris, Karthala.

SUCHET, Myriam, 2007, « L'écriture hétérolingue en Afrique postcoloniale : une poétique de la traduction », *Études littéraires africaines*, 24, pp. 35-42.

SUCHET, Myriam, 2009, *Outils pour une traduction postcoloniale: littératures hétérolingues*, Paris, Éd. des Archives Contemporaines.

VAKUNTA, Peter W., 2011, *Indigenization of Language in the African Francophone Novel. A New Literary Canon*, New York, Peter Lang.

VALERO, Carmen, 2008, « Foreign African Identity through Literature and Getting to Know It through Translation », dans M. Muñoz-Calvo, C. Buesa-Gómez et M.A. Ruiz-Moneva (éds.), *New Trends in Translation and Cultural Identity*, New-Castle, Cambridge Scholars Publishing, pp. 267-287.

VAN DEN AVENNE, Cécile, 2005, « Passer d'un monde à l'autre, d'une langue à l'autre. Lecture de deux incipits d'Ahmadou Kourouma », dans M.A. Mochet *et al.* (éds.), *Plurilinguisme et apprentissage : Mélanges Daniel COSTE*, Paris, ENS-Éditions, pp. 237-246.

VENUTI, Lawrence, 1995, *The Translator's Invisibility*, Londres-New York, Routledge.

VENUTI, Lawrence, 1998, *The Scandals of Translation. Towards an Ethics of Difference*, Londres-New York, Routledge.

ZABUS, Chantal, 2007, *The African Palimpsest. Indigenization of Language in the West African Europhone Novel*, Amsterdam-New York, Rodopi.

DE LA LINGUISTIQUE CONTRASTIVE

Lengua e identidad en España y Costa de Marfil: caso del euskera y del diula

N'Guessan Estelle KOUAME
Université Félix-Houphouët-Boigny
kouamestelle12@gmail.com

Resumen

Este artículo muestra cómo las lenguas euskera y *diula*, respectivamente habladas en España y Costa de Marfil, fueron utilizadas, en algún momento de la historia, por sus hablantes para satisfacer ambiciones separatistas, con el pretexto de una búsqueda identitaria. Sin embargo, a lo largo de los años, terminaron renunciando a sus objetivos iniciales, a fin de adoptar un enfoque subliminal para la integración colectiva.

Palabras clave: España y Costa de Marfil – Euskera y *diula* – Producción identitaria – Separatismo – Integración y desintegración

Abstract

This article shows how *euskera* and *diula*, languages respectively spoken in Spain and Ivory Coast have been, at some point in history, used by the speakers of those languages to satisfy separatist ambitions, under the pretext of the quest for identity. However, over the years, they eventually gave up their initial objectives, to adopt a subliminal approach for collective integration.

Keywords: Spain and Ivory Coast – *Euskera* and *Diula* – Identity production – Separatism – Integration and disintegration

La cuestión lingüística es presente y compleja en casi todos los países del mundo. Su mala interpretación pone en duda la identidad de una parte de la población. Al sentirse diferente de los demás por no compartir con ellos la misma lengua o rechazada por hablar una lengua practicada también por pueblos oriundos de otros países, se resolvió a separarse de los suyos creando un espacio donde se construyeron nuevas identidades. Así pues, la lengua, instrumento de comunicación y seña de identidad cultural de un pueblo, puede transformarse en una herramienta de exclusión social. Tal es el caso del euskera o vasco, idioma de los vascos, procedentes de España y del *diula*[43], idioma hablado por un grupo étnico de Costa de Marfil, los *Mandé-nord* o *mandé* del norte.

Por tanto, nos preguntamos: ¿Cuáles son las funciones y las aportaciones del euskera y del *diula* en la producción de identidades y sus impactos sobre el destino de los Estados naciones? ¿Cómo la instrumentalización de estas lenguas puede ocasionar la exclusión social?

Probablemente, el euskera y el *diula* son marcas de identificación de dos pueblos distintos y singulares que vienen de dos países diferentes y que se diferencian de los demás por sus culturas, lenguas, ideologías, riquezas y religiones. Ello los empujó a reivindicar sus identidades perdidas. Visiblemente esta concepción provocó disturbios respectivamente en España y en Costa de Marfil, los cuales ocasionaron la construcción de Estados autónomos. En ellos, fueron integrados a los que hablan la misma lengua y desintegrados a los « extranjeros » con el objetivo de crear un hogar de resistencia contra sus enemigos,

---

[43] El *diula* tiene varios sinónimos: *dioula, dyula, jula*. Los nordistas son comúnmente llamados *diula*. Esta apelación es un modo de identificación de una pluralidad y diversidad étnicas como los *Maouka, Sénoufo y Malinké* localizados geográficamente en el norte de Costa de Marfil. Algunos de ellos comparten la misma religión, el islam y la misma lengua, el *diula* o a lo menos la misma cultura con los habitantes de los países vecinos tales como Burkina Faso, Mali y Guinea Conakry, llamados también *diula*. Asimismo, el término *diula* designa a la vez una lengua y un pueblo.

uniformizar el pensamiento comunicando en un idioma común desconocido de los demás y autogobernarse.

Partiendo de estas hipótesis, queremos demostrar que, además de ser un medio de comunicación, la lengua puede ser un dinámico agente de producción de identidades, así como un factor de integración, desintegración y construcción de un Estado separatista.

Allende las similitudes entre los objetivos de los vascos y *diula*, es de notar que los métodos y el contenido de las reivindicaciones no se presentaban todavía de la misma manera en España y en Costa de Marfil, lo que muestra que hay también una diferencia entre ambas formas de lucha. Esto nos ha llevado a optar por el método comparativo (C. *Vigour, 2005)* al que hemos añadido la corriente instrumentalista (J. Ylsi y M. Oliveros, 2019) y la teoría constructivista social de Lev Vygotski y Jean Piaget (M. Payer, 2005) para un mejor análisis de la problemática que nos ocupa.

Para alcanzar nuestro objetivo, nos apoyaremos en tres ejes de reflexión. El primero presentará los campos de estudio, España y Costa de Marfil tanto en el plan sociopolítico como lingüístico inscribiendo el tema en una perspectiva histórica. El segundo indagará sobre el euskera y el *diula* en la producción de identidades. El tercero y último eje enfatizará en estas lenguas como factores de integración o desintegración social desde fines del siglo XIX hasta el XXI.

1. Presentación sociopolítica y lingüística de los campos de estudio: España y Costa de Marfil

A fin de comprender mejor el tema, hemos considerado necesario presentar a España y a Costa de Marfil con especial acento en las lenguas euskera y *diula*.

1.1. España y el euskera

Ubicada en suroeste de Europa, España ocupa el 85% de la Península Ibérica, con el castellano o español como lengua oficial.

En la Edad Media, el país estaba dividido en pequeños Estados autónomos tales como Castilla, Aragón, Cataluña y País vasco. Cada uno tenía sus fueros[44]. Pero, con la unificación del territorio, debían unirse con el Estado de Castilla, por lo que sus fueros fueron suprimidos. Así fue cómo surgieron los nacionalismos catalán y vasco en el siglo XVII. Pues, España estaba confrontada con estos Estados reivindicadores de sus autonomías porque se consideraban diferentes de los españoles por tener su propia cultura y lengua.

Como la protesta catalana, la vasca se intensificó en el siglo XX, bajo la Restauración de la Monarquía de los Borbones (1874-1931) cuando el rey Alfonso XIII se negó a otorgar a los vascos su autonomía. De ahí, el nacimiento de movimientos de emancipación como el Partido Nacionalista Vasco (PNV), fundado por Sabino Arana el 31 de julio de 1895. Sufrieron los vascos persecución hasta que los republicanos llegaran al poder el 14 de abril de 1931.

La constitución de la República promulgada en 1931, les había otorgado su autonomía con la aprobación de su primer estatuto en plena guerra civil (1936-1939), denominado Estatuto de Autonomía del País Vasco. Esto participó en el proceso de la democratización de España iniciado por el régimen. Esta medida positiva concedió más libertad y derecho a los autonomistas para que disfrutaran de su cultura y realizaran su sueño, el de independizarse del Estado español. Sin embargo, este sueño fue quebrantado por la victoria de los nacionalistas acaudillados por Francisco Franco sobre los republicanos, liderados por Manuel Azaña durante la contienda civil, la cual victoria fue sancionada por el advenimiento del franquismo (1939-1975), un régimen dictatorial basado en un partido único.

Atado a su política de unidad y reconstrucción nacional, Franco se opuso categóricamente a la autonomía de los vascos porque los consideraba secesionistas. Por lo tanto, prohibió toda forma de expresión

---

[44] Los fueros son privilegios, una especie de constitución o derechos particulares como la exención de impuestos y la autonomía política y local.

de la identidad lingüística de esta « raza inferior » como lo demuestra el testimonio del presidente del gobierno vasco, Iñigo Urkullu, traducido por M. Fortier (2017): « À l'école, si on parlait euskara on était puni. Je l'ai vécu moi-même. »[45] De hecho, expresarse en euskera en la España de la época era un delito castigado con penas de encarcelamiento o de condenación a la muerte. En la mente de Franco, la homogeneización lingüística entorno a una lengua única, el castellano, permitiría la unificación territorial y garantiría la cohesión social. Naturalmente, este comportamiento resultaba en la desaparición de los euskerahablantes o vascohablantes, estos « seres impuros » resultante de la « inmigración » (J. Intxausti, 1992, p. 170). Fue una de las razones por las que los vascos, sintiéndose marginados, amenazaban por desestabilizar el Estado franquista y separarse de ello.

En cierta medida, el euskera y su relación con los Estados conservadores españoles presentan algunas características análogas con el *diula* de Costa de Marfil.

1.2. Costa de Marfil y el *diula*

Costa de Marfil se sitúa en África Occidental. Tiene más de 60 lenguas, de las cuales se destaca el *diula*. Este idioma ocupa sociológica y lingüísticamente una posición privilegiada en relación con los demás por ser el segundo más hablado tras el francés, lengua oficial tal como lo demuestran las investigaciones de Y. Konaté (2016).

---

[45] « En la escuela, si hablábamos euskera, éramos castigados. Lo viví yo mismo. » Nuestra traducción.

Année[46]	Nombre de personnes questionnées[47]	Nombre de locuteurs parlant ou ayant des parents parlant dioula[48]	Pourcentage[49]
1968	--------------------	--------------------	51 %
1978	4687	2718	58 %
2012	2772	2065	74,49 %

Fuente: KONATE Yaya, 2016, « Le dioula véhiculaire: situation sociopolitique en Côte d'Ivoire », *Corela,* Vol. 14, n° 1, p. 4.

Los datos muestran que desde 1968[50], el 51 % de la población marfileña habla el diula. Esta cifra iba creciendo en el transcurso de los años para alcanzar el 58 % en 1978 y el 74,49 % en 2012. Se habla el diula en casi todo el territorio marfileño por necesidades comerciales y comunicacionales. Por consiguiente, se lo califica de lengua de relación y de unificación.

Dirigida por Félix Houphouët-Boigny de 1960 a 1993, Costa de Marfil era un país con un partido único, el Parti Démocratique de Côte d'Ivoire (Partido Democrático de Costa de Marfil) o PDCI. El presidente instauró en ella un régimen dictatorial. Cuando su gobernación, el país conoció un periodo de paz y de cohesión hasta 1990, fecha del advenimiento del multipartidismo, promovido por su principal adversario político, Laurent Koudou Gbagbo, fundador del Front Populaire Ivoirien (Frente Popular Marfileño) o FPI. La lucha entre los dos políticos provocó un momento de crisis sociopolítica durante el cual, se observaron las primicias del nacimiento de identidades a partir de las lenguas locales. Desde entonces, la mayoría de la población, se preguntaba sobre su identidad.

---

[46] Año

[47] Número de personas cuestionadas

[48] Número de locutores que hablan o que tienen padres que hablan el *diula*

[49] Porcentaje

[50] Y. Konaté afirma que solo tiene el porcentaje de las investigaciones llevadas a cabo en 1968 sobre el *diula*, Véase nota 3, p. 12 de su artículo. Ello significa que no es el autor de los datos de este año así como los de 1978.

La situación se deterioró con la aparición del concepto de Ivoirité, ideología cultural instrumentalizada por Henri Konan Bédié, sucesor de Houphouët-Boigny (1993-1999). Esta ideología afectó especialmente a los diula, fácilmente identificables por su lengua y religión. A la imagen de los vascos, se estimaban estigmatizados. Para tomarse la justicia por su mano y restaurar su identidad, de connivencia con algunos políticos opositores, conspiraron contra el gobierno Bédié planificando un golpe de Estado que ocasionó la caída de este y del PDCI (A. Vidjannangni, p. 64).

Tras la transición dirigida por el General Guéi Robert (1999-2000), Laurent Gbagbo tomó el poder (2000-2010). El reinado de este fue salpicado de intentos de golpe de Estado y de alborotos: después de la elección presidencial de octubre de 2010, estalló una guerra en el país (2010-2011). Opuso los partidarios de Gbagbo a los de Alassane Ouattara, líder del partido Rassemblement Démocratique des Républicains (Agrupación Democrática de los Republicanos) o RDR y actual presidente del país. Así pues, como España, Costa de Marfil conoció periodos de tensiones engendrados sin duda alguna por la cuestión de lengua, usada como un instrumento de producción de identidades.

2. El euskera y el *diula*, instrumentos de producción de identidades

En la construcción de la historia de España y la de Costa de Marfil, el euskera y el *diula* fueron usados como marcadores innegables de producción de identidades.

2.1. El euskera y la producción identitaria en El País Vascos

La represión franquista acentuó los clivajes lingüísticos y el proceso de nacionalismo en España, lo que provocó un repliegue identitario. Ello desembocó en una guerra entre los vascos y los castellanos. Se puede considerar los atentados perpetrados por la juventud disidente del PNV, ETA (Euskadi ta Azkatasuna[51]) como símbolo de este repliegue

---

[51] « Euskadi ta Azkatasuna ». significa « País Vasco y libertad » en euskera.

identitario. El movimiento concebía la violencia política como un arma para reconquistar su identidad confiscada. Así pues, el terrorismo fue instrumentalizado como amenaza contra quienes querían « asesinar » el euskera, expresión suprema de la nación vasca. En consecuencia, se atribuyó a los vascos, una identidad terrorista.

Mientras los nacionalistas extremistas vascos manifestaban violentamente contra el Estado franquista, las autoridades vascas seguían promoviendo el euskera construyendo escuelas para difundir su ideología vía su lengua. En ellas, eran matriculados los niños, futuras élites y dirigentes de la futura « nación vasca ». Además, proyectaban formar a lingüistas, principales vehículos de la difusión del euskera. Esto formaba parte de sus objetivos, el de crear un Estado independiente y producir a través de su lengua, una identidad regional y separatista, necesaria para la socialización de los hombres, la identificación de los niños y la salvaguardia de su identidad cultural (L. Joly, 2004, p. 79).

A fin de preservar la cultura vasca, los poderes públicos valoraban a los intelectuales y artistas vascos como José María Iparraguirre, Jon Mirande y Bernardo Atxaga, los que contribuyeron a dar a conocer la identidad política y cultural vasca a escala nacional e internacional. Pues, se distinguían de los españoles realizando algunas obras escritas en euskera para que se las publicaran en todo el mundo (J. Intxausti, 1992, p. 75). Indudablemente, gracias a esta labor, lograron restaurar en parte el euskera que estaba sufriendo discriminación. Con esta riqueza literaria y artística, participaron lo mejor que podían, en la emergencia de la región desde una perspectiva económica. Por consiguiente, se les achacó una identidad económica. Este signo de identidad, particularizaba a los vascos, los cuales trataban España como una nación pobre que quería « robar » su riqueza cuando se negaba a concederles su independencia.

A las identidades susodichas, se añadió la religiosa (J. De la Granja et al., 2011, p. 96). En efecto, intimidados por « el catolicismo franquista », los vascos se sirvieron de « la verdadera religión católica » o del catolicismo romano con el propósito de mostrar al mundo, la particularidad y el grado de su fe católica. Esta reivindicación de una identidad religiosa difundida en euskera, participó en la construcción de la personalidad de este pueblo que se consideraba elegido por Dios para cumplir con una misión redentora.

¿Es el caso de Costa de Marfil similar al de España? O ¿Cómo los *diula*, por medio de su lengua llegaron a construirse identidades al igual que los vascos?

2.2. El *diula* y la producción identitaria

Al lado del francés, el *diula* ocupa una posición privilegiada en comparación con las demás lenguas locales por ser un idioma de relación, generador de riqueza, lo que confiere a los *diula* una identidad económica. Los portadores de este idioma, tienen una identidad « dudosa »: fijándonos en la historia, son inmigrantes ya que proceden de países limítrofes tales como Burkina Faso, Guinea Conakry y Mali como es el caso de muchos otros pueblos a ejemplos de los *baoulé* y *bété*, provenientes respectivamente del Ghana y del Liberia. Es en este sentido que Houphouët-Boigny, citado por S. Bredeloup (2003, p. 6) afirmó: « dans ce pays, nous sommes tous des étrangers »[52]. Desde este momento, nació una lucha identitaria, la que más tarde dio a luz al concepto de *Ivoirité*[53], al cual hemos aludido anteriormente. Este concepto se basa en la « distinction entre les Ivoiriens dits de souche et les Ivoiriens dits d'origine douteuse ou de circonstance »[54]. (J. Leclerc, 2018). El propio autor añadió: « Il correspond à un discours identitaire

---

[52] « En este país, somos todos extranjeros. » Nuesta traducción

[53] La instrumentalización política de la *Ivoirité*, fue al origen de la división de Costa de Marfil en dos bloques antagonistas en 2002: el bloque gubernamental en el sur y el disidente en el norte que se enfrentaron en una guerra sangrienta de 2010 a 2011.

[54] « Distinción entre los llamados marfileños de origen y marfileños de origen dudoso o de circunstancia. » Nuestra traducción

ivoirien un peu réducteur, car il promeut une hostilité à l'encontre des étrangers et des Ivoiriens musulmans du Nord. »[55].

El concepto fue interpretado por K. H. Bédié (1999), aspirante a la elección presidencial de octubre de 1995 como un documento de identidad nacional que debía poseer todo ciudadano marfileño por una parte. Y por otra, se sirvió de ello para justificar su postura ideológica y legitimar su poder político. En el entendimiento de los *diula*, la intención de este último era no solo excluirlos de la nación sino también eliminar a Alassane Ouattara, su adversario del juego político por ser un natural burkinabé. Asimismo, el mismo concepto recuperado por Gbagbo, tocó a los *diula* (A. Antil, 2009, p. 13), quienes al igual que los vascos, eran vistos como extranjeros en su propio país.

La política de exclusión social promovida por el Estado marfileño condujo a los *diula* a replegarse en el norte de Costa de Marfil donde elaboraron un manifiesto tribal que llevaba el nombre de *Charte du Nord*[56] (Carta del norte). En este documento, enunciador de sus reivindicaciones, los *diula* expresaban su resentimiento y decepción con respecto a los regímenes políticos que se sucedieron en el poder, especialmente el de Bédié y el de Gbagbo (B. Scheuer et al., 2000). Combatían por ser reconocidos como miembros del territorio marfileño, si llega el caso, autoexcluirse de ello creando un Estado separatista en el norte, denominado *République du Grand Nord* (República del Gran Norte):

> La problématique national-régionaliste initiée par la charte du Nord connut, en 1992, un « pic » sécessionniste avec l'appel du chanteur Alpha Blondy en faveur de la « République des peuples du nord de la Côte d'Ivoire (...) ». Car : « Nous ne voulons plus faire partie de la république de Côte d'Ivoire après Houphouët-

---

[55] « Corresponde a un discurso identitario marfileño un poco reductor, porque promueve una hostilidad contra extranjeros y marfileños musulmanes del norte. » Nuestra traducción

[56] Hubo dos versiones de la Carta del Norte. La primera fue difunda a grande escala bajo la forma de tractos y publicada en diferentes periódicos desde 1991. Y la secunda pareció en 2002 en plena crisis sociopolítica.

Boigny » et de manière prémonitoire: « Qui veut la paix prépare la
guerre »[57] (C. Sandlar, 2005, p. 298).

Como se deduce de esta cita, se incitaban a los nordistas a una
rebelión contra la República legalmente establecida con la intención de
construirse una nueva identidad, la revolucionaria. La Carta constituía
sin duda alguna, el principio de una sensibilización y movilización
política sobre bases regionalistas, nacionalistas y lingüísticas con objeto
de construir un Estado fuerte que no quería identificarse con el Estado
central y formar un grupo homogéneo. La sensibilización se hizo por
intermediario de una lengua accesible para todos, el *diula,* con la
finalidad de convencer fácilmente a la masa popular y analfabeta a fin de
que adhiriera al movimiento nacional-regionalista. A partir de este
llamamiento querían los nordistas poner fin a los discursos y
comportamientos « racistas », « xenófobos » y « discriminatorios » de
que eran víctimas desde 1993, fecha de fallecimiento de Houphouët-
Boigny.

También, la especificidad de la búsqueda ardiente de identidades es
perceptible a través de la práctica del islam. Esta etiqueta religiosa que
sirve para identificar y categorizar a los nordistas era percibida por sus
detractores como un proceso de islamización de Costa de Marfil y un
camino hacia el terrorismo. Por consiguiente, los tacharon de terroristas
aunque su modo operatorio se diferenciaba del de los terroristas vascos:
Si los primeros recurrieron a la guerra asimétrica para hacerse entender,
los segundos privilegiaron el combate simétrico o convencional.

La diferenciación identitaria « nosotros los marfileños » y « ellos los
extranjeros » llevó a los extremistas *diula* a construirse por un lado, una
identidad regional y separatista fuera de un « Estado débil y exclusivo ».
Y por otro, una identidad bélica en la medida en que estaban listos para

---

[57] « La problemática nacional-regionalista iniciada por la Carta del Norte
conoció, en 1992, un "pico" secesionista con el llamamiento del cantante Alpha
Blondy a favor de la "República de los pueblos del norte de Costa de Marfil (...)"
Porque: "Ya no queremos formar parte de la República de Costa de Marfil
después de Houphouët-Boigny." y de manera premonitoria: "Quien quiera la
paz, que se prepare para la guerra" » Nuestra traducción

derramar su sangre cueste lo que cueste en guisa de su liberación de las manos de sus rivales: « L'idée sécessionniste fait son chemin. Puisque les sudistes ne veulent pas de nous (…) Au besoin, le Burkina nous aidera. Et, s'il le faut, nous mourrons jusqu'au dernier »[58] (V. Hugeux, 2000).

Este discurso marcial nos lleva a reflexionar sobre la lengua como un factor de integración o desintegración social.

3. ¿El euskera y el *diula*, factores de integración o desintegración social?

La búsqueda de identidades emprendidas por los vascos y los *diula* engendró lógicamente la voluntad de crear dos Estados separatistas cuyas lenguas eran percibidas a la vez como factores de integración y desintegración social.

3.1. El euskera y la problemática de integración social

La política de integración social puesta en marcha por las autoridades vascas consiste en priorizar el euskera, lo que constituye un hándicap para los no euskerahablantes. Dominar la lengua era una condición indispensable para integrar el País Vasco. De este modo, pensaban los vascos construir un país homogéneo y lingüísticamente uniforme en el norte de España. Esta política de uniformización lingüística y de reivindicación identitaria muestra que el euskera era una lengua discriminatoria y exclusiva. Así pues, el sentimiento de ser español en esta parte de España era mínimo:

> (…) allí no podíamos hablar con nadie porque la gente de aquel pueblo decía *chacurra* donde nosotros decíamos perro, o decía *Egunon* donde decíamos buenos días. Es decir que hablaban vasco, una lengua que me parecía imposible de entender incluso para los naturales del país (B. Atxaga, 2000).

Desde entonces, comunicar en euskera era sinónimo de pertenencia a la familia vasca. Quien no habla el vasco, era considerado como un

---

[58] « La idea secesionista está ganando terreno. Puesto que los sureños no nos quieren (...) Si es necesario, Burkina nos ayudará. Y, si es necesario, moriremos hasta el último. » Nuestra traducción

enemigo y forzado a exiliarse. Opinaban los nacionalistas que estos podrían ponerse al servicio del Estado central traicionando a su « nuevo país ». La cuestión lingüística en este contexto se volvió un argumento para excluir a los españoles de la región.

En búsqueda de argumentos por la desintegración de los extranjeros, los vascos asociaron el euskera con la raza y la nacionalidad (B. Tejerina Montaña, 1992, p. 105). También, lo comparaban con un pasaporte para quienes querían asentarse en el País Vasco. Cabe señalar que « La idea de pureza de sangre se reflejaba también por la posesión de nombres vascos (*apellidismo*) » (L. Joly, 2004, p. 74). De esta manera, querían evitar el contagio de la sangre vasca con la de los extranjeros a lo menos, temían que el cruzamiento de razas borrara la raza vasca. Procuraban que sus hijos, futuros guardianes de la herencia cultural vasca llevaran sangre limpiamente vasca. Estábamos pues, frente a « un sistema político que defiende el derecho de la raza vasca a regirse y gobernarse a sí misma, según sus propias leyes y con absoluta independencia de toda otra raza » (E de. Ibero, 1957, p. 33). Así, la búsqueda radical de una identidad cultural por medio de una lengua opresiva y desintegradora, convirtió el nacionalismo vasco en un movimiento extremista y racista.

Para escapar de esta política de limpieza de sangre, un sinnúmero de extranjeros o considerados como tales huyeron de la región para establecerse en otras como Andalucía y Madrid. Algunos de ellos se orientaban desesperadamente hacia otros horizontes como Francia y Portugal, donde esperaban encontrar un aire de paz. Es evidente que esta política de discriminación y superioridad racial fragiliza a España, creando una inestabilidad en ella. Pues, En vez de constituir un vector de cohesión social, prenda de diversidad cultural, estabilidad política y desarrollo económico, el euskera se transformó en una herramienta de xenofobia y exclusión social. Ello retrasó su desarrollo y aisló a España cada vez más del concierto de las naciones europeas.

Sin embargo, como si se hubieran dado cuenta de que el ostracismo no resuelve ningún problema sino que destruye las sociedades, los vascos abandonaron la vía del separatismo y optaron por la reconciliación nacional tras la promulgación de la Constitución de 1978 (A. Elorza, 2001). A partir de este instante, los textos constitucionales concedieron al País Vasco su estatuto de comunidad autónoma. Y el artículo 3, estipula que el castellano es la lengua oficial del Estado pero las demás lenguas como el euskera y el catalán son también oficiales en sus comunidades autónomas respectivas conformemente a sus estatutos.

Gracias a medidas como la Secretaría General de Política Lingüística (1983) y el Plan de Normalización Lingüística de las Administraciones Públicas Vascas (1989), la Comunidad Autónoma Vasca (CAV) entró en la historia de la reconstrucción de España en calidad de Estado moderno (A. Elorza, 2001). En consecuencia, el euskera conoció un crecimiento según las estadísticas de la VI encuesta sociolingüística relativa al uso del euskera en la Comunidad Autónoma de Euskadi (CAE).

Evolución de la población vascohablante. CAE, 1991-2016

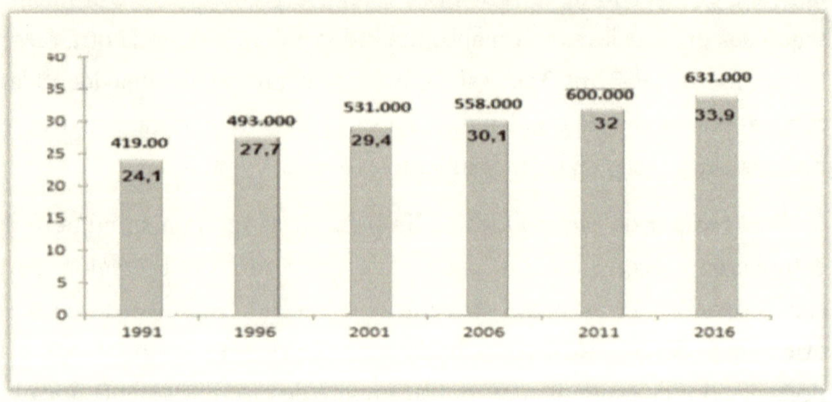

Fuente: VICECONSEJERÍA DE POLÍTICA LINGÜÍSTICA, 2016, *VI Encuesta Sociolingüística Comunidad Autónoma de Euskadi,* Donostia-San Sebastián, p. 7.

Los datos de la encuesta sociolingüística referentes al uso del euskera evidencian que el idioma conoció un crecimiento generalizado en el País Vasco de 1991 a 2016. Este incremento se explica por el hecho de que el gobierno español garantizó a los vascos, libertades específicas entre otras cosas, la alfabetización de los adultos, el derecho de enseñar el euskera en las escuelas y su desarrollo en la vida social. Sin embargo, en 2006, se constató un lento aumento del porcentaje de quienes hablaban el euskera

(30,1 %) en comparación con los castellanohablantes debido a que se autorizó el bilingüismo es decir el estudio del castellano y del euskera en los centros educativos de la Comunidad. Pero, esto no impactó el desarrollo del euskera puesto que los datos de 2011 y 2016 muestran un aumento de los practicantes de dicha lengua. Amén de ello, la CAE registró el mejor dato en cuanto al incremento del número de los eukerahablantes en 2016 (33,9 %).

Se puede concluir que, a pesar de la política lingüística del gobierno de Madrid, el euskera sigue siendo la prioridad de la CAE.

Es imprescindible subrayar que los vascos acabaron por aceptar el contacto del euskera con las lenguas extranjeras como el francés. Ello hizo emerger el mestizaje cultural, paso primordial hacia la inserción social. Esta forma de reflexionar coincidió con la visión de la Organización de las Naciones Unidas para la Educación, la Ciencia y la Cultura (UNESCO) que consiste en promover la diversidad cultural y la de las lenguas regionales o minoritarias. Esta acción participa en el proceso de reintegración del País Vasco en el mundo democrático en general y en el Estado español en particular, por un lado. Y por otro, la de las demás nacionalidades incluso los castellanos en la CAV. De este modo, el PNV rompió con su proyecto separatista y la idea de aislamiento nacional e internacional (J.P. Fusi, 2000). Abandonó oficialmente las tesis racistas y el deseo de buscar una nueva identidad (J. Tourbeaux y B. Valdes, 2014, p. 75). Y se tornaba en un partido social-democrático. Este acto democrático fue saludado por la comunidad internacional.

A partir de esta interacción resultante de un diálogo entre comunidades, se llevó a cabo acciones que buscaban el desarrollo de España. Se trataba pues de fortalecer una iniciativa participativa con la lengua, entendida como un medio de integración social.

¿La dialéctica: integración/desintegración experimentada por los vascos de España podría constituir un modelo para los *diula* de Costa de Marfil?

3.2. El *diula* y la cuestión de integración social

La problemática de la integración de los *diula* en la sociedad marfileña estaba en el centro de los debates tanto en el plan nacional como internacional desde 1993 hasta 2011. Era en este periodo de crisis sociopolítica que la identificación onomástica fue vista como un factor esencial para la inserción social. Los *diula* tuvieron la desgracia de ser *diula* y de llevar nombres con consonancia *diula*: « Le porteur d'un nom à résonance dioula (…) est, ipso facto, un étranger, un Ivoirien de circonstance. Que n'entend-on pas à longueur de journée "Vous les Dioula ceci, vous les Dioula cela"?»[59] (F. Grah Mel, 2010, p. 585). Un nordista pondera: « Dans les quartiers populaires d'Abidjan, on rafle à tour de bras les nordistes. A l'heure des contrôles d'identité, il ne fait pas bon se nommer Ouattara ou Coulibaly »[60] (V. Hugeux, 2000).

Estos pensamientos atestan que los *diula* eran víctimas de una persecución sin precedente. La duda a propósito de su identidad y su pertenencia a la nación marfileña se deben a que llevan nombres similares a los de los naturales de Burkina Faso, Guinea Conakry y Mali.

Las querellas lingüísticas e ideológicas a las que se sumó la represión política eran tan importantes que muchos *diula* se habían autoexcluido del Estado central como lo hemos subrayado precedentemente. Dichas víctimas de la exclusión forzada o por voluntad propia se hicieron a su vez excluidores: decidieron vengarse de los que negaron su ideología o no son de sangre *diula* y que residían en la *République du Grand Nord,* reprimiéndolos y echándolos fuera.

Para los *diula*, ser de Sangre *diula,* es decir haber nacido de padre y madre *diula,* no es un factor primordial para asentarse en la *République* contrariamente a las palabras de sus detractores cuyo único objetivo es

---

[59] El portador de un nombre de resonancia diula (...) es, ipso facto, un extranjero, un marfileño de circunstancia. ¿Qué no entendemos durante todo el día? "Vosotros los Diula esto, vosotros los Diula eso" ». Nuestra traducción

[60] « En los barrios populares de Abidjan, se saquean a los norteños con todas las fuerzas. En el momento de los controles de identidad, no es bueno llamarse Ouattara o Coulibaly. » Nuesta traducción

desacreditarlos. En esta condición, hablar de racismo o de limpieza de sangre es un error o un argumento falaz como lo atestigua este fragmento de texto extraído de la Carta del Norte y relativo a la construcción de un Estado separatista: « (…) Pour y parvenir, une seule ligne de conduite, celle que traite notre document, qu'il ne faut nullement assimiler à une quelconque forme d'incitation au racisme »[61] (F. Grah Mel, 2010, p. 588).

En la *République*, el *diula* era usado como una fórmula de desintegración social a quienes no hablan *diula*, no llevan nombres *diula* y no son musulmanes. En la mayoría de los casos los no *diula* o extranjeros, sintiéndose estigmatizados y sobre todo por miedo a que fueran expulsados o masacrados, dejaron sus bienes y se establecieron en otra parte de Costa de Marfil o en naciones extranjeras como Liberia, Ghana y Francia. Hablar el *diula* y/o ser musulmán en este momento sensible podía salvar la situación: para continuar viviendo en el Estado separatista y preservar su vida, algunas personas sospechadas de sostener el campo adverso, se convirtieron al islam y se esforzaron a aprender el *diula* y/o el árabe. Sin embargo a los fanáticos musulmanes y promotores del separatismo, no les gustaban las conversiones tardías porque no confiaban en los « nuevos conversos », percibidos como cómplices y espías. De esta forma, la *République* se transformó en un hogar de integrismo religioso donde se utilizaba el *diula* como una poderosa arma para mantenerse y mantener a los suyos. Lo sorprendente es que, más tarde, los *diula* acabaron por integrar a sus enemigos en el « Estado *diula* » tal vez por necesidad de guerra.

Lo único que deseaban los *diula* auténticos, en realidad, era que los « nuevos conversos » adhieran a su ideología y participaran a su lado, en la lucha por el poder político. Esto es la prueba de que, opuestamente a los vascos, el Estado separatista que ambicionaban construir en los cimientos de su lengua, no fue el fruto de una reflexión madura sino el de

---

[61] « (…) Para lograr esto, una sola línea de conducta, la que trata nuestro documento, que no se debe de ningún modo asimilar a cualquier forma de incitación al racismo. » Nuestra traducción

un pueblo « frustrado » por el comportamiento desintegrador de una franja de la población marfileña. El « nacionalismo » extremista *diula*, en esta circunstancia tenía una triple cara: integración/desintegración/reintegración. Así pues, el repliegue de los *diula* en el norte de Costa de Marfil era una estratagema para conquistar política e ideológicamente el territorio marfileño:

> Après avoir longuement tenté de démontrer à quel point les « fils du Grand Nord » sont délaissés, la charte du Nord revendique le pouvoir pour l'un des siens (…) D'emblée, notons que l'ethnicité[62] se présente comme l'expression d'un besoin de pouvoir, d'un désir d'hégémonie politique (…) le problème de l'ethnicité apparaît sous un angle de combat double sinon trouble, pour ne pas dire fourbe[63] (C. Sandlar, 2005).

A la diferencia de los vascos, quienes querían dirigir una parte de España, el norte, los republicanos *diula*, por su parte, a través de su lengua deseaban no solo restaurar su imagen y derechos pisoteados sino también ocupar todo el territorio marfileño con fines políticos. En definitiva, defendían la causa de su mentor, Alassane Ouattara, la de tomar el poder político. Tras varios años de negociación con sus verdugos, la cual fue arbitrada por la comunidad internacional, reconsideraron su posición. Sin embargo, esta flexibilidad fue de corta duración. Había que esperar muchos años de lucha armada para que la situación se estabilizara. Así fue como llegaron a alcanzar sus objetivos, dado que, una vez finalizada la guerra post electoral (2010-2011), Ouattara subió al poder. De esta manera, renunciaron a su proyecto separatista reintegrando el país y contribuyendo a su reconstrucción.

---

[62] *Ethnicité* o etnicidad tiene su origen de etnia. Aquí, el autor se refiere al *diula*, entendido como una lengua.

[63] « Después de haber intentado demostrar durante mucho tiempo hasta qué punto los "hijos del Gran Norte" fueron abandonados, la carta del Norte reivindica el poder para uno de los suyos (...) De entrada, notamos que la etnicidad se presenta como la expresión de una necesidad de poder, un deseo de hegemonía política (...) el problema de la etnicidad aparece bajo un doble ángulo de combate si no turbio, por no decir pérfido. » Nuestra traducción

Determinados por independizarse del Estado central por ser diferentes de los españoles y reprimidos por las autoridades políticas, los vascos usaban su lengua como un instrumento de creación de un Estado separatista y de producción de identidades. Además, sirvió de medio de represión y desintegración social a los que no la practicaban. Claro está que esta visión exclusiva desestabilizó a España. La situación se normalizó tras la elaboración de la Constitución de 1978, la cual concedió al País Vasco el estatuto de comunidad autónoma; así fue como los vascos rompieron con sus intereses particulares e integraron España. En lo que concierne a los *diula*, su filosofía lingüístico-identitaria tenía en parte similitudes con la de los vascos: Al sentirse rechazados por una parte de los marfileños, se vieron en la obligación de retirarse en el norte del país donde intentaron construir una nación independista, la *République du Grand Nord*, lugar de construcción de nuevas identidades. En dicha *République*, sufrieron sus enemigos una sanción que iba de la persecución a la desintegración. Es evidente que este comportamiento destruyó los fundamentos políticos de Costa de Marfil. No obstante, después de unos años de lucha armada, como los vascos, renunciaron a la guerra e integraron su país a fin de participar en su reconstrucción.

REFERENCIAS DOCUMENTALES

Libros, artículos y tesis de maestría

ANTIL Alain, 2009, *Mobilisations identitaires dans l'Afrique Contemporaine. La question d'autochtonie*, Paris, Ifri.

BEDIE Konan Henri, 1999, *Les chemins de ma vie: entretiens avec Éric Laurent*, Paris, Plon.

BREDELOUP Sylvie, 2003, « La Côte d'Ivoire ou l'étrange destin de l'étranger », *Revue européenne des migrations internationales*, Vol. 19, 2, p. 85-113.

DE LA GRANJA José et al., 2011, *Breve historia de la Euskadi, de los fueros a la autonomía*, Barcelona, Editorial Debate.

ELORZA Antonio, 2001, « La nation basque: du mythe à l'histoire », *Les Temps Modernes*, 614, p. 81-96.

FUSI Juan Pablo, 2000, *España. La evolución de la identidad nacional.* Madrid, Ediciones Temas de Hoy.

GRAH MEL Frédéric, 2010, *Félix Houphouët-Boigny. La fin et la suite*, Paris, Editions du CERAP KARTHALA.

IBERO Evangelista de, 1957, *A mi Vasco*, Buenos Aires, Editorial Vasca Ekin.

INTXAUSTI Joseba, 1992, *Euskara. La langue des basques*, San Sebastián, Elkar.

JOLY Lionel, 2004, « La cause basque et l'euskara », *Mots. Langue(s) et nationalisme(s)*, 74, p. 73-90.

KONATE Yaya, 2016, « Le dioula véhiculaire: situation sociopolitique en Côte d'Ivoire », *Corela*, 1, p. 1-13.

PAYER Mariangeles, 2005, *Teoría del constructivismo social de Lev Vygotsky en comparación con la teoría Jean Piaget*, Caracas, Universidad Central de Venezuela.

SANDLAR Christophe, 2005, « Le national-régionalisme de la charte du Nord », *Revue Outre-Terre*, 11, p. 295-307.

TEJERINA MONTAÑA Benjamín, 1992, *Nacionalismo y lengua. Los procesos de cambio lingüístico en el País Vasco.* Madrid, Siglo XXI.

TOURBEAUX Jérôme et VALDES Béatrice, 2014, «Langue et constructions identitaires au pays basque», *Actes de la recherche en sciences sociales*, 205, p. 72-89.

VICECONSEJERÍA DE POLÍTICA LINGÜÍSTICA, 2016, *VI. Encuesta Sociolingüística Comunidad Autónoma de Euskadi*, Donostia-San Sebastián.

VIDJANNANGNI Augustine, 2011, *La complexité de la question identitaire en Côte d'Ivoire*, Mémoire de maîtrise en science politique, RONDEAU Chantal (dir.), Université du Québec à Montréal, service des bibliothèques.

VIGOUR Cécile, 2005, La *comparaison dans les sciences sociales*, Paris, La *Découverte*, (collection Repères).

YLSI J y OLIVEROS M., 2019, « El instrumentalismo: de la teoría a la práctica », *Revista Internacional de Investigación y Formación Educativa,* 14, p. 159-164.

Fuentes electrónicas

ATXAGA Bernard, 2000, « Andaluces en el País vasco, Declaración de Guillermo », *El Semanal,* file:///c:/users/hp/desktop/bernado%20atxga.pdf, (Fecha de consulta: 20-05-2019).

FORTIER Marco, 2017, « À défaut d'indépendance, le Pays basque espagnol revendique, "l'autonomie" », *Le devoir* https://www.ledevoir.com/monde/europe/511685/a-defaut-d-independance-le-pays-basque-revendique-l-autonomie, (Fecha de consulta: 28-04-2019).

HUGEUX Vincent, 2000, « La Côte d'Ivoire perd le Nord », *L'Express* https://www.lexpress.fr/actualite/monde/afrique/la-cote-d-ivoire-perd-le-nord_493155.html, (Fecha de consulta: 30-05-2019).

LECLERC Jacques, 2018, « Côte d'Ivoire », *L'aménagement linguistique dans le monde*, Québec, Université Laval, CEFAN, http://www.axl.cefan.ulaval.ca/afrique/cotiv.htm, (Fecha de consulta: 15-04-2019).

Película

SCHEUER Benoît et al., 2001, *Côte d'Ivoire poudrière identitaire,* 60 cm, couleur, réalisé dans le cadre de l'ONG Prévention des génocides, ©Focus Research.

Conclusiones

Alba RODRIGUEZ-GARCIA
Université Gaston Berger, Saint Louis, Sénégal
alba-rodriguez.garcia@ugb.edu.sn

1. Estado de la cuestión

Quien habla de traducción habla de lenguas y habla de culturas, de muchas, cuantas más, mejor. Y en eso, África es sin duda un continente privilegiado. Y en él, el multilingüismo es una realidad abrumante; en la mayor parte de los países africanos, las lenguas oficiales, frecuentemente heredadas de las respectivas colonias, conviven con decenas de lenguas maternas que, en paralelo, hacen funcionar el día a día de sus sociedades. En cualquier barrio de la subregión que nos ocupa, en cualquier pasillo de universidad o en cualquiera de sus mercados se mezclan un sinfín de lenguas en completa armonía. Nos cruzaremos con el wolof, el malinké y el dioula en una misma conversación, y, si prestamos atención, oiremos francés y quién sabe si incluso en ellas reconoceremos algún que otro préstamo anglófono. Es así en la calle, pero también lo es más allá de ella: los cálculos indican en general que en el continente africano los medios de comunicación se sirven de unas doscientas cuarenta y dos lenguas, los sistemas judiciales de un mínimo de sesenta y tres, y las administraciones públicas de unas cincuenta y seis[1]. Sin embargo, el *problema* de las lenguas en el continente persiste, sobre todo debido a la inexistencia de

---

[1] Estimaciones realizadas por la empresa de traducción *AlphaOmegaTranslations*. Disponible en: <https://alphaomegatranslations.com/business-translation/region-change-through-word-exchange-the-need-for-translation-in-africa/>

su enseñanza formal en contextos académicos, lo que irremisiblemente conlleva la consecuente pérdida cultural inmaterial que este patrimonio supone. Esta situación plantea grandes retos a los diversos ministerios de estos países, los de educación en primera instancia, y en este sentido la sensibilización de los expertos ha sido tal, que en las últimas décadas, se han ido implementando poco a poco proyectos de inclusión de las lenguas africanas en los sistemas escolares[2] y otros. Y es que no es una simple cuestión de aprendizaje, de hablar o practicar una lengua, es una cuestión de supervivencia de sus sociedades en términos, entre otros, de acceso a la justicia, a la sanidad o a la economía de sus países. Una cuestión de *desarrollo*.

Si bien esta realidad multilingüe abarca el continente entero, la traducción como disciplina profesional, reconocida y de calidad, no es aquí una realidad generalizada hasta la fecha. En los países de la subregión de la que nos ocupamos, el mercado de la traducción y de la interpretación es un mercado relativamente gris y opaco, no tan regulado como en otros países del continente, como pueden ser Kenia o Sudáfrica, en los que una 'industria de la traducción' es real y voluminosa. En nuestras latitudes, el mercado necesita de un saneamiento y una profesionalización urgente, como indican los propios profesionales que ejercen en la región.

Y este es el sentido de acciones como, por ejemplo, la reciente creación de asociaciones de traducción e interpretación en la zona. Por ello, son de felicitar las recientes iniciativas de regulación que han visto la luz con el fin de normativizar la situación de la disciplina en algunos de nuestros países. Por ejemplo, en Senegal o en Gabón, no existían asociaciones de traductores hasta hace unos años, pero afortunadamente

---

[2] Véase, en este sentido, la publicación de 2011de la UNESCO titulada "¿Por qué y cómo África debería invertir en las lenguas africanas y la educación plurilingüe? Opúsculo de apoyo activo a una política basada en la práctica y en pruebas". Disponible en: es accesible en: <https://unesdoc.unesco.org/ark:/48223/pf0000191941>

2017 fue un año clave en este sentido, pues nacieron la ASTRA[3] (Association Sénégalaise des Traducteurs) y la AGTIP[4] (Association Gabonaise des Traducteurs et Interprètes Professionnels). La ASTRA senegalesa declara como objetivo de establecer una reglamentación para el sector y fomentar el reconocimiento de la condición de traductor. Entre sus fines se incluyen ayudar a eliminar las limitaciones de la industria de la traducción; establecer tarifas normalizadas; promover la formación y supervisión de los traductores; promover a sus miembros en el mercado laboral; facilitar la comunicación y la colaboración entre los traductores o erradicar la competencia desleal en el mercado local, entre otros. Por su parte, la AGTIP gabonesa es una agrupación de traductores e intérpretes que trabajan en el territorio gabonés o en el extranjero y que se marca como objetivo promover la profesión de traductor e intérprete en el país. En el caso de Costa de Marfil, la AITCI (Association des Interprètes et Traducteurs de Côte d'Ivoire) nació en 2019 con fines similares a los señalados en las otras asociaciones de profesionales del sector.

En términos académicos la situación es relativamente similar. La falta de formaciones específicas es patente desde hace décadas y, por lo pronto, los programas académicos de las universidades no parecen tener hueco o gran interés por la disciplina. La traducción como ejercicio se puede encontrar en las aulas de asignaturas de aprendizaje de lenguas, como una herramienta de adquisición de competencias gramaticales; por su parte, la traducción como asignatura la encontraremos escondida en algún departamento de lenguas o de literatura comparada. Las formaciones o los departamentos a los que les corresponderían dedicarse a ello como tal son prácticamente inexistentes, y no hablemos de facultades de traducción, pues no existen en ninguno de los tres países organizadores de este encuentro. Lo que sí hallaremos es, en todo caso,

---

[3] A propósito de la Asociación Senegalesa de Traductores, véase < https://astra-sn.com/about-us/>

[4] A propósito de la Asociación Gabonesa de Traductores e Intérpretes Profesionales, véase < https://agtip.org/presentation/>

alguna que otra formación privada en traducción o interpretación en sus capitales, cuya calidad habría que evaluar para poder opinar con fundamento al respecto. Echemos una mirada concreta: en el caso de Costa de Marfil, no existe ninguna formación en traducción en las universidades públicas. Sin embargo, hay estudiantes que se doctoran en Traducción. Algo mejor es el caso de Gabón, en donde al menos podremos encontrar una formación, que, aunque no es propia, está alojada en el Departamento de Estudios Ibéricos o en el Máster Profesional de Estudios Germánicos. La situación mejora un poco en Senegal, pues desde 2015 cuenta con el MaTIC (Máster de Traducción e Interpretación de Conferencias), que forma parte del PAMCIT[5] (Pan African Masters in Conference Interpreting and Translation), impulsado por la DG Interpretación de la Comisión Europea y UN Nairobi para la capacitación de universidades africanas en estas disciplinas. Este consorcio agrupa cinco universidades africanas: University of Nairobi (Kenya), Universidade Pedagogica de Maputo (Mozambique), University of Buea (Camerún), University of Ghana (Ghana) y la Université Gaston Berger (Senegal). En cualquier caso, ningún departamento o facultad como tal existe en ninguna de estas universidades.

Frente a este panorama deficitario en cuanto a la profesionalización, se encuentra el creciente interés de los ya 'profesionales' en regularse, y de los 'informales' en profesionalizarse. Además, es un hecho que la traducción fascina y apasiona a muchos de nuestros alumnos, quienes, dentro de los itinerarios de lingüística de algunas de nuestras universidades, intentan arreglárselas para redactar TFM (Trabajos de fin de Máster) sobre traductología africana con la ayuda de algún profesor formado en este sentido. Y además de asociaciones o formaciones, necesitamos recursos, herramientas, clásicas y modernas, analógicas y digitales, para sonar al diapasón del mundo en lo que a la disciplina se refiere.

---

[5] Información disponible en: https://ec.europa.eu/education/knowledge-centre-interpretation/pan-african-masters-consortium-interpretation-and-translation-pamcit_fr

Así, alineados con la creciente preocupación por la disciplina en la región y animados por una voluntad de implementación radical de la profesión y la formación de la traducción en la región, este coloquio se pretendió, y se proyecta, como un lugar en el que observar el estado de la cuestión, analizar las causas y las consecuencias, y avanzar pistas para lograr nuestro objetivo.

2. Contextualización del "Ier Coloquio Internacional de Traducción del África Subsahariana CITAS 2019"

La idea del coloquio internacional *CITAS 2019* sobre la traducción en el África subsahariana surgió allá por el año 2018 durante el encuentro de diversos investigadores en el marco del *Ier Coloquio internacional hispanoafricano de lingüística, literatura y traducción* organizado por la Université Félix Hophouet Boigny de Cocody en aquel mes de marzo en Abiyán. Se trató de un coloquio interdisciplinar en el coincidieron lingüistas, escritores y traductólogos de la subregión; las animadas conversaciones y reflexiones entre ellos, dieron pie a la idea de crear un coloquio específico sobre la disciplina. Vistas las numerosas cuestiones de interés capital que suscitó la 'traducción en contexto africano' en este encuentro, diversos colegas de varias universidades gabonesas, marfileñas y senegalesas se pusieron manos a la obra para materializar la idea, y tras una intensa coordinación y un trabajo laborioso pudo organizarse, un año después, el *"Ier Coloquio Internacional de Traducción del África Subsahariana CITAS 2019"*, del que esta publicación se ocupa.

El encuentro científico surge de la necesidad imperiosa de profundizar en los aspectos esenciales y de desarrollar más trabajos científicos fruto de reflexiones múltiples y diversas provenientes de la subregión africana en el ámbito de la traducción, la traductología y la interpretación de conferencias. Esta primera edición llevó el título de "Traduciendo el África Plural", y tomó como reflexión inicial "la traducción como lugar de producción de conocimiento de este continente plural", con la pretensión de aportar "una visión traductológica de un África multidimensional". En él se abordaron diversos temas, entre los que se encuentran la historia de la traducción en

África, la traducción de las obras literarias africanas, los corpus bilingües de lenguas africanas y lenguas eurófonas, el bilingüismo, la diglosia y la autotraducción, la traducción cultural, la ideológica y religiosa, la traducción profesional, la pedagogía de la traducción o la retraducción/meta-traducción, entre otros.

Tres países lideraron este encuentro a través de tres de sus instituciones de enseñanza superior. Las universidades organizadoras fueron la Université Omar Bongo de Libreville (Gabón), la Universté Félix Houphouët Boigny de Cocody (Costa de Marfil) y la Université Gaston Berger de Saint Louis (Senegal). Además, el coloquio pudo enriquecerse con investigadores provenientes de la Université Alassane Ouattara (Costa de Marfil), la École Normale Supérieure (Gabon), la Universidad de Granada y la Universidad Alfonso X El Sabio (España). En lo que concierne a las lenguas de comunicación del coloquio, estas fueron el francés, el español, el inglés, el portugués y el árabe, no pudiendo integrar las lenguas africanas de la subregión por ciertas dificultades técnicas que lamentablemente no permitieron intérpretes multilingües africanos. El coloquio se organizó en torno a dos ejes principales, a saber "Perspectivas didácticas de la traducción, y "La traducción en el marco de la cultura", alrededor de los cuales se organizaron una treintena de diferentes mesas y ponencias que articularon el coloquio.

La conferencia magistral de apertura fue pronunciada por la profesora Théodorine Nto Amvame, de la Université Omar Bongo-Libreville (Gabón), titulada muy pertinentemente "Les défis de la traduction en Afrique". En esta brillante comunicación, la profesora Nto deleitó al auditorio con un minucioso recorrido por las cuestiones principales y generales de la disciplina, las diversas teorías de la traducción y de la escritura, la historia de la traducción en África, el lugar de la teoría traductológica en la enseñanza de la traducción y la interpretación, las herramientas de traducción para los aprendices y, por último, las perspectivas de formación e investigación de la disciplina en el contexto africano. Una exhaustiva y muy interesante contribución que abrió el baile a decenas de comunicaciones de diversa índole a las que haremos referencia en las líneas que siguen. Podemos adelantar que la mayor parte de éstas giró en torno a la didáctica de la traducción, la traducción literaria y la lingüística contrastiva, ámbitos de especial interés de los investigadores reunidos en el encuentro.

2.1. La didáctica de la traducción como preocupación principal

Como ya adelantamos, la escasez de formaciones oficiales en las disciplinas de la traducción y la interpretación de conferencias (ausencia de estos departamentos en las facultades, de estas asignaturas en los departamentos o incluso de estos ejercicios en el aula) convive con el hecho de que la disciplina ha estado desde siempre fuertemente marcada y dictada por actores y academias del *norte*, a las que los africanos han tenido que acudir desde hace décadas en busca de conocimientos y diplomas. Aunque debemos felicitarnos de que en los últimos años varias universidades hayan puesto en marcha estudios de grado y máster en este sentido, con el fin de que estos estudios puedan ser enseñados, aprendidos y ejercidos por africanos en África. De ahí que en particular la didáctica de la traducción, tanto en términos de organización de formaciones y creación de departamentos como en su simple práctica diaria en clase, se erijan como una preocupación creciente entre los docentes e investigadores en estos últimos años. En este sentido, cuatro contribuciones abordaron esta situación en sus respectivos contextos pedagógicos y en sus aulas.

En lo que a Costa de Marfil se refiere, Koffi Félicien Sery, de la Université Alassane Ouattara, en una contribución titulada "Didáctica de la traducción y los manuales escolares: el caso de la enseñanza-aprendizaje del español en Costa de Marfil" recoge un análisis de los manuales de ELE. en su país, en los que se observa un interés por desarrollar en los alumnos las habilidades comunicativas, pero en los que se dejan completamente de lado los contenidos relacionados con la enseñanza de la práctica de la traducción, según señala. A partir de dos hipótesis analiza el manual *Horizontes*, aborda una reflexión sobre los manuales escolares y la didáctica de la traducción, analiza los contenidos de los mismos, los problemas inherentes a este manual, se ocupa de la cuestión de la traducción didáctica y de la traducción profesional, presenta las perspectivas que se vislumbran, y añade una propuesta de ejercicios de traducción. Como conclusión a este estudio, el autor defiende que "este descuido desfavorece a los aprendientes a la hora de especializarse en traducción" y reclama la necesidad de la enseñanza de la disciplina como herramienta de aprendizaje en el aula de ELE.

Desde la vecina Universidad Félix Houphouët Boigny de Costa de Marfil contamos con la contribución de Abou Sampha Bayoko, en el que estudia la "Hegemonía de la traducción en el ámbito de la diglosia entre el francés y el E.L.E. en la enseñanza secundaria de Costa de Marfil". En su estudio, el autor muestra el contexto disglósico que caracteriza la enseñanza secundaria de su país, un contexto en el que están presentes lenguas como el nouchi, el francés marfileño y las lenguas de sustrato como el baoulé, el beté, el diola o el senufo[6]. Según el autor, esta disglosia de tipo complejo hace que, en el contexto de aprendizaje, en el aula la traducción se hace omnipresente entre los estudiantes. Desde ese punto de vista, el autor analiza la hegemonía de este ejercicio en clase, esboza las consecuencias que esta situación tiene en las producciones en español del alumnado y finalmente propone soluciones para este contexto. Para ello, el autor se detiene en las interacciones fuertes, el bilingüismo tardío, el papel del francés en el aprendizaje del ELE, las cuestiones de traducción formal, la situación de la traducción en el ámbito escolar, la relación entre alumnado y traducción, las repercusiones de la traducción escolar, haciendo hincapié en los errores y la oportunidad cognitiva que estos presentan, la semiótica de la traducción escolar y la traducción formal como competencia de base. Concluye que la traducción que ocurre en el ámbito de la enseñanza secundaria de Costa de Marfil es una traducción informal, espontánea y literal.

---

[6] Si bien el francés es la lengua oficial de Costa de Marfil, a imagen y semejanza de la situación de otras excolonias francesas, en el país se habla otra veintena de lenguas como son el malinké, el diola, el baoulé, el senufo, el agni, o el bété, por citar las que poseen mayor número de hablantes.

Por su parte, Bi Drombé Djandué y Karidjatou Diallo, de las universidades Félix Houphouët-Boigny d'Abidjan y Alassane Ouattara de Bouaké, respectivamente, también se ocupan de la didáctica de la traducción en su estudio titulado "La traduction dans l'enseignement-apprentissage de l'espagnol langue étrangère en Côte d'Ivoire". En su opinión, en los métodos pedagógicos clásicos utilizados antiguamente, la traducción constituía una herramienta de aprendizaje fundamental, hasta que los nuevos métodos impusieron su desaparición. En su estudio nos ofrecen un marco teórico, adoptan el método de la gramática-traducción como punto de partida, comentan el paso de la demonización al rechazo de la traducción, ahondan en la situación de la traducción en las clases de ELE de Costa de Marfil, exponen su metodología, y finalmente nos presentan sus resultados y una discusión final. Este análisis, que se lleva a cabo a través de la visión de los estudiantes de su universidad, les permite concluir que es posible postular hoy en día un nuevo enfoque del ejercicio y de la disciplina de la traducción en la enseñanza y el aprendizaje comunicativo de los idiomas.

La aportación gabonesa viene de la mano de la investigadora Liliane Surprise Okome Engouang, quien, desde la École Normale Supérieure (CRAAL, Libreville, Gabon), contribuye con su trabajo titulado "L'enseignement-apprentissage de la traduction professionnelle au Gabon: état des lieux et propositions pour améliorer l'existant", en el que pretende problematizar el lugar de la formación profesional de traductores en Gabón. Apunta elementos como la escasez de traductores e intérpretes de alto nivel en el África subsahariana, señala que la praxis de la disciplina en Gabón se formalizó recientemente gracias a la creación de un departamento en la UOB, que por diversas razones desapareció algo más tarde, analiza las razones que llevaron a esta situación, propone un esbozo crítico de la situación actual y avanza algunas consecuencias de este inestable estado de la formación para la profesión en contexto gabonés. En su examen sobre el funcionamiento de esta formación nos presenta los aspectos contextuales, teóricos y metodológicos del estudio, los antecedentes que llevaron a esta situación, los marcos teórico y metodológico de su investigación y las encuestas formuladas para lograr su fin, y describe el lugar del estudio (BUO FLSH), finalizando con un debate con vistas a la mejora de la situación actual.

2.2. La delicada cuestión de la traducción literaria

La traducción literaria ha sido siempre una de las preocupaciones principales de los traductores, debido a la dificultad inherente que presentan los textos de creación; de hecho, la traducción literaria es un ejercicio de creación artística, por lo que suscita grandes debates y posicionamientos tanto por parte de los traductores como de los lectores o incluso de los editores. Múltiples son los retos y escollos a los que se enfrentan los traductores literarios, y en el caso de las literaturas africanas este asunto se vuelve aún más delicado, debido a las particularidades que tienen muchas de estas literaturas en términos lingüísticos y extralingüísticos, y debido a la falta de traductores y de formaciones especializadas en esta rama. Esto que comentamos en el epígrafe anterior cobra especial importancia en el contexto específico de la traducción literaria; tanto es así, que un estudio titulado "Formation en traduction et création littéraire en Afrique de l'Ouest"[7] fue llevado a cabo en 2019 por la doctora Georgina Collins, investigadora asociada a la Bristol University en la subregión. Además de la necesidad de colmar este 'vacío' de carácter profesional, se necesitan unas competencias y conocimientos específicos para abordar el texto literario africano. El traductor se enfrenta a un mosaico de lenguas, culturas, sonidos y de tradiciones de compleja resolución para aquel traductor cuya tarea sea verterlos fielmente en lenguas y culturas meta 'lejanas', como pueden ser las occidentales. Así, en torno a estas preocupaciones cuatro

---

[7] El estudio, que da exhaustiva cuenta de la situación de la formación en Senegal, Costa de Marfil y Camerún, fue publicado por la Bristol University en 2019, y está disponible en: <https://georginacollinsco.files.wordpress.com/2019/08/final-feasibility-study-english-1.pdf>

contribuciones han abordado los entresijos de la traducción literaria en contexto africano.

Por su parte, el profesor Mathurin Ovono Ébè, del CRAHI, Université Omar Bongo (Gabón), ha abordado el tema a través de su contribución "Traduction et intertitularité : les variations du titre littéraire guinéo-équatorien de l'espagnol vers le français". Su exhaustivo estudio contrastivo ha girado en torno a la traducción en francés de la literatura ecuatoguineana, que según el autor tiene cada vez más presencia en el contexto francófono gracias a la reciente aceleración de sus traducciones hacia el francés. Su estudio, de carácter crítico-contrastivo, se ha ocupado de analizar la traducción de los títulos de cinco obras: *Ekomo* (1985), *Las tinieblas de tu memoria negra* (1987), *El párroco de Niefang* (1996), *Huellas bajo tierra* (1998) y *Akoma Mbá ante el tribunal de Dios* (1997). Ha llevado el análisis de estas obras respectivamente de María Nsue Angüe, Donato Ndongo Bidyogo, Joaquín Mbomio Bacheng y Eyi Moan Ndong con el fin de explorar la fidelidad de los mismos en su traducción. Su trabajo, caracterizado por un enfoque comparativo del título en términos de lengua-cultura, ha recogido reflexiones sobre las obras traducidas, la titrología estructural y la *micro-gramática* de los títulos, el análisis de las formas y la clasificación de esta *micro-gramática*, la retórica de los títulos y los horizontes de expectativas del traductor. Ha defendido que la traducción de una obra es una prueba de su recepción en las sociedades y culturas meta, y que por ende la traductología puede ser considerada como una teoría de la recepción. Ha concluido que existe una *intertitularidad* en la traducción del título literario ecuatoguineano, y que esta revela un número importante de invariantes tanto desde el punto de vista estructural como microgramático y retórico.

En esta línea ecuatoguineana, también intervinieron los investigadores Charles Désiré N'dre y Ehua Manzan Monique Beira, ambos docentes de la Université Alassane Ouattara de Bouaké. En su trabajo titulado "*Ekomo au cœur de la forêt guinéenne*: la traduction française du premier roman de María Nsue Angüe" los autores han hacho un análisis contrastivo de la traducción al francés de la novela

Ekomo (1985), de María Nsue Angüe, en aras de elucidar si la traductora de la novela reprodujo los clichés del discurso colonial en su traducción, crítica frecuente al trabajo de la mayoría de los traductores occidentales de literaturas africanas postcoloniales. Han pretendido estudiar la adecuación, la manera y la intención de lo traducido analizando las técnicas de la traducción francesa de esta narrativa. Para ello nos han presentado el cambio de código como estrategia de traducción intratextual, la fijación como una estrategia de cambio de código, la perífrasis como estrategia de cambio de código, el uso conjunto de las frases "es decir..."/" significa que... ", y la escritura de ficción de la autora. Han concluido que la traducción francesa de *Ekomo* reproduce los prejuicios del discurso colonial y neocolonial, y han calificado la traducción de ingenua, por ignorar lo que está en juego discursiva e ideológicamente.

De seguido, Koffi Bouatini Jean-Michel Kouakou, de la Université Félix Houphouët-Boigny (Costa de Marfil), ha contribuido con « Traduire le sens en littérature : la culture africaine interprétée à travers la traduction en espagnol de *Les petits de la guenon* de Boubacar Boris Diop ». El autor se ha ocupado de analizar el hibridismo lingüístico característico de buena parte de las literaturas africanas a través de una de las obras del reputado escritor senegalés Boubacar Boris Diop. El investigador ha defendido la necesidad de un tratamiento cuidadoso de los culturemas que componen la obra, y ha analizado los procesos de traducción puestos en marcha en la traducción de estos fragmentos culturales senegaleses al español. Su objetivo ha sido poner de relieve los culturemas de la obra *Les Petits de la guenon* (2009), con el fin de analizar el proceso de comprensión y desverbalización que llevó a su reexpresión en español. Para ello, nos ha presentado los hechos, ritos culturales y los proverbios que contiene la obra, ha abordado el heterolingüismo entre el francés y el wolof, el léxico y las expresiones wolof transpuestas en francés y se ha detenido en la desverbalización, la comprensión y la reverbalización propias del método interpretativo en traducción. Ha concluido que el significado transmitido por el traductor es coherente con el conocimiento extralingüístico de las realidades culturales de la obra, lo que le permite afirmar que el método interpretativo es, en este caso, el garante del éxito de traducción de esas realidades culturales en español.

Por su parte, Ahmadou Siendou Konaté, de la Université Félix Houphouët-Boigny de Costa de Marfil, también en este sentido, intervino con un estudio titulado "Traduire c'est écrire: pour une approche endogène ou intérioriste à la traduction des textes littéraires africains". En su aportación subraya el carácter altamente cultural de las producciones africanas y defiende que los textos africanos no pueden abordarse como se afronta la traducción de los textos 'occidentales'. Asegura que la traducción es un puente entre dos idiomas y culturas, y que por ende la traducción debe verse como el acto mismo de escribir. Insiste en que la traducción de las producciones literarias africanas requiere de una adecuada inmersión cultural para lograr la fidelidad necesaria, y por lo tanto una transferencia de significado fiel. Su estudio comprende reflexiones sobre la clásica dicotomía domesticación-extranjerización, la presencia del lenguaje en el texto africano y el enfoque endógeno o intériorista. Concluye defendiendo que, debido a la multiplicidad de capas lingüísticas y culturales atraviesan el texto africano, un acercamiento endógeno a su traducción será el único método garante del éxito de la praxis traductológica.

2.3. La lingüística contrastiva y las lenguas minoritarias

El *problema* de las lenguas minoritarias, como anunciábamos al inicio, es una preocupación latente. Varias fueron las comunicaciones que versaron sobre las lenguas africanas en contacto, en traducción, en relación… A modo de cierre de este primer volumen encontramos la contribución de N'Guessan Estelle Kouame y Laphin Innocent Mimi, de la Université Félix-Houphouët-Boigny de Costa de Marfil. Los autores nos proponen una contribución bajo el título "Lengua e identidad en España y Costa de Marfil: el caso del euskera y del dioula", estudio que articulan a partir de dos cuestiones principales, a saber: "¿cuáles son las funciones y los aportes del euskera y del dioula en la producción de identidades y sus impactos sobre el destino de los estados-naciones?", y "¿cómo la instrumentalización de dichas lenguas puede ocasionar la exclusión social?". En su estudio nos presentan la situación sociopolítica y lingüística de ambos países, presentan las lenguas euskera y dioula como instrumentos de producción de identidades, y se cuestionan si estas lenguas son factores de integración o desintegración social. Su estudio tiene por objetivo hacer ver cómo las lenguas minoritarias euskera y dioula han sido usadas con fines separatistas en la historia de ambos países y cómo, tras el curso de los años, esa voluntad primera se fue diluyendo para convertirse en su antónimo, un uso de la lengua para lograr una integración social y colectiva en el seno de sus respectivas comunidades lingüísticas.

3. Reflexiones finales

Finalizamos esta conclusión como la empezamos: hablar de traducción es hablar de lenguas, de culturas, de muchas lenguas y culturas, de cuantas más, mejor. Hablar de traducción es hablar de CITAS 2019, el

Ier Coloquio Internacional de Traducción del África Subsahariana que pretendió sentar las bases de novedosas reflexiones y estudios en el ámbito de la traducción y la interpretación de conferencias en la subregión. Hablar de traducción es hablar del RECIT, esta revista de investigación recién salida a la luz. Hablar de traducción es hablar de los profesores, investigadores y estudiantes participantes en el coloquio, y agradecerles a ellos y el resto de actores involucrados en la ilusión y la calidad que caracterizó este encuentro. Hablar de traducción es hablar de esto que tienen entre sus manos: bienvenidos al primer volumen de *RECIT*.